Die psychobiologische Bedeutung des sekretorischen Immunglobulin A im Speichel

Jürgen Hennig

Die psychobiologische Bedeutung des sekretorischen Immunglobulin A im Speichel

Waxmann Münster/New York

Die Deutsche Bibliothek - CIP-Einheitsaufnahme

Hennig, Jürgen:
Die psychobiologische Bedeutung des sekretorischen Immunglobulin A im Speichel / Jürgen Hennig. - Münster ; New York : Waxmann, 1994
(Internationale Hochschulschriften)
Zugl.: Gießen, Univ., Diss., 1994
ISBN 3-89325-231-2

D26

Internationale Hochschulschriften

Die Reihe für Habilitationen und sehr gute und ausgezeichnete Dissertationen

ISSN 0932-4763
ISBN 3-89325-231-2

Postfach 8603, D-48046 Münster, F. R. G.
Waxmann Publishing Co.
P. O. Box 1318, New York, NY 10028, U. S. A.

Umschlaggestaltung: Ursula Stern

Meinen Eltern

An erster Stelle möchte ich mich bei Frau Prof. Dr. Dr. Petra Netter bedanken, die mir in allen Phasen der Erstellung dieser Arbeit durch fachlichen Rat und kollegiale Unterstützung entscheidend geholfen hat. Die Tatsache, daß Frau Prof. Netter mein Interesse an der Psychoneuroimmunologie von Anfang an teilte und dessen wissenschaftliche Umsetzung in jeder Hinsicht förderte, ermöglichte mir die Einrichtung eines Laborplatzes für nephelometrische Analysen und Enzym-Immunoassays. Ferner gab sie mir die Möglichkeit, eigene Untersuchungen zu planen und nach Absprache durchzuführen, was, in Kombination mit ihren wertvollen Anregungen, zu einer überaus lehrreichen Phase meiner wissenschaftlichen Laufbahn führte. Selbstständig arbeiten zu können und um eine fachlich wie menschlich wertvolle Unterstützung bereichert zu werden, stellt für mich keine selbstverständliche Ergänzung dar, sondern bedarf der Betonung und des expliziten Dankes.

Ebenfalls möchte ich die stets konstruktive und unterstützende Hilfe von meinem Freund und Kollegen Ulrich Laschefski (Arzt, cand.psych.) hervorheben, der im Labor wie in theoretischen Diskussionen in vielerlei Hinsicht für mich eine große Hilfe war.

Für die Möglichkeit der Labornutzung zur Bestimmung von Proben unter Verwendung radioaktiver Materialien danke ich besonders Herrn Prof. Dr. Dr. Bauer vom Institut für Nuklearmedizin (Fachbereich Humanmedizin, JLU-Gießen) sowie seinen Mitarbeiterinnen, die freundlich und stets hilfsbereit an so vielen Tagen ihr Labor mit mir teilten.

Desweiteren gilt mein Dank Herrn Prof. Dr. Brück, der als damaliger Direktor des Physiologischen Instituts des Fachbereichs Humanmedizin der JLU-Gießen in eine Kooperation einwilligte und uns die Klimakammer für Untersuchungen zum Themenbereich Thermoregulation und Immunsystem zur Verfügung stellte. Für jegliche technische Hilfe bei der Durchführung von Studien in der Klimakammer danke ich darüber hinaus Herrn Dr. Bahner, der hilfsbereit und selbstlos die Funktionsfähigkeit der Kammer sowie aller Meßinstrumente für uns gewährleistete.

Für mich war ebenfalls die Kooperation mit Prof. Dr. Wesemann von der Abteilung Neurochemie des Instituts für Physiologische Chemie des Fachbereichs Humanmedizin der Universität Marburg von großer Bedeutung. Durch die vielen Gespräche, von der Untersuchungsplanung bis -durchführung, wobei ich besonders Herrn Dr. Opper und Herrn Dr. Clement hervorheben möchte, habe ich wertvolle Kenntnisse aus dem Bereich der Biochemie gewinnen können.

Weniger persönlich - aber dennoch wichtig zu erwähnen - ist die Tatsache, daß ohne die Förderung des Landes Hessen (Landesforschungsschwerpunktprogramm) die dieser Arbeit zugrundeliegenden Studien, zumindest in ihrer Gesamtheit, nicht hätten durchgeführt werden können.

Kapitel 3

Kapitel 4

Kapitel 5

Kapitel 7

Kapitel 8

Kapitel 9

Kapitel 10

Vorbemerkung

Im Laufe der letzten 25 Jahre gewann die Psychoneuroimmunologie, ein neuer Bereich psychobiologischer Grundlagenforschung, zunehmend an Bedeutung. Ziel dieser durch interdisziplinäre Zusammenarbeit gekennzeichneten Wissenschaft ist das Aufzeigen von Interaktionen zwischen dem Zentralnervensystem und dem Immunsystem unter entscheidender Beteiligung des endokrinen Systems.

Unter Einbeziehung neuroanatomischer, biochemischer, physiologischer und psychologischer Untersuchungsansätze sowie von deren Verbindungen und gegenseitigen Ergänzungen konnten inzwischen komplexe Steuerkreise zentralnervöser Beeinflussung des Immunsystems nachgewiesen werden. Mit zunehmender Kenntnis über Bestandteile und Funktionen des Immunsystems kommt darüber hinaus den Signalen vom Immunsystem zum Zentralnervensystem größte Bedeutung zu. So wie das Zentralnervensystem psychologisch relevante Informationen aus der Umwelt an das Immunsystem weitergibt, informiert das Immunsystem das Zentralnervensystem über biologisch relevante Stimuli der Umwelt - z.B. über Mikroorganismusinvasion. Das Resultat dieser gegenseitigen Information könnte dem Organismus die Adaptation an eine sich dynamisch verändernde Umwelt erleichern, womit sich aus evolutionärer Sicht ein Selektionsvorteil verbinden würde.

Folgt man der künstlichen Unterscheidung in psychologische und biologische Stimuli respektive Anforderungen durch die Umgebung, arbeiten beide Systeme auf der Basis von Perzeption und Efferenz. Nicht ohne Berechtigung spricht Edwin Blalock vom Immunsytem als *"sensory organ"* oder wenig später noch prononcierter vom *"mobile brain"* (Blalock, 1984; Blalock & Smith, 1985).

Die zunehmende Aufweichung der Vorstellung, das Immunsystem sei autonom, weil die meisten Prozesse unabhängig vom Organismus auch in vitro (im Reagenz) simulierbar sind, führte zu Forderungen wie *"the immune system belongs into the body"* (Marx, 1985) und somit zu dem Anliegen, immunologische Prozesse *in vivo* unter Einbeziehung anderer Systeme zu untersuchen. Mit dieser Strategie verbinden sich jedoch auch Schwierigkeiten, die sowohl in Tier- als auch in

Humanstudien die Wahl des abhängigen Immunparameters betreffen.

In Tierstudien reichen periphere Blutentnahmen für die Bestimmung vieler Parameter nicht aus, andererseits erlauben zum Beispiel Milzextraktionen keine wiederholten Messungen.

In experimentellen Humanstudien muß die Auswahl relevanter Immunparameter auf Untersuchungs- und Bestimmungsmöglichkeiten im peripheren Blut reduziert bleiben, woraus sich die Problematik der Repräsentanz ergibt, bedenkt man, daß Lymphozyten in der Peripherie nur ca. 1% der Gesamtlymphozyten betragen. Die Problematik der Auswahl des geeigneten Parameters charakterisiert Ballieux:

"I regret that very sophisticated behavioral neuroendocrine studies employ somewhat primitive immunological assays, such as mitogen stimulation. (....). A further problem in studying humans is that you have access only to peripheral blood. Selective changes in the properties of, for example, spleen lymphocytes, as induced by certain psychological conditions, may not necessarily be detected when analyzing peripheral blood lymphocytes...."
(Ballieux, in Melnechuk, 1985).

Eine Verbesserung der Aussagekraft könnte gegebenenfalls durch die parallele Bestimmung und Auswertung mehrerer immunologischer, endokriner und psychologischer Parameter gewährleistet werden. So könnte man fordern, daß alleine bezüglich der komplexen immunologischen Steuerungsprozesse Faktoren spezifischer und unspezifischer Immunantwort, Zytokin- und Monokin- Produktion, sowie Häufigkeit und Stimulierbarkeit von Subzellfraktionen gemessen werden sollten. Abgesehen von allgemeinen Schwierigkeiten (Blutvolumen, Kosten) bemerkt Cohn zu einer ähnlichen Forderung:

"It looks like you have a 10-year job ahead of you just following one case"
(Cohn, in Melnechuk, 1985).

Zum gegenwärtigen Zeitpunkt scheint eine Lösung des Problems auszustehen.

Immunologische Aktivität ist jedoch nicht nur auf primäre (z.B. Knochenmark) und sekundäre (z.B. Milz und Lymphknoten) lymphatische Organe reduziert, sondern erfüllt gerade als *lokale Immunantwort* in den Sekreten äußerst wichtige Abwehrleistungen. Ausgehend von der Tatsache, daß Antigene vielfach durch den Mund-Rachenbereich Eintritt in den Organismus erhalten, befindet sich die lokale Immunantwort in diesem Bereich und im Magen-Darm-Trakt an den "Pforten" für diese Invasion. Die Bedeutung dieses immunologischen Subsystems charakterisieren Holmgren u.a.:

> *"The intestine is the largest immunological organ in the body. In comprises 70-80% of all immunoglobulin-producing cells and produces more secretory IgA than total production of IgG in the body".*
> (Holmgren, Czerkinsky, Lycke & Svennerholm, 1992)

Die Untersuchung der lokalen Immunantwort ist nicht nur aufgrund dieser Tatsache besonders notwendig, sondern auch für die oben dargestellte Problematik hilfreich. Die Untersuchung der Immunkompetenz auf dieser Ebene reflektiert in diesem Zusammenhang keine peripheren Indikatoren sondern eigenständige, vom systemischen Immunsystem relativ unabhängige Abwehrvorgänge.

Sekretorisches Immunglobulin A im Speichel - ein Antikörpermolekül - stellt innerhalb der sekretorischen Immunantwort das Immunglobulin mit der größten Häufung und Bedeutung dar. Es ist maßgeblich beteiligt an Virus- und Bakterienabwehr und wird im Rahmen psychoneuroimmunologischer Untersuchungen aus verschiedenen Gründen (s.u.) als abhängiges Maß lokaler Immunkompetenz herangezogen.

> *"Immunoglobulin-producing cells in the mucosal tissue, quantitatively the body's most important humoral immune system, synthesize mainly dimers and larger polymers of IgA.."*
> (Brandtzaeg, 1992)

Gerade in neueren Publikationen wird der Bedeutung des sekretorischen IgA wieder ein vermehrtes Interesse geschenkt. Dies artikuliert sich neben anderem besonders in Untersuchungen an Patienten mit IgA-Defizit. In diesem Zusammenhang wird zukünftige Forschung zeigen, ob weitreichende Hypothesen wie die folgende bestätigt beziehungsweise in therapeutischer Hinsicht fruchtbar gemacht werden können:

> *"If IgA antibodies to HIV prove to be neutralising, HIV may be transmissible by saliva that lacks IgA."*
> (Zon et al. 1986)

Die vorliegende Arbeit versucht unter Einbeziehung verschiedener psychobiologischer Untersuchungsansätze die Frage nach der biologischen Relevanz sekretorischen Immunglobulin A's für psychoneuroimmunologische Fragestellung kritisch zu bearbeiten.

Um dies auch für Leser, die sich dem Bereich der Psychoneuroimmunologie bislang nicht intensiv zugewandt haben, möglichst transparent zu gestalten, wird in einem ersten Kapitel sehr kurz beschrieben, welche Hauptforschungsansätze zu welchen zentralen Befunden der Psychoneuroimmunologie geführt haben. Aufgrund der rapide angestiegenen Zahl der Publikationen in diesem Forschungsbereich muß eine Auswahl derjenigen Inhalte getroffen werden, die sowohl für das systemische als auch für das lokale Immunsystem von Bedeutung sind. Darüber hinaus soll diese Parallelität verdeutlichen, daß die Untersuchung der lokalen Immunkompetenz mit der der systemischen unter neuroimmunologischen Gesichtspunkten absolut zu vergleichen ist. Der Schwerpunkt wird auf der Darstellung bidirektionaler Zusammmenhänge liegen.

In einem zweiten Kapitel werden Aufbau, Komponenten und Funktionsweise des sekretorischen Immunsystems der Mucosa beschrieben. Neben allgemeinen Charakteristika findet in erster Linie eine Beschreibung der lokalen Immunantwort des Mund- und Rachenberiches statt, wobei dem sekretorischen Immunglobulin A im Speichel ein besonderer Stellenwert zukommen wird.

Kapitel 3 gibt eine Literaturübersicht über bisherige Arbeiten zum sekretorischen Immunglobulin A unter psychoneuroimmunologischer Fragestellung. Die Arbeiten werden unter methodischen Aspekten verglichen und bewertet. Desweiteren wird tabellarisch aufgestellt, welche Aspekte streß- und entspannungsinduzierter sIgA-Sekretionsratenänderungen bislang nicht systematisch berücksichtigt wurden. Diese Darstellung ist Grundlage für die in Kapitel 4 aufgezeigten Fragestellungen der vorliegenden Arbeit. Darüber hinaus werden alle verwandten statistischen Methoden sowie deren Voraussetzungsprüfungen in Kapitel 4 beschrieben, bevor zum empirischen Teil der Arbeit übergegangen wird.

Beginnend mit Kapitel 5, werden methodische Probleme von Immunglobulin A im Speichel behandelt. Speichelflußabhängigkeit, Lateralisation, Probengewinnung, -handhabung, -aufbereitung und insbesondere Bestimmungsverfahren sollen den Gegenstand eines allgemeinen Methodenteils darstellen. Im Anschluß sind zwei Grundlagenstudien dargestellt, die unter Gesichtspunkten der Versuchsplanung relevant werden könnten. Zu nennen sind Untersuchungen zu Geschlechtsunterschieden und circadianer Rhythmik von sIgA - Konzentrationen.

Kapitel 6, basierend auf psychoneuroimmunologischen Ansätzen, widmet sich der Frage nach Einflüssen von kurz- und längerfristiger Belastung unter Berücksichtigung der Streßkonzeptualisierung und Systematik aus Kapitel 4. Das Problem der Spezifität und die Frage nach zugrundeliegenden Mechanismen stehen dabei im Vordergrund.

In Kapitel 7 wird der Zusammenhang zwischen Persönlichkeitsmaßen und sIgA-Konzentrationen beschrieben. Maße der Persönlichkeit werden sowohl als grundlegende Korrelate der sIgA-Konzentration als auch im Sinne von Mediatoren der Veränderung nach Streßexposition diskutiert.

Der Frage nach der Bedeutsamkeit von sIgA als biologischem Marker allgemein widmet sich Kapitel 8. Zunächst werden grundlegende Zusammenhänge mit immunologischen, hormonellen und physiologischen Variablen beschrieben, um anschließend biologische Korrelate der streßinduzierten sIgA-Sekretionsratenänderung zu identifizieren. Zusammenhänge dieser Art werden unter Berücksichtigung multivariater Zusammenhangsanalysen diskutiert.

Kapitel 9 geht der Frage nach, welche Situationen zu Anstiegen der sIgA-Konzentrationen führen. Hierbei stehen die Einflüsse von Entspannungs- und

Imaginationsverfahren sowohl an gesunden Probanden als auch bei Patienten im Vordergrund. Ferner soll der Frage nachgegangen werden, mit welchen emotionalen Veränderungen die induzierten Anstiege korreliert sind, ob es sich um stabile, wiederholbare Phänomene handelt und ob die Art der Imagination einen Einfluß auf die sIgA-Konzentrationen ausübt. Die Frage nach immunologischer Spezifität und situationsabhängiger Variabilität wird vorrangig beschrieben.

Eine Zusammenfassung der zentralen Ergebnisse der Arbeit ist Gegenstand von Kapitel 10. Von zentraler Bedeutung ist die Evaluation der Ergebnisse zur Sensitivität und Spezifität von sIgA und dessen Veränderungen nach systematischer Variation von Situationskomponenten.

Aus Gründen der Übersicht soll die folgende Graphik den globalen Inhaltsbereich kurz skizzieren.

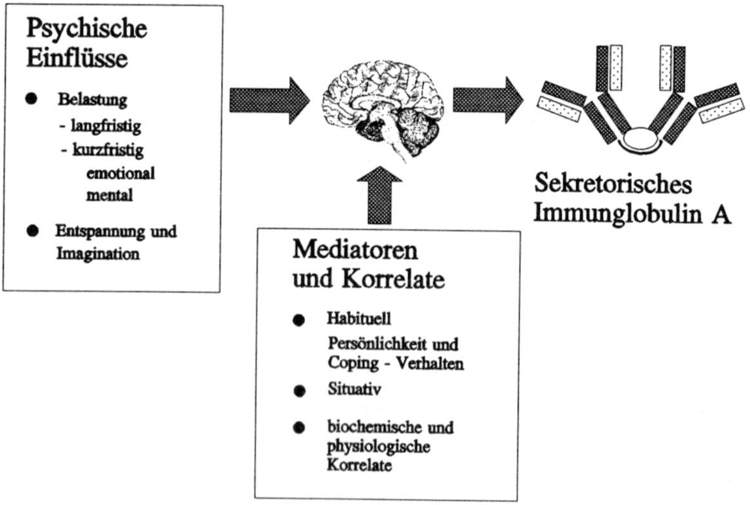

Abbildung I: Graphische Übersicht über den Gegenstand der vorliegenden Arbeit

Kapitel 1: Die Psychoneuroimmunologie als interdisziplinärer Wissenschaftszweig

Erste vage Vorstellungen vom immunologischen Geschehen sind bis in die Zeit vor Christi Geburt zurückzuverfolgen. Thukydides schreibt in seiner Abfassung über den Peleponnesischen Krieg (431 v. Christus):

> *Mehr Mitleid hatten doch noch die Geretteten mit den Sterbenden und Leidenden, weil sie alles bereits kannten und selbst nun in Sicherheit waren; denn zweimal befiel die Krankheit denselben nicht, zumindest nicht mit tödlichem Ausgang.*

Das Phänomen der erworbenen Resistenz sollte medizinisch erst mit den bahnbrechenden Versuchen Edward Jenners zur Pockenbekämpfung von entscheidender Bedeutung für die wissenschaftliche Immunologie werden.

Mit Beginn des 19. Jahrhunderts etablierte sich die Immunologie als Laborwissenschaft. Es zeigte sich, daß außerhalb des Organismus im Reagenzglas gut zu beobachtende immunologische Mechanismen ablaufen. Die Entwicklung von Impfstoffen konnte ebenfalls in den Anfängen in vitro simuliert werden, bevor der Organismus geschützt werden sollte. Diese für die Immunologie entscheidenden Erkenntnisse führten zu der Annahme, daß das Immunsystem eine autonome, sich selbst regulierende Einheit im Organismus darstellt, aber behinderte - bei aller Bedeutung - eine holistische Sichtweise des Immunsystems als integrierte Einheit.

Der Beginn einer *psycho*neuroimmunologischen Sichtweise, also einem Verständnis des Immunsystems als selbst- *und* fremdgesteuertes System im Organismus, ist schwieriger zu datieren. Erst innerhalb der letzten Jahre finden sich in Übersichtsarbeiten zur Psychoneuroimmunologie Hinweise auf frühe Arbeiten, die den Einfluß des Zentralnervensystems (ZNS) auf das Immunsystem beschreiben, offensichtlich vielfach ohne sich der Originalität und Relevanz der eigenen Arbeiten bewußt geworden zu sein.

So beschreibt z.B. Robert Ader frühe Arbeiten zu Konditionierungsversuchen des Immunsystems im damals russischen Sprachraum (Ader, 1981). Sowohl grundlagenwissenschaftliche Arbeiten zur Konditionierung des Immunsystems (Metal'nikov & Chorine, 1926) als auch Konditionierungsstudien unter klinischer Betrachtungsweise (Metal'nikov & Chorine, 1928) führten zu der Hypothese, daß jeder immunologischen Zustandsänderung Veränderungen im ZNS vorausgingen.

Auch die entscheidenden Arbeiten von Hans Selye beinhalteten als Charakteristikum des "Allgemeinen Adaptations-Syndroms" (1936) eine verminderte immunologische Aktivität sowie Thymusatrophie. Daß Stress gegebenenfalls über eine verminderte immunologische Aktivität pathogen sein könnte, eine These, die erst 50 Jahre später Einzug in die internationale Wissenschaft halten sollte, wurde damals offensichtlich nicht in dieser Form erkannt.

Der Begriff "Psychoimmunologie" wurde erstmals von George F. Solomon in seiner Arbeit "Emotions, immunity, and disease: A speculative theoretical integration" (Solomon & Moos, 1964) geprägt. Internationalen Durchbruch erfuhr die Psychoneuroimmunologie (PNI) durch die Konditionierungsstudien von Robert Ader im Jahre 1975 (s.u.).

Im folgenden sollen die zentralen Befunde der PNI in tabellarischer Form dargestellt werden. Da bei näherer Betrachtung der Befunde auffällt, daß ZNS und Immunsystem (IS) beeindruckende Gemeinsamkeiten zeigen, wird eine Gliederung gewählt, die sich sowohl nach wissenschaftlichen *Zugangswegen* der PNI als auch nach *Inhalten* richtet. Im ersten Teil werden Efferenzen vom ZNS zum IS unter Einbeziehung neuroanatomischer, physiologischer, biochemischer und psychologischer Untersuchungsansätze vorgestellt. Um die Parallelität beider Systeme zu verdeutlichen, werden im Anschluß Befunde zu Afferenzen vom IS zum ZNS unter Berücksichtigung dieser Gliederung vorgestellt. Hierbei muß es sich aufgrund der fast unüberschaubaren Fülle von Einzelbefunden um eine Auswahl handeln.

1.1 Efferenzen vom Zentralnervensystem zum Immunsystem

Mit "Efferenzen" sind in diesem Sinne qualitative und quantitative Einflüsse des Zentralnervensystems auf das Immunsystem gemeint. Im Laufe der letzten Jahre sind verschiedene Strategien zur Erfassung möglicher Zusammenhänge eingeschlagen worden.

Die folgende Tabelle gibt einen kurzgefaßten und keineswegs umfassenden Überblick über die zentralen Befunde unterschiedlicher Forschungsdisziplinen im Hinblick auf beobachtbare oder meßbare Interaktionen zwischen dem Zentralnervensystem und dem Immunsystem.

Tabelle 1.1: Efferenzen vom Zentralnervensystem zum Immunsystem

Zugang	Inhalt	Literatur
Anatomie	**Innervation von Lymphknoten, Milz und Knochenmark**	Felten & Felten, 1991
Biochemie	**Rezeptor- und Rezeptorbindungsstudien an lymphoiden Zellen:**	
	Neurotransmitter	Walker & Codd, 1985
	Endogene Opiode	Fisher, 1984
	Hormone	
	CRH, ACTH, Cortisol	Heijnen et al. 1991
		Munck & Guyre, 1991
	Katecholamine	Madden & Livnat 1991
	Reproduktionshormone	McCruden, 1991
	Neuropeptide (SP, VIP)	Felten & Felten, 1991
	Prolactin	Bernton et al., 1991
	Growth Hormone	Kelly, 1991
	Melatonin	Maestroni & Conti, 1991
Physiologie Immunologie	**Läsions- und Stimulationsstudien zentralnervöser Strukturen:**	
	Hypothalamus	Roszman & Brooks, 1985
	Hypophyse	Berczi & Nagy, 1991
Psycho-physiologie	Einflüsse von akutem und chronischem Stress	Dorian & Garfinkel, 1987
		Laudenslager & Reite, 1984
	Entspannungseffekte	Hall & O'Grady, 1991
	Klassische Konditionierung	Ader, 1981
	Körperliche Belastung	Simon, 1991
	Schlafstudien	Moldofski, 1986

Tabelle 1.1 verdeutlicht, daß sowohl aus anatomischer als auch aus funktioneller Sichtweise bedeutsame Interaktionsmöglichkeiten aufgezeigt wurden. Insbesondere die Ergänzung von Anatomie und Funktion läßt die Möglichkeit entstehen, Wirkmechanismen zu isolieren. Anatomische Befunde wie auch Rezeptorstudien dürften als Grundlage für ein Verständnis "globaler" Prozesse, wie sie üblicherweise im verhaltensorientierten Ansatz (z.B. Schlaf-, Streß- oder Konditionierungsstudien) Interesse finden, von entscheidender Bedeutung sein.

1.2 Afferenzen vom Immunsystem zum Zentralnervensystem

Die Bidirektionalität beider Systeme läßt sich insbesondere dann verdeutlichen, wenn man bei gegebener Einteilung mögliche Afferenzen vom Immunsystem zum ZNS betrachtet. Ein Versuch dieser Darstellung ist in Tabelle 1.2 gegeben.

Tabelle 1.2: Afferenzen vom Immunsystem zum Zentralnervensystem

Zugang	Inhalt	Literatur
Anatomie	Darstellung von Zytokin-produzierenden Zellen im Gehirn	Streit et al., 1988
Biochemie	**Rezeptorbindungsstudien an Zellen im ZNS**	
	Monokine und Zytokine/Growth Factors	Benveniste, 1992
	Produktion von "Hormonen" durch lymphoide Zellen	
	ACTH, CRH	Blalock, 1992
	ß-Endorphin	Heijnen et al.,1991
Immunologie Physiologie	**Stimulationen des Immunsystems und Auswirkung auf:**	
	Hypothalamus	Besedovsky et al., 1985
	Hypophyse	
	Noradrenerge Neurone	Besedovsky et al., 1977
Psychologie	**Verhaltenskorrelate nach Stimulation des Immunsystems**	
	Schlafverhalten	Krueger et al., 1990
	Appetitverhalten	Plata Salaman, 1989
	Thermoregulation	Blatteis, 1988

Beide, Immunsystem und ZNS, stehen offensichtlich in einem direkten und - über Hormone vermittelt -indirektem Zusammenhang. Bezogen auf den griechischen Wortursprung "hormao" (ich treibe an) wird sich sicherlich in Zunkunft keine klare Trennung zwischen Hormonen, Neuropeptiden und Zytokinen treffen lassen. Schon heute werden Monokine und Zytokine als "Hormone des Immunsystems" bezeichnet.

Wichtiger als die Frage nach der Nomenklatur ist die Frage nach Funktionsmechanismen, die natürlich insbesondere im klinischen Bereich von vorrangigem Interessen sind. Wenn auch nach wie vor in Hinblick auf eine therapeutische Nutzbarmachung dieser Interaktionen größte Zurückhaltung geboten sein dürfte, soll an dieser Stelle der Übersicht ein stimulierendes Beispiel nicht fehlen.

In Bezug auf die mehrfach gezeigte Konditionierbarkeit des Immunsystems wurde geprüft, ob sich mittels eines solchen Lernprotokolls auch immunologisch relevante Krankheitsverläufe positiv beeinflussen lassen. Die Ergebnisse einer Tierstudie demonstrieren, daß nach mehrfacher Paarung von neutralem (Kanfergeruch) und unkonditioniertem Stimulus (Poly I:C) die weitere Behandlung tumorimplantierter Tiere mit dem urprünglich neutralen - nunmehr jedoch konditionierten - Stimulus (Kanfergeruch) alleine zu einer verminderten Tumorprogredienz und letztendlich zu längeren Überlebensraten führte (Ghanta, Hiramoto, Solvason & Spector, 1988).

Eine klassische Konditionierung des menschlichen Immunsystems insbesondere der natürlichen Killerzellaktivität konnte bislang zwar auch gezeigt werden (Kirschbaum, Jabaaij, L, Buske-Kirschbaum, Hennig et al., 1992), die Anwendung auf klinische Gruppen steht bislang jedoch aus.

Dieser stark gekürzte Überblick soll verdeutlichen, daß das Immunsystem in enger Kooperation mit dem ZNS steht und selbst das ZNS über lösliche Substanzen von immunologisch relevantem Geschehen "informiert".

Kapitel 2: Das sekretorische Immunsystem

2.1 Historische Aspekte

Unter Verwendung von Enterobakterien zur experimentellen Infektion im Mund- und Rachenraum forderte Besredka bereits 1919 ein vom systemischen Immunsystem relativ unabhängiges lokales Abwehrsystem (Besredka, 1919). In an Dysenterie (Ruhr) erkrankten Patienten konnten unwesentlich später spezifische Antikörper in den Fäzes gefunden werden, was - bestätigt durch gleiche Befunde an experimentell infizierten Tieren - den Eindruck vermittelte, daß dem Gastrointestinaltrakt eine wesentliche Bedeutung im Sinne einer protektiven Rolle zukommt (Davies, 1922).

Von großer Relevanz sind die Ergebnisse der Gruppe um Burrow in den späten vierziger Jahren. In diesen Studien wurden im experimentellen Ansatz Meerschweinchen Cholera Vakzine appliziert und Korrelationen zwischen Schutz vor Infektion und Antikörperkonzentrationen in den Fäzes ermittelt (Burrows & Havens, 1948). Die Befunde dieser Gruppe sind deswegen so bedeutsam, weil sie erstmals demonstrierte, daß kein Zusammenhang zwischen einer Resistenz gegen Infektionen im Mund- und Rachenbereich und Serumantikörpern gefunden werden konnte. Noch deutlicher formuliert, bestand kein Zusammenhang zwischen Antikörperkonzentrationen im Urin und in den Fäzes mit denen im Serum. Schon zu diesem Zeitpunkt schließen die Autoren, daß Antikörper in Sekreten (hier Urin) nicht durch passive Transsudation aus dem Serum stammen.

Während sich diese frühen Arbeiten eher auf den Bereich des Darm-assoziierten-lymphoiden Netzwerkes beziehen (GALT, gut associated lymphoid tissue), konnten ebenfalls sehr früh andere Gruppen Antikörper im Speichel lokalisieren. Schon 1938 wies Schubert darauf hin, daß Antikörper im Speichel, die nach natürlicher als auch nach experimenteller Exposition mit Diphterie produziert wurden, nicht mit entsprechenden Antikörpertitern im Serum korreliert sind (Schubert, 1938).

Eine sehr bedeutsame Arbeit fast zehn Jahre zuvor zeigt auf, daß lokalen Antikörpern in Sekreten des oberen Respirationstraktes (Nasalflüssigkeit, Speichel) zentrale Bedeutung in der Abwehr z.B. von Pneumokokkenbakterien zukommt. Tiere, die mit einem Pneumokokkenstamm *intranasal* immunisiert wurden, zeigten nach erneuter Exposition vollen immunologischen Schutz. Ebenfalls unbeeinträchtigt blieben Tiere, bei denen keine Serumantikörper gefunden werden konnten, was die Autoren zu der Schlußfolgerung verleitet, daß

> *"another instance of the resistance of tissues apparently local to invasion of bacteria in the absence of demonstrable antibodies in the blood serum."*
> (Bull & McKee, 1929).

existiere.

Neben Sekreten des GI (gastrointestinalen Traktes) oder des Respirationstraktes wurden intensiv Bronchialsekrete untersucht. Arbeiten von Fazekas de St. Groth belegten, daß eine intranasale Aufnahme von Influenza-Viren zwar eine systemische und muköse Antikörperproduktion hervorruft, im Vergleich zur *subkutanen* Injektion des Antigens jedoch die Antikörperkonzentrationen in Bronchialsekreten um das 10fache höher lagen als diejenigen im Serum (Fazekas de St.Groth, 1951).

An dieser Stelle sollte festgehalten werden, daß Antikörperkonzentrationen gegen verschiedene Antigene in den Körpersekreten zu messen sind. Je nach Art des Antigens kommt diesen "lokalen" Antikörpern offensichtlich höhere diagnostische und klinische Bedeutung zu, als dies für systemische oder zirkulierende Antikörper gilt. Eine relative Unabhängigkeit zwischen den sekretorischen Antikörpern (früher Mucoantikörper genannt) und den zirkulierenden Antikörpern legen sehr frühe Korrelationsstudien nahe. Vergleichbare Befunde zeigen sich in verschiedenen Körpersekreten, so daß mit Bezug auf andere Systeme im folgenden in erster Linie der Speichel als Medium für immunologische Aktivität der lokal vermittelten Resistenz Betrachtung finden soll.

2.2 Das Mucosa - assoziierte lymphoide Netzwerk

2.2.1 Aufbau und Funktion der oralen Mucosa

Die Mundschleimhaut (orale Mucosa) zeigt einen anatomischen Aufbau, der mit geringfügigen Abweichungen allen im Körper befindlichen Schleimhäuten sehr ähnlich ist. Sie besteht aus verschiedenen Schichten, die mit Hilfe von Abbildung 2.1 näher beschrieben werden sollen.

Abbildung 2.1: Darstellung der oralen Mucosa

Aus der stark vereinfachten Abbildung 2.1 wird ersichtlich, daß die orale Mucosa aus mehreren Schichten besteht. Die äußere Schicht (Epithel) kann verglichen werden mit der Epidermis der Haut, der von der Basalmembran getrennt, eine retikuläre Schicht folgt, die auch als Lamina propria bezeichnet wird. Im Bereich der stark durchbluteten Submukosa befinden sich mit Lymphknoten vergleichbare Lymphfollikel, die immunkompetente Zellen beherbergen.

Auf die Lokalisation lymphoider Zellen soll im folgenden etwas genauer eingegangen werden. Im Epithelium befinden sich neben absorbierenden auch sezernierende Zellen (Becherzellen), die über die Mucinproduktion eine wichtige äußere und unspezifische Barriere für den Organismus darstellen (Walker, 1986). In relativ geringem Außmaß finden sich jedoch auch Leukozyten in diesem

Gewebsabschnitt, die die Bezeichnung intraepitheliale Leukozyten (IEL) tragen. Eine entsprechende Fluoreszensmarkierung zeigte, daß diese Zellen in erster Linie der T-Zell Gruppe angehören, und nach Einsatz monoklonaler Antikörper konnten diese Zellen als CD8+ (T-Suppressorzellen) und Natürliche Killerzellen (NK-Zellen) identifiziert werden. Bezugnehmend auf die möglichen Funktionen dieser Zelltypen, könnte eine Downregulation von Plasmazellaktivität (s.u.) die biologische Relevanz des Vorhandenseins dieser Zelltype erklären (Brandtzaeg et al. 1988).

Im Bereich der Lamina propria, insbesondere im gastrointestinalen Trakt, finden sich massive Ansammlungen von Immunzellen wie Lymphozyten, Plasmazellen, Makrophagen, Mastzellen und eosinophile Granulozyten. Diese Zellen respondieren in beachtlichem Maße auf diverse Infektionen und zeigen stark veränderte Verteilungsmuster bei Krankheiten wie Morbus Crohn und Colitis ulcerosa. An dieser Stelle sei ein später näher zu behandelndes Faktum vorweggenommen: Die Hauptfraktion der ansässigen Plasmazellen ist vom IgA-produzierenden Typ. IgA ist von absolut zentraler Bedeutung für eine immunologische Barriere an den Schleimhäuten (Bienenstock & Befus, 1980).

Von ebenfalls großer Bedeutung sind die in der Submukosa angesiedelten Lymphfollikel, die im Darm als Peyersche Plaques, oder bezogen auf die Mucosa, generell Mucosa - assoziiertes lympoides Gewebe (MALT) genannt werden. In diesen Follikeln lassen sich klar T- und B-Zellregionen abgrenzen, wie dies aus Milz und Lymphknoten bekannt ist. Diese Gewebe enthalten Isotyp-spezifische T-Helferzellen, welche offensichtlich die IgA - Produktion durch Plasmazellen stimulieren (Craig & Cebra, 1971).

2.2.2 Mechanismen der Ansiedlung lymphoider Zellen in der Mucosa

Generell ist davon auszugehen, daß die "Produktionsstätte" aller Leukozyten im Knochenmark lokalisiert ist. Erst in weiteren Differenzierungsphasen erfahren die ursprünglich hämatopoetischen Stammzellen ihre weitere Bestimmung z. B. als T-Zellen über den Thymus. Die Mucosa ist sicherlich nicht als eine damit vergleichbare Instanz der Ausdifferenzierung zu betrachten. Die in den oben beschriebenen Kompartimenten vorhandenen Zellen durchlaufen einen komplizierten Wanderungsprozeß, bis sie an dem jeweiligen Zielort angekommen sind.

Im Rahmen verschiedener Studien, in denen ein Zelltransfer von Tier A zu Tier B (aus Inzuchtstämmen) durchgeführt wurde, zeigen sich replizierbare und offensichtlich spezifische Zellwanderbewegungen in die entsprechenden Regionen der Mucosa. Im Fall von T-Zell-Transfer mittels Autoradiographie wurden 24 Stunden nach Transfer über Zweidrittel der transferierten Zellen in der Lamina propria des GALT wiedergefunden (Bienenstock et al., 1983). Darüber hinaus scheint es eine spezifische T-Zelldomäne im Bereich des Epithels (IEL, s.o.) zu geben, die jedoch bezüglich der Zellspezifität Probleme aufwirft. Tatsächlich tragen diese Zellen zwar typische T-Zellmarker, enthalten aber zu annähernd 40% Granula, in denen sich u.a. Histamin befindet. Während diese Zellen in situ T-killer/suppressor Aktivität entfalten, zeigen sie in vitro eindeutig natürliche Killerzellaktivität (NKCA), so daß davon ausgegangen werden kann, daß das Epithelium ein Ort lokaler NKCA darstellt. Innerhalb dieser Zellen sind diverse Subpopulationen bekannt, die interessanterweise sehr unterschiedliche Migrationsmuster nach Transfer zeigen. Einige wandern in das GALT, andere hingegen in das lympoide Netzwerk der Bronchien (bronchius associated lymphoid tissue (BALT)).

In Abhängigkeit von Spezifitätskriterien zeigen Influenza-spezifische T-Zellen eine Hauptlokalisation in der Lunge, während keine markierten Zellen im Intestinum nach Transfer lokalisiert werden konnten. Andere T-Zellfraktionen (z.B. zytotoxische T-Zellen) präferieren offensichtlich eher das Intestinum als die Lunge (Carroll, Palladino, Ottgen & deSousa, 1982).

In Hinblick auf die vorliegende Arbeit sollen Lokalisationsmuster und immunologische Funktionen von B-Zellen und die aus ihnen differenzierten Plasmazellen ausführlicher behandelt werden.

Insbesondere Blastozyten aus den Peyerschen Plaques und dem BALT zeigen ein homogenes Muster, mit dem sie die Gewebe der Mucosa besiedeln und zwar im allgemeinen als *IgA*-produzierende Zellen (Bienenstock et al., 1983). Die aus diesen Beobachtungen resultierende Hypothese, daß es ein IgA-assoziiertes allgemeines Immunsystem der Mucosae gäbe, welches charakterisiert ist durch die Fähigkeit von B-Zellen, an verschiedenen Orten Aufgaben der lokalen Immunität auszuüben, wurde weiter bestätigt durch Befunde, daß IgA- produzierende

Plasmazellen der Lymphknoten selektiv in die weibliche Brustdrüse wandern (Lamm, 1976) und spezifische Antikörper gegen oral aufgenommenes Ferritin im Speichel, Respirationstrakt und in der Brustdrüse zu finden waren, die keine Entsprechung im Serum fanden.

Ein ebenfalls bedeutsamer Befund ist in den Arbeiten der Gruppe um Montgomery zu sehen, die gezeigt hat, daß sich IgA-produzierende Zellen der Lymphknoten in den Speicheldrüsen anlagern (Jackson, Lally, Nakamura & Montgomery, 1981). Neben diesem, für spätere Ausführungen besonders wichtigen Befund ist schon an dieser Stelle festzuhalten, daß, wie die Gruppe ebenfalls zeigen konnte, solch ein spezifisches Migrationsverhalten *unabhängig* von Antigenspezifität und -präsenz stattfindet.

Soweit man das Wanderverhalten radioaktiv markierter Lymphozyten betrachtet, findet man üblicherweise nach Injektion dieser Zellen in syngene Empfängertiere eine Wanderung der Zellen in lymphoides Gewebe. Eine signifikante Häufung bestimmter Zelltypen in bestimmten Regionen wird als "homing" bezeichnet. Von zentraler Bedeutung dieses Phänomens ist neben anderem (s.u.) auch der Herkunftsort der Zellen beim Spendertier. Entnimmt man z.B. Zellen dem Ductus thoracicus und injeziert sie dem Empfängertier, finden sich die Zellen wieder im GALT, den Peyerschen Plaques und auch in der lamina propria entsprechender Lokalisationen, während Zellen aus den peripheren Lymphknoten oder der Milz diese Lokalisation im Empfängertier auch wieder aufsuchen (Phillips-Quagliata, Roux, Arny, Kelly-Hatfield & McWilliams, 1983).

Zur Zeit dürften wohl zwei Modelle für diese Wanderbewegungen (die im übrigen bereits 30 Minuten nach intravenöser Injektion von markierten Spenderzellen annährend abgeschlossen sind) zur Verfügung stehen. Die folgende Abbildung soll beide Vorstellungen graphisch verdeutlichen.

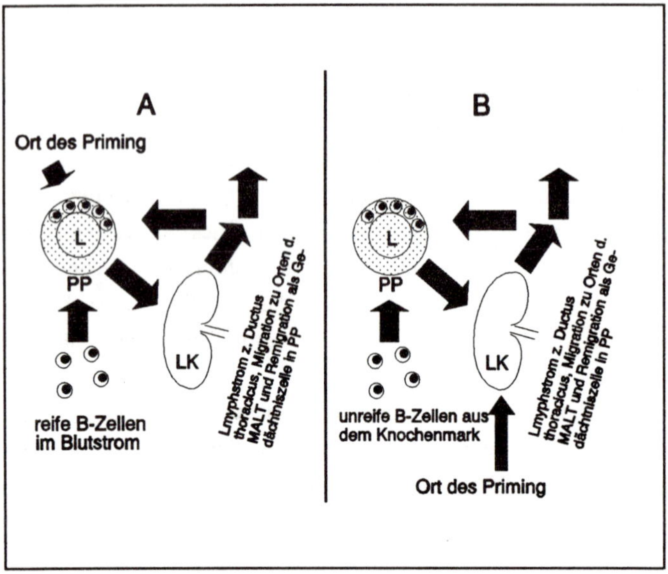

Abbildung 2.2: *Darstellung zweier Vorstellungen über den IgA-Zell-Zyklus (L=Lumen, PP= Peyersche Plaques, LK=Lymphknoten)*

Abbildung 2.2 zeigt zwei hypothetische Vorstellungen zum IgA-Zell-Zyklus. In Abbildung A wird davon ausgegangen, daß zirkulierende B-Zellen über den Blutstrom die Peyerschen Plaques erreichen, um dort zwei Informationen zu erhalten. Zum einen soll ein möglicherweise T-Zell vermittelter Switch zu IgA-Produktion erfolgen, und zum anderen wird diesen Zellen die Information vermittelt, die Mucosa verschiedener Lokalisationen aufzusuchen. Nach diesem Informationsghalt wandern die Zellen in die mesenteren Lymphknoten zur weiteren Differenzierung und Proliferation. Über den Lymphstrom zum Ductus thoracicus gelangen die Zellen an ihre Zielorte (homing). Unter "Zielorte" können alle Lokalisationen des Mucosa-assoziierten lymphoiden Netzwerkes subsummiert werden (Tränendrüsen, weibliche Brustdrüsen, Nasalflüssigkeit, Speicheldrüsen u.a.).

Entscheidend an diesem Modell ist die "Instruktion" spezifischer T-Zellen an die bereits *ausdifferenzierten* B-Zellen, ein Switch von der IgM- Produktion zur IgA-Produktion zu vollziehen (instructive mechanism). Dieser Mechanismus soll in der

Abbildung durch das Verlassen der B-Zellen aus dem Blutstrom gekennzeichnet werden.

Die alternative Vorstellung geht davon aus, daß bereits nach Verlassen des Knochenmarks ein *Teil unreifer* B-Zellen (in der Graphik dargestellt als dem Knochenmark entstammend) über den Blutstrom zunächst in die lamina propria des Intestinums gelangt und von dort jedoch schnell die mesenterialen LK aufsucht (selective mechanism). Dort findet ihr Priming statt. Die Zellen, die nun ein Gemisch aus Plasmablasten und Gedächtnisblasten darstellen, zirkulieren durch lymphoide Gewebe, um anschließend in den PP unter Beteiligung von T-Zellen ihre Bestimmung als IgA-produzierende Zellen zu erhalten und die Mucosae aufzusuchen.

Zusammengefaßt bestehen die Hauptunterschiede also im unterschiedlichen Differenzierungsgrad der B-Zellen sowie in der Lokalisation des "Priming", was im Modell A die Peyerschen Plaques, im Modell B die mesenterialen Lymphknoten sind.

Diese Mechansimen muten autonom an; zum gegenwärtigen Zeitpunkt sollte mit Bezug auf die Neuroimmunologie geprüft werden, welche Einflußfaktoren dieses Migrationsverhalten steuern. Dieser Fragestellung soll jedoch erst in Kapitel 3 nachgegangen werden.

Anstelle dessen folgt die Darstellung des sekretorischen Immunglobulin A, welches, wie bereits deutlich geworden ist, der entscheidende lösliche Immunparameter der lokalen Immunität ist.

2.3 Sekretorisches Immunglobulin A

2.3.1 Frühe Hinweise auf die Existenz von sekretorischem IgA

Neben dem Blut verfügt der Organismus über interne (z.B. Zerebrospinalflüssigkeit) und externe Sekrete. Die Begriffsdefinition für extrene Sekretionen richtet sich danach, ob eine Körperflüssigkeit in *direktem* Kontakt mit der

Außenwelt steht. Zu den externen Sekretionen in diesem Sinne zählen:

- Schweiß
- Urin
- Vaginalsekrete
- Sperma
- Bronchialsekrete
- Nasensekrete
- Gastrointestinalsekrete
- Tränenflüssigkeit und
- *Speichel*

Diese Sekrete üben verschiedene Funktionen aus, indem sie die Gewebsoberflächen (z.B. Schleimhäute) feucht halten, einen physikalischen Schutz vor Mikroorganismen sowie biologisch wirksame unspezifische Faktoren des Schutzes z.B. durch Lysozym vermitteln. Im Hinblick auf spezifische Faktoren der erworbenen Resistenz zeigt sich, daß Antikörper der Klasse A in weit höherem Maße als solche der Klassen G, M, D und E konzentriert sind. Entsprechende Untersuchungen (Tomasi, 1972) stellen eine Reihenfolge der Konzentrationsmenge dieser Antikörper auf, die für fast alle externen Sekrete lautet:

$$A > M > G > E > D$$

Diese Reihenfolge unterscheidet sich maßgeblich von derjenigen, die man üblicherweise im Blut vorfindet. Im Serum ist die Antikörperklasse IgG am höchsten konzentriert. Prozentual bedeutet dies, daß IgA in externen Sekreten mit 60-100% wesentlich höher konzentriert ist als im Serum, wo es nur 10-20% der Gesamtantikörper ausmacht. Während interne Sekrete ein IgG/IgA - Verhältnis von 6:1 zeigen, was dem des Serums entspricht, kehren sich die Verhältnisse in externen Sekreten völlig um. Hier liegt der Quotient bei < 1. Im folgenden sollen die biochemischen und immunologischen Charakteristika des sekretorischen IgA näher beschrieben werden.

2.3.2 Molekülstruktur von sekretorischem IgA

Innerhalb der externen Sekrete zeigt IgA die gleiche Molekülstruktur. Es hat eine Sedimentationskonstante von 11S und einem Molekulargewicht von ca. 390000 da. Schon an dieser Stelle fällt auf, daß es sich vom IgA-Molekül im Serum unterscheidet. Serum IgA hat eine Sedimentationskonstante von 7S und ein entsprechend geringeres Molekulargewicht. In externen Sekreten liegt zu über 80% 11S-IgA (im weiteren sIgA = sekretorisches IgA) und nur zu ca. 10 Prozent 7S -IgA vor. Die biochemische Struktur von sIgA verdeutlicht Abbildung 2.3.

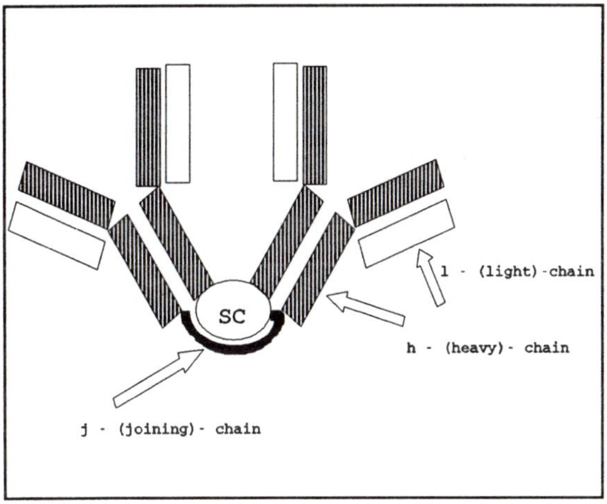

Abbildung 2.3 Vereinfachte Darstellung von sekretorischem IgA (sIgA)

Abbildung 2.3 verdeutlicht die Charakteristik von sIgA. Auffallend ist, daß sIgA aus zwei monomeren IgA-Molekülen (7S) ein Dimer mit der Sedimentationskonstante 11S bildet. Diese dimere Struktur wird gewährleistet durch eine Polypeptidkette, die als j - (joining) - chain zwei monomere IgA verbindet. Diese Polypeptidkette wird offensichtlich von Plasmazellen in der Lamina propria gebildet (Tomasi, 1972). Zusätzlich findet sich eine Bindung mit der sogenannten

Sekretorischen Komponente (SC), einem Glykoprotein, auf das später näher eingegangen werden soll. Das approximative Molekulargewicht von sIgA ergibt sich somit aus folgenden Teilsummen:

1. Zwei schwere Ketten à 55.000 da
2. Zwei leichte Ketten à 22.500 da
3. Einer verbindenden Kette 15.000 da
4. Der sekretorischen Komponente 80.000 da
5. Disulfidbrücken

Tabelle 2.1 zeigt die deutlichsten biochemischen Unterschiede zwischen sekretorischem IgA und IgA im Serum.

Tabelle 2.1: Zentrale Unterschiede zwischen sekretorischem IgA und IgA im Serum

Kriterium	sIgA	IgA	Literatur
Molekulargewicht	390.000	170.000	Cohen & Milstein, 1965
Sedimentationskonstante	11S	7S	Tomasi & Bienenstock, 1968
Extinktionskoeffizient (280mμ)	13.9	13.4	Schultze & Heremans, 1986
Proteolyseempfindlichkeit	gering	hoch	Tomasi & Bienenstock, 1968
IgG/IgA - Verhältnis	< 1	> 6	Tomasi, 1972
Struktur	dimer	monomer	Tomasi, 1972

Die mehrfach erwähnte, geringere Anfälligkeit des sIgA gegen proteolytische Enzyme legt die Vermutung nahe, daß die typischen Charakteristika des sIgA - z.B. das Vorhandensein der sekretorischen Komponente - die höhere Stabilität des Moleküls vermitteln. Im folgenden soll daher näher die Funktion dieses Glykoproteins für sIgA erläutert werden.

Zunächst ist festzuhalten, daß *alle* 11S - IgA -Moleküle mit der sekretorischen Komponente (SC) verbunden sind. Dies zeigte sich u.a. in Studien mit fluoreszensmarkiertem Material (Tomasi, 1972). Weitere Befunde dieser Art entstammen in vitro - Studien, die darlegten, daß 7S - IgA keine SC bindet; die Präsenz der J-chain also offensichtlich notwendig ist (Tomasi, 1972). Die folgende Tabelle faßt zusammen, in welchen Geweben SC nachgewiesen wurde. Alle Arbeiten beziehen sich auf Studien mit fluoreszensmarkierten Antikörpern gegen SC.

Tabelle 2.2 Lokalisation von SC in verschiedenen Geweben

Gewebetypus	Vorhandensein von SC
Gastrointestinale Becherzellen	positiv
Becherzellen im Bronchialtrakt	positiv
Azinöse Zellen im Bronchialtrakt	positiv
Muköse Zellen (submaxilliar)	positiv
Seröse Zellen (submaxilliar)	negativ
Azinöse Zellen der Parotis	positiv
Ductulus von Parotis-, Submaxilliardrüsen- und Bronchialmukosa	positiv
Gallenblase	positiv
Acini des Pankreas	positiv
Nierentubuli	positiv

nach: (Lamm, 1976)

Die sekretorische Komponente spielt jedoch nicht nur eine Rolle in Hinblick auf die Stabilität des sIgA-Moleküls, sondern ebenfalls im Zusammenbau (assembly) zweier monomerer IgA-Moleküle zu dem in den Sekreten vorliegenden sIgA-Dimer. Im folgenden sollen die Mechanismen dieses Prozesses näher beschrieben werden.

2.3.3 Dimerisierung von sIgA

Die Tatsache, daß sIgA im Lumen (z.B. Mund-Rachenraum) in dimerer Form vorliegt, setzt zweierlei voraus.
Zum einen ist davon auszugehen, daß monomeres IgA von Plasma-Zellen produziert und in die entsprechenden Gewebe sezerniert wird, zum anderen müssen zwei monomere Strukturen zu einem Dimer verknüpft werden. Den ersten Punkt betreffend sollte an dieser Stelle der Ort der Produktion von monomerem IgA näher beleuchtet werden.

Sowohl in vitro Gewebekulturen als auch Fluoreszenz-markierte Antikörper belegen, daß der Hauptanteil aller in der Lamina propria lokalisierten Plasmazellen vom IgA-produzierenden Typus sind (Tomasi, 1972). Dies offenbart sich unter anderem im Verhältnis von IgA zu IgG produzierenden Zellen, welches im Bereich des MALT 20:1 ausmacht, während IgG produzierende Zellen in Lymphknoten oder Milz mit 4:1 überwiegen. Nicht nur dieser quantitative Aspekt, sondern auch die Tatsache, daß bestimmte, oral applizierte Antigene (z.B. Nahrungsmittelallergene) eine lokale, d.h. auf das MALT reduzierte Antikörperantwort auslösen, eine systemische (bezogen auf Milz und Lymphknoten) jedoch ausbleibt (Crabbe, 1969), demonstrieren, daß - und dies ist entscheidend - von einer *lokalen Immunantwort* gesprochen werden kann, die relativ unabhängig von systemischen Verhältnissen verläuft.

Bereits oben erwähnte Befunde zeigen, daß dimeres IgA (10S, ohne Bindung der SC) intrazellulär von Plasmazellen gebildet wird, da die Produktion der J-chain ebenfalls intrazellulär auf Plasmazellen reduziert ist. Darüber hinaus bestätigt auch das Vorhandensein der J-chain das Konzept der lokalen Immunität, da gezeigt werden konnte, daß z.B. im Rahmen von Fluoreszenzstudien Knochemarkszellen zu über 80% j-chain negativ waren, während Zellen der Darmmukosa zu 90% positiv sind (Mestecky et al., 1983).

Das Entstehen von sekretorischem IgA (11S), welches (s.o.) zusätzlich die SC trägt, wird mit dem in Abbildung 2.4 dargestellten vereinfachten Schema zu erklären versucht.

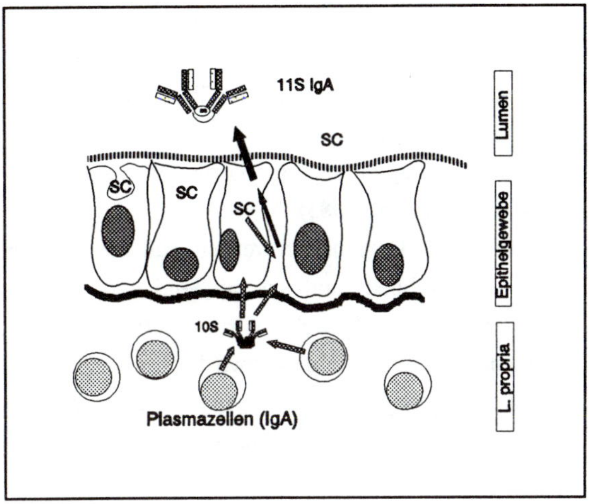

Abbildung 2.4 *Darstellung eines hypothetischen Modells zum Zusammenbau von 11S - IgA (sekretorisches IgA). SC = sekretorische Komponente*

Abbildung 2.4 skizziert ein hypothetisches Modell für die Dimerisierung von sekretorischem IgA. In Plasmazellen, die in der Lamina propria lokalisiert sind, werden monomere IgA - Moleküle mittels der J-chain zu Dimeren verbunden. Danach ist das entstandene 10S - IgA in der Lage, entweder in die Zellen des Epithels oder in die interzellulären Spalten zu wandern. Dort wird es mit der SC (sekretorischen Komponente) verbunden und durch interzellulären Transport in das Lumen weitergegeben (Hanson et al., 1980). Die sekretorische Komponente weist elektrophoretisch große Ähnlichkeit mit γ-Globulinen auf, was zu der Annahme gleicher Produktionsorte führte. Da jedoch Patienten mit Agammaglobulinämie völlig normale Mengen an SC aufweisen, wurde diese Vorstellung verworfen und vielmehr demonstriert, daß SC in erster Linie in Epithelzellen mit und ohne Becherzellen produziert wird (South, Cooper, Wollheim, Hong & Good, 1966).

Für den interzellulären Transport spricht die Tatsache, daß die zona occludens (tight junction) prinzipiell die Aufgabe erfüllt, Substanzen aus dem Lumen nicht ohne weiteres in den interzellulären Raum passieren zu lassen und der Abstand zweier Epitelzellen in dieser Region mit ca. 200-300Å dieses Molekül kaum passieren lassen würde (Tourville, Adler, Bienenstock & Tomasi, 1969). Die Frage nach dem exakten Ort der Verbindung zwischen SC und 10S- IgA ist noch nicht eindeutig geklärt. Für die Tatsache, daß die Verbindung extrazellulär stattfindet, spricht die der SC zugesprochene Funktion, den Transport des IgA zu erleichtern. SC wird somit als Transmembranprotein sezerniert und - wie in vitro- als auch in vivo-Studien zeigen - dient zumindest in Vorläuferformen als IgA- Dimer - Rezeptor (Kuehn & Kraehenbuhl, 1983).

Zusammengefaßt kann festgehalten werden, daß 10S - IgA in Plasmazellen der laminia propria lokal gebildet und anschließend mittels der sekretorischen Komponente aus Zellen des Epithelgewebes voraussichtlich über interzelluläre und intrazelluläre Kanäle in das Lumen befördert wird. Zusammen mit dieser Bindung erhält sIgA eine Beförderungshilfe und zeigt sich weitaus stabiler gegen proteolytische Prozesse als das IgA im Serum.

2.4 Sekretorisches IgA im Speichel

2.4.1 Transport und lokale Produktion

In einer sehr frühen Studie gingen South und Mitarbeiter der Frage nach, wie sIgA in den Speichel gelangt (South, Cooper, Wollheim, Hong & Good, 1966). Zu diesem Zweck wurden Patienten mit congenitaler oder erworbener Agammaglobulinämie, die weder im Serum noch im Speichel nachweisbare IgA - Konzentrationen aufwiesen, 1-2 Liter Plasma transfundiert. Während im Anschluß an die Transfusion 2 von 5 Patienten meßbare sIgA - Konzentrationen im Speichel aufwiesen, zeigte keiner IgG- oder IgM - Konzentrationen, was auf einen *selektiven* Transport von IgA in den Speichel hinweist.

Ein anderer Weg zur Klärung dieser Transportphänomene ist die Applikation radioaktiv markierter Antikörper. In einer Studie von Strober und Waldman (1970) wurden Patienten und Probanden die gereinigten und radioaktiv markierten Proteine IgA, Albumin und IgG injiziert. Blut- und Speichelproben wurden nach 2 Stunden und im Zeitraum von zwei Wochen täglich abgenommen und im Gamma-Counter ausgewertet. Nach Zugrundelegung eines Algorithmus, der die Meßsignale aus Speichel und Blut in Beziehung setzt, ergibt sich ein Maß für den Ort der Proteinproduktion. Während das Verhältnis der Meßsignale bei Albumin bei 1 lag (Hinweis, daß das gesamte Albumin im Speichel dem Blut entstammt), zeigte sich für IgA ein Quotient von annähernd 0, was die Autoren in ihrer Hypthese bestärkt, daß sIgA im Speichel lokal produziert wird.

In diesem Zusammenhang ist sicherlich festzuhalten, daß in den Speicheldrüsen IgA-produzierende Zellen lokalisiert sind. Entsprechende Fluoreszens zeigt darüber hinaus, daß es sich um die Produktion von Dimeren handelt, da die J-chain Fluoreszenz in gleicher Lokalisation aufweist (Roitt & Lehner, 1980). Die Frage nach den Mechanismen der Besiedlung solcher Zellen ist sicherlich nicht voll geklärt, obgleich es wahrscheinlich ist, daß Zellen des GALT über den oben beschriebenen Weg die Speicheldrüsen Parotis, Submandibularis und Sublingualis erreichen (Jackson, Lally, Nakamura & Montgomery, 1981). Hierfür sind neben anderem (s.u.), komplexe immunologische Steuermechanismen verantwortlich, die gerade in den letzten Jahren den Einfluß der Zytokine, wie Interleukin 5, Interleukin 6 und γ-Interferon miteinbeziehen. Ähnliches gilt für andere am Immungeschehen beteiligte Zellen, wie T-Zellen, B- Zellen und Mastzellen, die in den großen Speicheldrüsen in z.T. unterschiedlichem Verhältnis lokalisiert sind, so daß vom Vorhandensein regulatorischer und effektorischer Zellen die Rede sein kann (Oudghiri, Seguin & Deslauriers, 1986) .

In neueren Arbeiten wird explizit auf die Schwierigkeit hingewiesen, dieses Migrationsverhalten von Zellen dem GALT enstammend zu beschreiben. Wenn oral Antigen (abgetöteter Streptococcus mutans) aufgenommen wird, läßt sich nach 10-12 Tagen eine erhöhte Anzahl IgA - produzierender zirkulierender Plasmazellen nachweisen. Im Speichel findet man spezifische (gegen das Antigen gerichtete) Antikörper der IgA-Klasse, jedoch erst nach 14 Tagen mit einem Peak bei 3 Wochen (Czerkinsky et al., 1987). Diese Studie legt die Vermutung nahe, daß im peripheren Blut IgA - produzierende Vorläuferzellen existieren, die dann ggfs. zeitversetzt die Mucosa aufsuchen.

2.4.2 Zu erwartende Konzentrationen und mögliche Altersabhängigkeit

Bedingt durch die Tatsache, daß sIgA-Konzentrationen mittels verschiedener Meßverfahren ermittelt, und daß unterschiedliche Speichelgewinnungs- und Stimulationsmethoden verwandt wurden, fällt die Aufstellung sogenannter "Normwerte" äußerst schwer. Aus diesem Grund werden im folgenden diejenigen Arbeiten erwähnt, denen möglichst hohe Fallzahlen zugrunde liegen. Ferner soll an dieser Stelle darauf verzichtet werden, anzuführen, unter welchen physiologischen und psychologischen Situationen die Konzentrationen stark verändert werden können, da dies der Gegenstand der Arbeit schlechthin ist.

Auf einen allgemeinen Faktor - das Alter - muß jedoch hier eingegangen werden, da dies die zu erwartenden Konzentrationen maßgeblich beeinflussen könnte.

In Hinblick auf die Ontogenese der lokalen Immunkompetenz wurden verschiedene Studien durchgeführt, in denen schon bei Kleinstkindern Speichelproben auf sIgA - Gehalt untersucht wurden. Bezüglich des ontogenetischen Aspekts konnte gezeigt werden, daß IgA zum Zeitpunkt der Geburt zwar meßbar ist (Mellander, Carlsson & Hanson, 1986), die sIgA-*Produktion* aber erst innerhalb der ersten 5 Tage aktiv einsetzt, wenngleich das Ausmaß auch noch sehr gering ist (Hanson et al., 1983). Das Ausmaß der vorhandenen Konzentrationen variiert mit dem Entwicklungsstand, was besonders deutlich an den weitaus geringeren Serum- und Speichelkonzentrationen frühgeborener Säuglinge erkennbar wird (Szabo, Szava-Szabo, Nagy & Vargancsik-Mosoni, 1988).

Generell ist bedeutsam, daß kompensatorisch passiv IgA über die Muttermilch dem Säugling zur Verfügung gestellt wird und sich für mehrere Stunden im Mund befindet (Aldred, Vaughan, Yuill, Wade & Walker, 1986). Nicht nur sIgA - Konzentrationen sondern auch spezifische IgA gegen E.coli sind somit bei Kindern, die Muttermilch erhalten haben, sechs Tage nach der Geburt höher als bei über die Flasche ernährten Säuglingen (Stephens, 1986). Der dann einsetzende rapide Anstieg der Immunglobulinkonzentrationen findet in beiden Gruppen statt: ab der sechsten Woche sind Unterschiede in Abhängigkeit von Brust- vs. Flaschenernährung nicht mehr aufzuzeigen (Stephens, 1986). Im Zuge der

Darstellungen zur klinischen Bedeutung des sIgA wird dieser Aspekt jedoch noch einmal relevant werden.

In einer umfangreichen Studie mit einem Stichprobenumfang von über 1500 Kindern von 0 bis 6 Jahren zeigte sich unter Verwendung einer nephelometrischen Analyse (siehe Kapitel 5), daß diese Stichproben ungeachtet des Alters eine mittlere sIgA-Konzentration von 6.9 mg/dl aufwiesen (D'Amelio, Palmisano, Le Moli, Seminara & Aiuti, 1982). Aufgrund des umfangreichen Stichprobenumfangs sollen die altersbezogenen Konzentrationen kurz tabellarisch aufgeführt werden.

Tabelle 2.3: Mittlere sIgA-Konzentrationen in Abhängigkeit vom Lebensalter bei Kindern

Alter (Jahre)	N	Konzentration (mg/dl)
0-1	14	9.47
1-2	102	5.33
2-3	161	7.06
3-4	363	7.17
4-5	538	7.01
5-6	361	6.84

Die Tabelle gibt wieder, daß schon mit etwa 2-3 Jahren die sIgA - Konzentrationen relativ schnell ein etwa konstantes Niveau erreichen.
Andere Arbeiten weisen darauf hin, daß in verschiedenen Stadien des Erwachsenenalters keine nennenswerten sIgA- Konzentrationsunterschiede zu ermitteln sind. So konnte z.B. gezeigt werden, daß für drei Altersgruppen (20-39, 40-59 und 60-84 Jahre) die mittleren Konzentrationen alle um 10mg/dl schwankten und sich statistisch keine signifikanten Unterschiede ermitteln ließen (Aguirre, Levine, Cohen & Tabak, 1987).

An dieser Stelle ließen sich weitere Arbeiten angeben, mit denen sich ebenfalls kein altersbezogener Abfall der sIgA -Konzentrationen demonstrieren läßt. Dieser Befund ist insofern überraschend, als im allgemeinen die Immunkompetenz mit zunehmendem Alter abnimmt. Neben dieser Tatsache kommt hinzu, daß auch die Produktion der Sekrete, wie Speichel, mit dem Alter abnimmt, so daß alte Menschen nur noch ca. 1/3 der Speichelmenge jüngerer Menschen produzieren. Dies gilt für unstimulierten wie stimulierten Speichelfluß (Goldman, 1979). Ergänzend dazu muß erwähnt werden, daß sich auch niedrigere Werte von Ptyalin und Amylase (Straus, 1979), eine geringere Anzahl der Peyerschen Plaques sowie der Anzahl an Lymphfollikeln generell (Cornes, 1965) bei alten Menschen finden. Desgleichen haben alte Menschen eine erhöhte Kariesinzidenz (Dukes & Bussey, 1926) und eine stärkere Bakterienbesiedlung im Mund- Rachenbereich (Taubman, Ebersole, Smith & Stack, 1983); die Schleimhäute sehen meist blaß und trocken aus. Alle diese Phänomene könnten durchaus mit verringerten sIgA-Konzentrationen einhergehen, wenn nicht - wie am Beispiel der Karies - vielleicht sogar erklärt werden. Doch fast alle Studien kommen zu dem Schluß, daß keine altersbedingten Unterschiede aufgezeigt werden können (Fox et al., 1987), oder daß im Vergleich mit jüngeren Erwachsenen sogar höhere sIgA - Konzentrationen auftreten (Finkelstein, Tanner & Freedman, 1984). Die z.T. auffällig hohe Varianz kann auf pathologischen (s.u.), umweltbedingten (Wagner, Wagnerova, Kriz, Kodl & Wokounova, 1988), Jahreszeit-bedingten (Wagnerova et al.1986), ernährungsspezifischen (Chandra, 1983) und anatomischen Faktoren, wie Zahnbestand, (Gronblad & Lindholm, 1987) etc. basieren.

Das Mucosa-assoziierte Immunsystem unterliegt demnach nicht einer Schwächung durch zunehmendes Alter, sondern könnte *gerade* für bestimmte Abwehrleistungen bei alten Menschen von besonderer - ggfs. kompensatorischer Bedeutung sein (Szewczuk & Wade, 1983).

Zusammengefaßt kann man davon ausgehen, daß die zu erwartenden Konzentrationen bei Erwachsenen unterschiedlichen Alters bei ungefähr 10mg/dl liegen.

2.4.3 Biologische Funktionen und klinische Relevanz von sIgA im Speichel am Beispiel des Karies

2.4.3.1 sIgA als "natürlicher Antikörper"

Unter "natürlichen" Antikörpern versteht man solche Immunglobuline, die ohne erkennbare Anzeichen einer Infektion oder Immunisierung immunologische Aktivität gegen Viren und Bakterien richten. Vergleicht man z.B. mit Fluoreszens-markierten Antigenen monomeres IgA mit der dimeren Form, so zeigt sich, daß insbesondere die Antikörper der Sekrete - also dimere sIgA - Antikörper "natürliche" Aktivität gegen verschiedene Antigene entfalten. Schon die frühen Arbeiten von Tomasi weisen darauf hin, daß sIgA im Speichel starke Aktiviät gegen E. coli, Lactobazillus, Streptococcus salivarius, Streptococcus mitis, Salmonella typhosa und Shigella dysenteriae entwickelt (Tomasi & Bienenstock, 1968). Diese Aktiviät ist mit Abstand größer als die der Serum-Immunglobuline, die offensichtlich nicht in diesem Maße als natürliche Antikörper fungieren, sondern spezifischer Immunisierung bedürfen. Ein Hinweis auf Spezifität ist darin zu sehen, daß zwar in allen Sekretionen natürliche Antikörper auftreten, die Konzentrationen aber z.B. zwischen Tränenflüssigkeit und Speichel je nach Antigenspezifität deutlich variieren (Gregory & Allansmith, 1986).

2.4.3.2 Ergebnisse aus Immunisierungsstudien

Gerade in den letzten Jahren wird dem Konzept der lokalen Immunantwort in intensivem Maße durch lokale Immunisierung gegen verschiedene Antigene Rechnung getragen. Dies ist nicht immer unproblematisch in Hinblick auf Faktoren, wie ausgezeichnet geschultes Personal, teures Zubehör und vor allem sehr kooperative Patienten, da eine intranasale Applikation oder Inhalation zum Teil als unangenehm erlebt werden (Waldman et al., 1983).

Sekretorisches IgA wird im Zusammenhang mit verschiedenen Krankheitsbildern diskutiert. Da eine ausführliche Darstellung dieser klinischen Zusammenhänge die Zielsetzung und den Umfang dieser Arbeit überschreiten würde, sollen nur die relevanten Bereiche tabellarisch aufgeführt, und es soll an einem Beispiel die Bedeutung der oralen Immunisierung hervorgehoben werden.

Tabelle 2.4 Auswahl einiger Zusammenhänge zwischen sIgA und Krankheitsbildern

Krankheitsbild	sIgA-Konzentrationen	Literatur
Allergisches Bronchialasthma	↓	Calvo et al., 1988
Sjörgrens-Syndrome	↑	Thrane et al., 1992
Rezidivierende Pneumonie	↓	Calvo et al., 1988
Glomerulonephritis	↑	Davin et al., 1989
	↑	Bohle et al., 1988
	-	Rajaraman et al., 1986
Rezidivierende Infektionen des Mund- u. Rachenbereiches	↓	Calvo et al., 1988
	↓	Tenovuo et al., 1986
	↓	Norrby, 1993
Diabetes mellitus	↑	Tenovuo et al., 1986
Rheumatoide Arthrits	↑	Gharavi et al., 1986
Transplantatabstoßungen	↓	Izutsu et al., 1983
Atopische Erkrankungen	↓	Kaufman & Hobbs, 1970
Karzinome des Mund- und Rachenbereiches	↓	Maier et al., 1986
HIV - Infektion	↓ (häufig auftretendes IgA-Defizit)	Zon et al., 1986

↑ = *erhöhte Konzentrationen* / ↓ = *verminderte Konzentrationen* / - = *keine Auffälligkeiten*

Karies

Orale Immunisierung - über eine Stimulation des GALT - scheint eine sehr brauchbare Alternative zur systemischen Immunisierung darzustellen, da gerade in letzter Zeit gezeigt werden konnte, daß eine orale Impfung mit Streptococcus mutans selektiv die lokale, nicht aber die systemische Immunantwort stimuliert. Der Erreger Streptococcus mutans wird in erster Linie als der pathogenetische Faktor zur Entstehung von Karies herangezogen . Im folgenden soll kurz beschrieben werden, welche Bedeutung dem sIgA bei Karies zukommt und welche Erfolge mit oraler Immunisierung erzielt werden konnten.

In einer bedeutsamen Arbeit zeigte Crabbé (1969), daß verschiedene Formen der Immunisierung (oral, subkutan, etc.) zu sehr unterschiedlichen immunologischen Reaktionen innerhalb der lokalen und systemischen Immunabwehr führen. In dieser Studie wurden keimfreie Mäuse mit Pferde-Ferritin immunisiert. Subkutane oder intraperitoneale Injektionen des Antigens führten zur Aktivierung von Plasmazellen, die überwiegend Antikörper vom Typ M und G sezernierten. Wurde jedoch Ferritin mit dem Trinkwasser gegeben (orale bzw. gastrointestinale Immunisierung), konnten alle Ferritin-Antikörper-produzierenden Zellen dem Isotyp A zugeordnet werden. Entsprechende Anstiege des sIgA in den Sekreten waren nicht verbunden mit IgA -Konzentrationsänderungen im Serum (Crabbe, 1969).

Vergleichbare Ergebnisse liegen zur Kariesprohylaxe vor. Frühe Studien zeigten, daß erhöhte sIgA - Konzentrationen mit verringertem Kariesbefall einhergehen. An diesem Befund ist besonders interessant, daß bei Patienten mit Karies die sIgA - Konzentrationen signifikant geringer sind als bei Gesunden, während die Serumkonzentrationen (7S-IgA) eher erhöht sind (Lehner, Cardwell & Clarry, 1967). Ebenfalls höhere sIgA - Konzentrationen bei Personen ohne Karies konnten in anderen Studien aufgezeigt werden (Gregory, Filler, Michalek & McGhee, 1986; Camling, Gahnberg & Krasse, 1987). Diese Befunde führten zu der Hypothese, daß Streptococcus mutans spezifische Antikörper der IgA - Klasse lokal produziert werden und daß eine orale Immunisierung den Antikörpertiter steigern kann, was u.U. zu verringertem Kariesbefall führen könnte.

Der Einfluß oraler Applikationen von Glucosyltransferase des Streptococcus sobrinus 6715 auf spezifische sIgA - Antikörper sowie auf die Anzahl der

Streptococcus mutans - Bakterien im Speichel war Gegenstand einer Studie an gesunden Probanden. Während des ersten Immunisierungsdurchganges fanden 13 Applikationen statt, die nach drei Monaten fortgesetzt wurden. Schon nach dem ersten Durchgang zeigte die Experimentalgruppe signifikant höhere sIgA - Antikörpertiter als die Placebo-behandelte Kontrollgruppe, während sich im Serum, bezogen auf IgG und IgA, überhaupt keine Effekte ergaben (Smith, Gahnberg, Taubman & Ebersole, 1986). Diese Befunde konnten auch unter Verwendung anderer Impfstoffe repliziert werden (Gregory & Filler, 1987).

Auch passive Immunisierung konnte im Tiermodell mittels monoklonaler Antikörper gegen das Streptococcus-Antigen (SA I/II) zu einer Protektion gegen S. mutans Befall an den Mucosamembranen und folglich zu geringerer Ausprägung von Karies eingesetzt werden. Gleiche Effekte wurden nach Gabe von abgetötetem S. mutans beobachtet. Auch in dieser Studie an Ratten waren sIgA - Antikörper im Speichel positiv korreliert mit der Abnahme von Karies.

Vergleichbare Daten liegen für andere Vakzine vor (Smith, Gahnberg, Taubman & Ebersole, 1986; Jertborn, Svennerholm & Holmgren, 1986; Olsson & Svanberg, 1991; Lazzell et al., 1984). Eine umfangreiche Übersicht findet sich an anderer Stelle (Bergmann & Waldman, 1988).

Daß sIgA von entscheidender Bedeutung als protektive Barriere gegen Antigene fungiert, ist sicherlich unumstritten. Problematischer auch im Sinne der Immunisierungsstudien ist die Erklärung der Wirkmechanismen.

Prinzipiell ist davon auszugehen, daß orale Immunisierung über ein "Priming" von Precursorzellen im Darm bzw. im GALT erfolgt. Danach finden Zelldifferenzierungen und - wanderungen statt, die im Sinne eines Homing die lokalen Orte der Immunabwehr besiedeln (s.o.). In Bezug auf Bakterienabwehr hemmt sIgA die Adhärenz z.B. von S.mutans am Epithelgewebe. Dieser Mechanismus erschwert die Bildung von Kolonien, trägt zur Beseitigung der Bakterien bei und erfüllt somit die Aufgaben eines "primary defence mechanism" (Williams & Gibbons, 1972). Erst bei Versagen dieser Mechanismen wird eine systemische Immunantwort ergänzend hinzugezogen. Längerfristiger Schutz wird durch die Bereitstellung spezifischer Antikörper über Gedächtniszellen gewährleistet (Keren, Scott, McDonnald & Kern, 1983).

Zusammengefaßt präsentiert sich das Mucosa-assoziierte lymphoide Netzwerk als ein relativ eigenständiges System, welches jedoch mit dem systemischen Immunsystem in enger Kooperation steht. So ist es nicht verwunderlich, daß sIgA an der T-Zell-vermittelten Zytotoxizität (Antibody dependend cytotoxic cells, ADCC) beteiligt ist (Holmgren, Czerkinsky, Lycke & Svennerholm, 1993; Fanger, Goldstine & Shen, 1983), rezeptorgebunden an polymorphkernigen Leukozyten die Phagozytose erleichtert (Goldstine, Tsai & Kemp, 1983) und eine ebenfalls rezeptorgebundene Monozytenaktivierung auslösen kann (Padeh, Jaffe & Passwell, 1991). Auf der anderen Seite bewirken T-Zellen (T-Switch-Zellen) in enger Koordination mit dafür spezialisierten T-Helfer Zellen in den Peyerschen Plaques ein "Isotyp-Switching" von B-Zellen zu IgA produzierenden Zellen (Kawanishi & Strober, 1983). Desweiteren unterliegt sIgA auch dem steuernden Einfluß löslicher Immunmodulatoren. Es konnte gezeigt werden, daß γ-Interferon sowohl die sekretorische Komponente als auch sIgA stimulierend beeinflußt (Prabhala & Wira, 1991).

Doch abgesehen von diesen komplexen gegenseitigen Steuerungsmechanismen erfüllt das sekretorische Immunsystem eine eigenständige Abwehrleistung, was insbesondere die Studien zur oralen Immunisierung verdeutlicht haben. Andere wichtige Unterschiede, wie z.B. die Altersunabhängigkeit von sIgA - Konzentrationen, das Fehlen eines Zusammenhanges zwischen Serum - IgA und sekretorischem IgA (Wagner & Wagnerova, 1989) sind bedeutsame Merkmale, die wohl auch in Zukunft gesteigertes Interessen finden dürften.

Kapitel 3: Neuroimmunologie des sekretorischen Immunsystems

3.1. Ergebnisse aus Innervationsstudien

In Kapitel 1 ist auf die Untersuchungen von Felten et al. zur Innervation der lymphoiden Gewebe hingewiesen worden. Die aus dieser Forschung entstandenen Ergebnisse sind deshalb so bedeutsam, da mit einer beobachtbaren Innervation gewissermaßen die "Hardware" zwischen ZNS und Immunsystem demonstriert werden kann.

Auch bezüglich des sekretorischen Immunsystems liegen Daten aus Innervationsstudien vor.

Im Bereich des Epithelgewebes sind Nervenfasern erkennbar, die zwischen den Epithelzellen zum Lumen verlaufen. Diese Innervation ist aber offensichtlich auf den Respirationstrakt reduziert; im Gastrointestinaltrakt konnten keine entsprechenden Nerven zu und zwischen den Epithelzellen nachgewiesen werden. Im Respirationstrakt hingegen sind Fasern vorhanden, die verschiedene Neuropeptide wie Substanz P (SP) oder das calcitonin gene related peptide (CGRP) enthalten und durchaus Einfluß auf dort ansässige Lymphozyten ausüben könnten (Stead, Tomioka, Riddell & Bienenstock, 1988). Ein ebenfalls nicht einheitliches Bild ergibt sich nach Untersuchungen der Lamina propria. Während sich im Gastrointestinaltrakt eine sehr intensive Innervation findet, ist die Nervendichte im Respirationstrakt eher gering (Cooke, 1986). In den Arealen mit hoher Dichte lyphoiden Gewebes, z.B. den Peyerschen Plaques, findet man eine intensive katecholaminerge, cholinerge und auch peptiderge Innervation vor (Ackerman, Felten, Bellinger, Livnat & Felten, 1986).

Aufgrund der Beobachtung, daß innerhalb des Gastrointestinaltraktes die Lamina propria besonders stark innerviert ist, wurden Studien durchgeführt, die in dieser Region eine Innervation lymphoiden Gewebes aufzuzeigen versuchten.

Bezogen auf Mastzellen wurde ein enger Kontakt mit peptidergen Nerven gezeigt (Stead, Tomioka, Riddell & Bienenstock, 1988), obgleich einschränkend hinzugefügt werden muß, daß eine Demonstration katecholaminerger oder cholinerger Neurone bisher noch aussteht. Diese anatomischen Befunde werden durch physiologische ergänzt. Eine vagale Stimulation bei Hunden konnte die Histaminausschüttung von Mastzellen in der Lunge, die zuvor über ein Antigen stimuliert waren, zusätzlich steigern (Leff et al., 1986). Im Humanbereich zeigten Patienten mit chronischer, nicht allergischer Rhinitis nach Stimulation des nervus canalis pterygoidei eine signifikante Reduktion der Histaminausschüttung (Stead et al.1987). Bezogen auf Plasmazellen liegen bislang keine sicheren Daten zur Innervation auf Mucosaebene vor.

Wie bereits erwähnt, haben intraepitheliale Leukozyten (IEL) zytotoxische und natürliche Killerzellaktivität. Bemerkenswert für die funktionalen Aspekte sind Arbeiten, die in vitro zeigen konnten, daß z.B. SP die natürliche Killerzellaktivität von IEL deutlich steigert (Croitoru, Ernst, Stanisz, Stead & Bienenstock, 1989), ein Effekt, der auch in vivo aufzuzeigen ist und NKCA in der Milz nicht beeinflußt !

In Hinblick auf die Antikörperproduktion der im Epithelgewebe lokalisierten Plasmazellen wurde belegt, daß intravenöse Applikation von Cholecystokinin (CCK) einen Anstieg der IgA- und IgG- Konzentrationen (sekretorische AK) im Lumen verursacht, was durch entsprechende CCK-Antagonisten, wie Proglumid, zu verhindern war (Freier, Eran & Faber, 1987). In den lyphoiden Arrealen selbst (z.B. PP) könnten Substanzen wie SP das Migrationverhalten der Zellen beeinflussen oder - wie gezeigt wurde - die IgA - Produktion selbst anregen (Stead, Bienenstock & Stanisz, 1987). Die Erforschung der Innervation des Mucosa-assoziierten lymphoiden Netzwerkes hat im Prinzip erst vor wenigen Jahren begonnen und basiert nicht auf derart klaren Befunden wie denen über die Innervation lyphoider Organe. Dennoch verdeutlichen die Befunde entsprechende Zusammenhänge:

> *"Since the mucosal nerves and neuroendocrine cells secrete a wide range of neurotransmitter substances, receptors for which have been demonstrated or many types of immune cells, one might predict that the molecules could be involved in both the generation of immune responses (...) and the activation of immune effector cells. The products of the multiple immune and other connective tissue cell types might also affect the nerves and*

neuroendocrine cells. This could result in communication of the mucosal immune status to the central nervous system (CNS) and modulation of the reciprocal interaction."
(Stead et al.1991).

3.2 Neuroendokrine Beeinflussung

3.2.1 Neuropeptide

Insbesondere die Gruppe um John Bienenstock hat sich intensiv mit neuroendokrinen Einflüssen auf die sekretorische Immunkompetenz beschäftigt, worunter auch die der Neuropeptide subsummiert werden.

Zunächst ist festzuhalten, daß die Neuropeptide Substanz P, Somatostatin (SOM) und das vasointestinale Polypeptid (VIP) recht unterschiedliche Einflüsse auf Concanavallin A (ConA) stimulierte Lymphozyten in Abhängigkeit von ihrem Ursprung (Milz vs. PP) in vitro ausüben. Während VIP einen geringen Einfluß auf die IgA - Produktion hat, konnte nach Gabe von SP ein Anstieg der Immunglobulinkonzentrationen in den PP um über 700% gezeigt werden (Freier, Eran & Faber, 1987).

Der Mechanismus solcher Immunglobulinanstiege ist über Neuropeptid-rezeptoren auf B-Zellen respektive Plasmazellen zu erklären, wobei bemerkenswert ist, daß das Ausmaß spezifischer Bindung in Lymphozyten aus den PP höher ist als bei solchen, die normalerweise in der Milz ansässig sind (Scicchitano, Dazin, Bienenstock, Payan & Stanisz, 1987).

Vergleichbare Befunde lassen sich auch aus in vivo-Experimenten ableiten, in denen ebenfalls eine massive Steigerung der IgA-Synthese nach SP zu beobachten war.

Desgleichen wurde gezeigt, daß die genannten Neuropeptide nicht nur Einfluß auf die Antikörpersynthese ausüben, sondern auch die natürliche Killerzellaktivität von Zellen im Bereich der Mucosa steigern und zwar in höherem

Maße, als dies bei Milzzellen der Fall war (Bienenstock, Croitoru, Ernst, Stead & Stanisz, 1989).

3.2.2 Steroidhormone

In den letzten Jahren ist dem Einfluß der Androgene auf das sekretorische Immunsystem zunehmend Aufmerksamkeit geschenkt worden. Bei verschiedenen Tierstämmen wurde beobachtet, daß Androgene offensichtlich sowohl die Konzentration der Sekretorischen Komponente als auch die des IgA stimulieren. Im Tiermodell zeigten sich nach Testosterongabe höhere IgA - Konzentrationen in der Tränenflüssigkeit und erwartungsgemäß eine entsprechende Abnahme nach Kastration (Sullivan & Allansmith, 1985). In der Studie wird darüber hinaus darauf hingewiesen, daß andere Steroidhormone als Androgene keinen Effekt auslösten.

In anderen Arbeiten wurde der Frage nachgegangen, welche Substanzen an den Testosteron-induzierten Konzentrationszuwächsen beteiligt seien, mit dem Ergebnis, daß VIP, der ß-adrenerge Antagonist Isoproterenol, Prostaglandin E_2, Interleukin 1α und -1ß sowie TNFα zu deutlichen Anstiegen von SC und sIgA führten, unabhängig davon, ob zuvor mit Testosteron stimuliert wurde oder nicht (Kelleher, Hann, Edwards & Sullivan, 1991). Die gleiche Gruppe konnte darüber hinaus zeigen, daß der cholinerge Agonist Carbachol über die Veränderung intrazellulären cAMPs die Sekretion von SC und sIgA reduziert.

Eine Ergänzung und Konkretisierung dieser Befunde wurde in Studien erbracht, die nach Gabe von weiblichen Geschlechtshormonen (Östradiol, Progesteron) eine Inhibition der sIgA-Produktion aufzuzeigen versuchten. Dies gelang nicht (Sullivan & Allansmith, 1987), führte aber in ergänzenden Studien zu dem wichtigen Befund, daß eine intakte Hypophyse Voraussetzung für Testosteron-induzierte Veränderungen ist. Hypophysektomisierte Tiere reagierten nach Testosterongabe nicht mit Veränderungen der sIgA - Konzentrationen, was sich nach Entfernen der Schilddrüse, der Nebennieren und des Pinealorgans hingegen nicht demonstrieren ließ (Sullivan & Allansmith, 1987).

Wenn auch in verschiedenen Studien über stimulierende Effekte nach Testosteron und weniger vom Einfluß von Östrogenen und Gestagenen berichtet wird, stellten andere Autoren fest, daß sIgA -Konzentrationen im Genitaltrakt und in der Prostata nach Östrogengaben anstiegen (Stern, Gardner, Quirk & Wira, 1992).

Die bisher gezeigten Befunde legen nahe, Veränderungen des sekretorischen Immunsystems auch in Abhängigkeit vom Menstruationszyklus zu untersuchen. Aus einer Arbeit, die Gewebsproben der Mama untersuchte, geht hervor, daß sIgA im Gewebe nur präovulatorisch aufzufinden ist, während IgG keine zyklusabhängigen Unterschiede zeigte (McCarty, Sasso, Budwit, Georgiade & Seigler, 1982). Interessanterweise greift aus der mir zur Verfügung stehenden grundlagenorientierten Literatur nur eine Arbeit den Einfluß von Glucocorticoiden auf. Nach Gabe ansteigender Dexamethason - Dosen konnten signifikante, dosisabhängige Anstiege von monomerem IgA im Blut, hingegen deutliche Abfälle von sIgA im Speichel und in Vaginalsekreten beobachtet werden (Wira, Sullivan & Sandoe, 1983). Eine nähere Analyse der Zeitverläufe legte nahe, daß der Abfall von sIgA nach 24 Stunden einem Anstieg des Serumproteins 24 Stunden nach der zweiten Dexamethasongabe vorausging. Beide Veränderungen waren am zweiten Tag nach Dexamethasongabe maximal und ließen sich durch weitere Gaben nicht steigern. Nähere Analysen des Serum IgA ergaben, daß der Anteil dimeren IgA's in weitaus höherem Maße als monomeres IgA zunahm. Die Autoren ziehen aus diesem Befund und den beschriebenen Zeitverläufen den Schluß:

> *"...it suggests that glucocorticoid controlled IgA increases in serum and decreases in vaginal and saliva secretions may be due, in part, to a redistribution of polymeric IgA from mucosal surfaces to serum".*

Diese Beobachtung wird in Hinblick auf Stress-induzierte kurzfristige Veränderugen in sIgA später relevant werden.

3.3 Ergebnisse aus der Streßforschung

Die Vorstellung, daß experimentell induzierter Streß oder belastende Lebensereignisse Einfluß auf den Gesundheitsstatus oder auch den Krankheitsverlauf ausüben, ist sicherlich nicht erst auf den Beginn der wissenschaftlichen Psychoneuroimmunologie zurückzuführen. Die, bezogen auf infektiöse Erkrankungen, vielleicht erste Untersuchung und Beschreibung solcher Zusammenhänge läßt sich auf das Jahr 1919 datieren (Ishigami, 1919).

Es wird immer offensichtlicher, daß das herkömmliche Krankheitsmodell zur Erklärung einer Vielzahl von pathologischen Prozessen nicht mehr ausreicht (Engel, 1977). Problematisch ist jedoch, daß über die vermittelnden physiologischen und biochemischen Mechanismen, zwischen psychosozialen Faktoren und einem Krankheitsprozeß, wenig bekannt ist. Einen neuen Ansatz könnte die Psychoneuroimmunologie bieten, die wechselseitige Interaktionen zwischen Zentralnervensystem und Immunsystem zum Forschungsgegenstand hat.

Als bewiesen gilt, daß psychosoziale Faktoren, wie z.B. kurzfristiger Streß oder längerfristig belastende Lebensereignisse Einfluß auf die Immunkompetenz ausüben und somit auch die Krankheitsanfälligkeit entscheidend beeinflussen können. Bereits 1965 wurde beobachtet, daß Tiere, die mit Coxsacki B-2 Virus infiziert wurden, nur dann eine Virus*erkrankung* entwickelten, wenn sie *zusätzlich* einer Belastungssituation ausgesetzt wurden (Friedman, Ader & Glasgow, 1965).

Auch für den Humanbereich liegen vergleichbare Befunde vor. Es finden sich z.B. Krankheiten im Hals-und Rachenraum gehäuft bei Kindern aus belasteten Familien (Meyer & Haggerty, 1962). Die Dauer solcher Halsentzündungen scheint ebenfalls durch Streß verlängert zu werden (Boyce et al., 1977).

Ähnliche Ergebnisse lassen sich bezüglich verschiedener Erkältungskrankeiten (Totman & Kiff, 1979) oder Herpes simplex (Katcher, Brightman, Luborsky & Ship, 1973) beobachten. Neben diesen eher epidemiologischen Ansätzen liegen zur Zeit auch vereinzelt tierexperimentelle Befunde vor, die auf vermittelnde Faktoren des Krankheitsgeschehens hinweisen. In einer Arbeit, in der Mäuse unterschiedlich starkem Streß ausgesetzt waren (Lärm, Handling, Overcrowding), konnten nach Tumorimplantation sehr unterschiedliche Latenzzeiten in der Tumorinzidenz und -progression beobachtet werden (Riley, 1981; Riley, 1975), wobei diejenigen Tiere, die vor jeglicher Streßzufuhr bewahrt wurden, die längste Latenz zeigten. Das Ausmaß der erhöhten Progredienz war klar mit erhöhten Glucocorticoidspiegeln assoziiert.

Im Humanbereich sind ebenfalls sehr viele Arbeiten zum Einfluß von akutem und langfristigem Streß auf die Immunkompetenz publiziert worden. Sowohl Effekte akuter und eher kurzfristiger Belastungen (z.B. Raumschifflandungen, Schlafdeprivation, Examenssituationen, Präsentationen angstauslösender Objekte bei Phobikern u.a.) als auch langandauernder Stressoren (Verlust oder chronische Krankheit von Angehörigen, Langzeitarbeitslosigkeit, Reaktorunfälle bzw. deren Konsequenz u.a.) sind in der Literatur ausführlich beschrieben (O'Leary, 1990; Ader, Felten & Cohen, 1991).

Im Zuge der sogenannten Hinterbliebenenstudien ließen sich zum Beispiel deutliche Veränderungen von Immunparametern aufgrund der erlittenen Verlustsituation (verminderte Mitogenstimulierbarkeit nach dem Tod des Ehepartners; (Bartrop, Lockhurst, Lazarus, Kiloh & Penny, 1977)) nachweisen. Diese Befunde sind bereits repliziert worden (Spratt & Denney, 1991). Möchte man eine globale Beschreibung der induzierten immunologischen Veränderungen vornehmen, wäre von einer Immunsuppression zu sprechen. Nicht nur Life-events von diesem Ausmaß, sondern auch eine hohe Gesamtsumme belastender Lebensereignisse scheinen mit verminderter Immunkompetenz in Verbindung zu stehen (Greene, Betts, Ochitill, Iker & Douglas, 1978). Mehr oder weniger alltäglicher Streß (z.B. Examenssituationen) verursacht eine meßbare Reduktion verschiedener immunologischer Aktivierungsmarker (Kiecold-Glaser et al., 1984) oder auch reduzierte Antikörpertiter bzw. Antikörperreaktionen.

An dieser Stelle soll versucht werden, eine Systematik der durchgeführten Studien zum Einfluß verschiedener Stressoren auf sIgA darzustellen. Sofern vorhanden, werden Ergebnisse mit direktem Bezug auf die Inzidenz oder der Verlauf immunologisch vermittelter Erkrankungen mit einbezogen.

Tabelle 3.1 *Untersuchungen zum Einfluß von Streß auf sIgA-Konzentrationen*

Stressor Stichprobe	Art der Studie	Einbeziehung psychologischer Konstrukte (z.B. Kontrollierbarkeit)	psychologische Mediatoren o. Korrelate	physiologische/ biochemische Mediatoren o. Korrelate	Abhängige Variable	Literatur
Inhaftierung Gefängnisinsassen	Feldstudie	nein	Machtbedürfnis (M+/-)	keine	sIgA ⇓ (M+) Infektionen d. oberen Respirationstraktes ⇑ (M+)	McClelland et al., 1982
erste Jahr high school Studenten	Feldstudie	nein	Machtbedürfnis und Bedürfnis nach Zuwendung (Z+/-)	keine	sIgA ⇓ bei M > Z	Jemmott, et al., 1983
Examen Studenten	Feldstudie	nein	Machtbedürfnis und Bedürfnis nach Zuwendung	Noradrenalinkonzentrationen	sIgA und NA ⇑ bei M > Z	McClelland, et al., 1985
Examen Studenten	Feldstudie	nein	Einschätzung der Belastung	keine	sIgA ⇓ Korr. Rating - sIgA: negativ	Mouton, et al., 1989
Examen Studenten	Feldstudie	nein	Social Support (SS)	keine	sIgA ⇓ bei SS-	Jemmott, et al., 1988
Hassels Erwachsene	Feldstudie	nein	interne Kontrollüberzeugung (I+/-) Ratings der Belastung	keine	sIgA ⇓ bei Hassels und I+ Korr. Rating - sIgA: negativ	Kubitz,. et al., 1986
Ergometrie (Sportler)	Laborversuch	nein	keine	keine	sIgA ⇓	Macinnon, et al., 1987
Ergometrie Nicht-Sportler	Laborversuch	nein	Geschlecht	Geschlecht	sIgA (♀) ⇓ sIgA (♂) ⇑	Schouten, et al., 1988

Die wohl erste Beobachtung, daß sIgA - Konzentrationen von Streßerleben und -verarbeitung abhängen, ist auf die Arbeitsgruppe um McClelland zu beziehen. Ausgegange wurde von der Beobachtung, daß Personen (studentische Population), die ein starkes Maß an Kontroll- und Machtbedürfnis haben (ein Typ-A-Verhalten ähnliches Konstrukt), auf der anderen Seite jedoch dieses Bedürfnis nicht ausleben können (inhibited and/or stressed power-motivation syndrom), häufig an Erkrankungen des oberen Respirationstraktes leiden (McClelland, Locke, Williams & Hurst, nicht publiziertes Manuskript, Harvard Universität, 1979). In der Folge wurden Studien unter Einbeziehung immunologischer Parameter durchgeführt.

Die Ergebnisse einer dieser Studien an männlichen Gefängnisinsassen zeigten, daß diejenigen Probanden mit ausgeprägtem Machtmotiv *und* hohem Ausmaß an Streß häufiger über Krankheiten berichteten und signifikant niedrigere sIgA - Konzentrationen im Speichel aufwiesen, als dies bei Probanden mit ausgeprägtem Machtmotiv ohne Streß der Fall war. Hohe Level von sIgA waren mit geringerem Auftreten von Erkrankungen des respiratorischen Traktes verbunden. Die Tatsache, daß in dieser Studie das gehemmte Machtmotiv nicht als Haupteffekt wirksam wurde, erklären die Autoren mit einer Überlagerung durch Streß, der im Gefängnis sicherlich höher ist als innerhalb studentischer Populationen (McClelland, Alexander & Marks, 1982).

Eine Untersuchung an einer studentischen Population konnte aber ebenfalls aufzeigen, daß Studenten mit ausprägtem Machtmotiv und Verhaltenshemmung ebenfalls niedrigere sIgA - Konzentrationen und höheres Infektrisiko aufwiesen. Darüber hinaus fand ein früher beobachteter Aspekt, daß bei diesen Personen häufiger Bluthochdruck auftritt (McClelland, 1979), darin eine Untermauerung, daß signifikant höhere Noradrenalinspiegel in der Experimentalgruppe auftraten. Diese korrelierten mit niedrigeren sIgA- Konzentrationen (McClelland, Davidson & Saron, 1985).

In einer weiteren Studie wurde geprüft, ob in Abhängigkeit von diesem Persönlichkeitsmerkmal Examensstreß zu differentiell unterschiedlichen Effekten führt. Der Studie lag eine Stichprobe von insgesamt 44 männlichen und weiblichen Studenten zugrunde, die in Abhängigkeit von ihrem Score im TAT (thematischer Apperzeptionstest) in die Gruppen "Machtmotiv ausgeprägter als Bedürfnis nach Zuwendung" (M>Z) und "Bedürfnis nach Zuwendung größer als Machtbedürfnis" (Z>M) aufgeteilt wurden. Es zeigte sich, daß in der Gruppe M>Z zu allen Zeitpunkten (einige Tage nach Abschluß [Baseline], unmittelbar nach der Prüfung und eine Viertel- bis Drei- Viertelstunde später) die Noradrenalinkonzentrationen höher und die sIgA-Konzentrationen niedriger waren als in der Gruppe Z>M. Auch in dieser Studie waren Noradrenadrenalin und sIgA negativ korreliert. Interessant ist ebenfalls, daß während des Examens sIgA-Konzentrationen ansteigen, nach Abschluß generell abfallen, dieser Abfall bei M>Z jedoch signifikant höher ausfällt (McClelland, Ross & Patel, 1985).

In einer Gruppc von Zahnmedizinstudenten, deren Examen recht lange dauert (von November bis Juni), wurden Speichelproben und Einschätzung der Streßbelastung im September (Baseline), November, April, Juni und Juli (nach Ferien) erhoben. Es zeigte sich, daß, bezogen auf die Gesamtstichprobe, ein deutlicher Abfall zwischen September und November und erst nach Juni wieder ein Anstieg der sIgA-Sekretionsraten (μg/min; siehe Kapitel 5) zu beobachten war. In den Teilgruppen M>Z setzte sich der Abfall der sIgA-Sekretionsraten bis in den Juli fort, während die Gruppe Z>M insgesamt auf höherem Niveau lag und zum Juli wieder höhere sIgA-Werte aufwies (Jemmott et al., 1983).

Ebenfalls aus dieser Gruppe stammt eine Studie, in der unter Einbeziehung des Konstrukts "Social Support" gezeigt werden konnte, daß während des Examens sIgA-Konzentrationen besonders gering und Einschätzungen der Streßbelastung besonders hoch sind, daß darüber hinaus aber Studenten, die über ein ausreichendes Maß an sozialer Unterstützung berichteten, insgesamt höhere sIgA-Konzentrationen aufwiesen als diejenigen, die zu wenig Unterstützung erlebten (Jemmott & Magloire, 1988).

Basierend auf "anekdotischen" Beschreibungen, daß Hochleistungssportler häufig unter Infektionen des Respirationstraktes leiden, wurde in einer Studie geprüft, welchen Einfluß massive körperliche Belastung (die hier auch als Stressor aufgefaßt werden soll) auf die sekretorische Immunantwort ausübt. Zu diesem Zweck wurden acht trainierte Fahrradfahrer einem Ergometertest ausgesetzt, der bis zur 70%-75% Belastungsgrenze der Probanden gesteigert wurde. Es zeigten sich zunächst keine basalen sIgA - Unterschiede im Vergleich mit einer altersparallelisierten Nichtsportlergruppe. Unmittelbar nach der zweistündigen Belastungsphase fanden sich bei allen Sportlern signifikant niedrigere sIgA - Konzentrationen im Speichel, die eine Stunde später wieder anstiegen, aber erst nach 24 Stunden wieder die Ausgangswertkonzentrationen erreichten (Mackinnon, Chick, van As & Tomasi, 1987). Die 24stündige Suppression der sIgA-Konzentrationen - so die Autoren - könnte sich mit einem erhöhten Risiko einer

Mund-Rachenrauminfektion verbinden.

In einer Studie mit weitaus größerem Stichprobenumfang von 84 männlichen und 91 weiblichen Erwachsenen wurde ebenfalls ein Ergometertest zu Messung von belastungsinduzierten sIgA - Veränderungen eingesetzt. Festzuhalten ist, daß Baselinewerte (vor Belastung) keine Geschlechtsdifferenzen zeigten, daß sich aber in Hinblick auf Veränderungswerte ein klarer Geschlechtsunterschied ergab. Während bei Männern ein Anstieg der sIgA - Konzentrationen zu beobachten war, reagierten die weiblichen Teilnehmer mit einer Abnahme (Schouten, Verschuur & Kemper, 1988).

Die Befunde widersprechen offensichtlich den zuvor beschriebenen und finden in Bezug auf die Geschlechtsdifferenzen keine Erklärung. Generell möchte ich diesen Widerspruch aufgreifen, um auf die in der Literatur geführte Diskussion zum Nutzen der Messung von sIgA-Konzentrationen (im Sinne der natürlichen Antikörper) einzugehen.

Die Gruppe um Stone nennt in dem Artikel "Secretory IgA as a measure of immunocompetence" maßgeblich drei Gründe, warum die Messung von Gesamt-sIgA kein gutes Maß für neuroimmunologische Untersuchungsansätze darstellen soll (Stone, Cox, Valdimarsdottir & Neale, 1987). Der erste Kritikpunkt bezieht sich mit Recht auf einige Studien, bei denen versäumt wurde, den Speichelfluß zu kontrollieren, da, wie später noch ausgeführt wird, sIgA und Speichelflußrate negativ korreliert sind. Gerade in Belastungsstudien kann der Speichelfluß mit verändert werden, die Beobachtung von "trockenem Mund" unter Streß ist allgemein bekannt. Ein weiterer Kritikpunkt bezieht sich auf die Art der Speichelgewinnung, die nach Ansicht der Autoren als Vollspeichelprobe mit sIgA - proteolytischen Enzymen "kontaminiert" ist und zu unreliablen Ergebnissen führt. Dieser Kritikpunkt ist fragwürdiger, weil gerade sIgA (voraussichtlich über die SC; siehe Kapitel 2) vor proteolytischen Prozessen stärker geschützt zu sein scheint. Ein letzter und vielleicht wichtigster Punkt ist das Maß der Konzentration von sIgA als solches. Die Autoren sind skeptisch, ob die Konzentration alleine ein Maß für Immun*kompetenz* darstellen kann und schlagen ein Verfahren zur Stimulation von sIgA mittels Gabe eines oral applizierten Antigens (Kaninchen-Albumin) vor. Abhängiges Maß ist demnach die spezifische Antikörperproduktion.

Da sich dieser Artikel wie eine Kampfansage an die McClelland-Gruppe liest, überrascht es nicht, daß unmittelbar später eine Art Gegendarstellung publiziert wurde (Jemmott & McClelland, 1989). Mit dieser Arbeit wird in folgender Weise reagiert:

Zunächst wird darauf hingewiesen, daß die von Stone et al. kritisierten Studien nur einen Ausschnitt aus den relevanten Arbeiten zum sIgA darstellen. McClelland et al. zeigen in dieser Arbeit Ergebnisse einer Metaanalyse, in der für jede Studie und alle zusammen eine "Effektstärke", die in den meisten Einzelstudien, insbesondere aber in der Kombination statistisch hoch signifikant wurde. Mit diesem Befund belegen die Autoren, daß unterschiedliche Studien unter Verwendung von sIgA-Konzentrationen als abhängiger Variable bei Streßapplikationen zu allgemein homogenen Ergebnissen kommen. Dem Vorwurf, daß Unterschiede der Speichelflußrate ungenügend Berücksichtigung finden, wird mit dem Argument begegnet, daß der Einfluß bei unstimuliertem Speichel gering sei und daß bezogen auf den negativen Zusammenhang zwischen sIgA-Konzentration und Speichelfllußrate in Belastungssituationen verbunden mit geringerer Speichelproduktion *höhere* sIgA-Konzentrationen zu erwarten seien, was aber in vielen Studien eben nicht zu beobachten sei.

Der letzte Punkt betrifft das Maß der sIgA-*Konzentration* selbst. Stone et al. hatten die Stimulation von sIgA durch *ein* spezifisches Antigen vorgeschlagen. Sehr zu Recht kritisieren McClelland et al., daß:

> *"Using the logic of Stone et al., one might also conclude that it is inappropriate to assay lymphocyte responses to mitogens as a measure of immune competence. Mitogens such as phytohemagglutinin and concanavalin A stimulate mitosis in T lymphocytes irrespective of antigenic specifity.(...). One can easily turn the argument on its head and assert that, inasmuch as individuals' concentrations of one of the thousands of specific S-IgA antibodies are not necessarily informative about the concentrations of a different specific S-IgA antibody, it is preferable to measure total S-IgA, which includes all the many specific antibodies. Such a strategy permits a more complete picture of this aspect of immunity."*
> (Jemmott & McClelland, 1989).

Die beiden hier beschriebenen Standpunkte zeigen deutlich auf, daß allein auf methodischer Seite einige der Arbeiten schlecht zu vergleichen sind. Dies ist mit ein Hauptgrund gewesen, sIgA unter durchgängiger Anwendung einer Methode und unter unterschiedlichen Aspekten etwas genauer zu untersuchen, wie es in der hier vorliegenden Arbeit angestrebt wurde. Doch nach diesem Exkurs in methodologische Probleme sollen noch einige psychoneuroimmunologische Befunde zum sIgA aufgezeigt werden.

Die Gruppe um Stone fand - wenn auch unter Anwendung der zuvor beschriebenen Methode - ebenfalls Hinweise, daß sIgA mit Stimmungsmaßen assoziiert ist. In einer Gruppe von Zahnmedizinstudenten konnte gezeigt werden, daß über einen längeren Zeitraum (über 8 Wochen) die hier gemessenen Antikörperreaktionen gegen Kaninchenalbumin an Tagen mit negativer Stimmung signifikant geringer ausfielen (Stone et al., 1987).

Die Erfassung täglicher Stimmungsveränderungen von geringerem Ausmaß basiert auf dem Streßkonzept von Kanner, welches besagt, daß eben alltägliche - wenn auch relativ unbedeutende - Belastungen (hassles) dann den Organismus beeinträchtigen, wenn sie vermehrt auftreten (Kanner, Coyne, Schaefer & Lazarus, 1980). Im Zuge dieser Überlegungen wurde eine Studie durchgeführt, die zeigte, daß weder zwischen männlichen und weiblichen Untersuchungsteilnehmern noch zwischen Gruppen mit hoher vs. niedriger Anzahl von hassles signifikante sIgA-Konzentrationsunterschiede auftraten (Kubitz, Peavey & Moore, 1986).

Ebenfalls keine Zusammenhänge zwischen sIgA-Konzentration und täglicher Belastung oder auch kritischer Lebensereignisse wurden in einer Studie an 114 Krankenschwestern aufgezeigt (Graham, Bartholomeusz, Taboonpong & La-Brooy, 1988). Die Arbeit kommt aber zu dem Ergebnis, daß nach Aufteilung der Stichprobe in "selten ängstlich" und "häufig ängstlich" diejenigen Frauen, die häufig Angst erleben, hoch signifikant niedrigere sIgA-Konzentrationen aufweisen, ein Befund, der später im Bereich Zusammenhang zwischen sIgA und Persönlichkeit wieder aufgegriffen werden wird.

Sicherlich ist festzuhalten, daß die Studien zum Einfluß von Belastung auf sIgA - auch aufgrund unterschiedlicher Methoden - z.T. heterogene Befunde liefern. Bemerkenswert ist jedoch, daß für eine Arbeit, in der bei der Untersuchung von Examensstreß eine hoch sigifikante Reduktionen in sIgA - Konzentrationen gefunden wurde, die darüber hinaus - wenn auch nur bei p=.05 signifikant - mit Einschätzungen der Belastung negativ korreliert war, trotzdem der Titel "Salivary

IgA is a weak stress marker" gewählt wurde (Mouton et al. 1989). Die offensichtliche Unsicherheit, die sich mit diesem Marker verbindet, erfordert Replikationen, Erweiterungen und methodologisch verbesserte Studien.

Zusammengefaßt stellt sich der Stand der Forschung zu belastungsinduzierten sIgA-Veränderungen wie folgt dar:

Bekannt ist, daß	Nicht bekannt ist,
längerfristige Belastungen zu sIgA-Konzentrationsunterschieden führen, wobei aufgrund einer geringen Anzahl von Messungen im Feld kaum Aussagen über den Zeitpunkt der Veränderung zu treffen sind.	wann genau nach längerfristiger, psychophysiologischer Belastung Unterschiede der sIgA-Sekretionsrate auftreten.
kurzfristige mentale Belastungen im Laborversuch nicht untersucht wurden.	ob und wann sIgA auf sehr milde und kurz dargebotene psychische Stressoren reagiert und welche Validität den Reduktionen zukommt, d.h. welche emotionalen Qualitäten mit den Reduktionen assoziiert sind.
Katecholamine mit streßinduzierter Veränderung von sIgA-Konzentrationen in Feldstudien korreliert sind	welche physiologischen, immunologischen und endokrinen Veränderungswerte mit sIgA-Konzentrationsänderungen nach experimentell induziertem Laborstreß korreliert sind.
unspezifische Personen- (Humor) und Situationsfaktoren (social Support) eine Mediatorfunktion über streßinduzierte sIgA-Veränderungen ausüben	ob signifikante Korrelationen zwischen habituellen Persönlichkeitsmaßen und Copingstilen mit Veränderungswerten der sIgA-Sekretionsrate aufgezeigt werden können.
Ergebnisse einer systematischen Versuchsanordnung unter experimenteller Variation psychologischer Konstrukte bislang nicht publiziert wurden.	ob eine experimentelle Variation der Kontrollierbarkeit einer belastenden Situation zu unterschiedlichen Effekten auf die sIgA-Konzentration führt.

3.4 Der Einfluß von Entspannung

Neben dem Einfluß von Belastung ist es natürlich von Interesse, ob positiv erlebte emotionale Zustände oder Entspannungserleben Auswirkungen auf sIgA - Konzentrationen ausüben. Dies könnte ggfs. im Hinblick auf die oft beobachteten Erkrankungen des Respirationstraktes bei geringen sIgA-Konzentrationen unter Umständen therapeutisch relevant werden.

Zunächst sei jedoch eine Studie erwähnt, die eigentlich den Einfluß von Filmsequenzen unter Berücksichtigung des oben erwähnten Machtmotivs untersuchte. In dieser Arbeit wurde einer Gruppe von Studenten entweder ein Kriegsfilm (Triumph of the Axis) mit dem Ziel der Steigerung eines Machtmotivs oder ein Film (Mother Theresa) mit dem Ziel der Steigerung eines Zugehörigkeits/Zuwendungs - Motivs gezeigt. Die Hypothese besagte, daß eine Zunahme des Machtmotivs mit einer Reduktion von sIgA, eine des Zuwendungsmotivs hingegen mit einem Anstieg einhergehen sollten (McClelland & Krishnit, 1988). Die Hypothese konnte nur zu dem Teil bestätigt werden, da ein Anstieg der sIgA - Konzentrationen nach Darbietung des Films "Mother Theresa" zu beobachten war. Während das Fehlen eines Effekts nach Betrachtung des Kriegsfilms nicht näher erklärt wird, zeigen diejenigen Probanden, die nach Betrachtung des Films Mother Theresa nach eigenen Angaben besonders entspannt waren, die höchsten Anstiege, so daß es denkbar ist, daß es sich bei diesem Effekt um einen relativ unspezifischen Einfluß von Entspannung generell handelt.

Eine andere Studie konnte ebenfalls Anstiege der sIgA-Konzentration nach Filmdarbietungen aufzeigen. In dieser Studie mit begrenztem Stichprobenumfang (N = 10) zeigten Probanden nach Betrachten des humorvollen Films (Richard Pryor live) Anstiege, während Probanden der Kontrollgruppe nach Darbietung des Kontrollfilms (The Thin Edge: Anxiety) keine Veränderungen der sIgA - Konzentration aufwiesen (Dillon, Minchoff & Baker, 1985). Abgesehen von methodischen Mängeln dieser Arbeit (keine Speichelvolumenkontrolle, keine selbsterstellte sIgA - Standardkurve und letztendlich wohl kein neutraler Kontrollfilm), sprechen auch diese Befunde dafür, daß kurzfristig über Filmdarbietungen Konzentrationsunterschiede in sIgA induziert werden können.

Der Einfluß täglicher Relaxationsübungen auf Serum- und Speichelimmunglobuline war Gegenstand einer Untersuchung von Green et al. Hier wurden Blut- und Speichelproben gesammelt, die vor und nach einer zwanzigminütigen supervidierten Relaxationsübung im Zeitraum von drei Wochen auf die Serumimmunglobuline A, G und M sowie sekretorisches IgA ausgewertet wurden. Es zeigten sich hochsignifikante Anstiege aller Serumimmunglobuline und ein besonders ausgeprägter Effekt für sIgA bereits nach zwanzig Minuten (Green, Green & Santorom, 1988).

In einer Arbeit derselben Arbeitsgruppe wurde mittels geeigneter Kontrollgruppen die Effektspezifität entspannungsinduzierter sIgA - Anstiege geprüft. Sowohl allgemeines Entspannungstraining als auch Visualisierungsübungen unter Anleitung zeigten wiederum deutliche sIgA - Anstiege, während in Gruppen, die Massage erhielten oder einfach nur ruhig lagen, keine vergleichbaren Befunde aufzuzeigen waren (Green & Green, 1987).

Während die bisher beschriebenen Befunde zu belastungsindizierten sIgA - Veränderungen eher heterogen erscheinen, zeichnen sich die Arbeiten zu Entspannungseffekten durch einheitlichere Ergebnisse aus. Dennoch ist auch hier zu fordern, die Mechanismen näher zu beschreiben. So ist es von Interesse, ob die Effekte intraindividuell stabil sind, ob es persönlichkeitsspezifische, interindividuelle Differenzen gibt; und mit welcher Veränderung emotionaler Befindlichkeit die Veränderungen der sIgA - Konzentrationen korreliert sind.

Bekannt ist, daß	Nicht bekannt ist,
kurzfristige Entspannung zu Anstiegen der sIgA-Sekretionsrate führt.	ob es sich bei den in der Literatur beschriebenen Entspannungseffekten um spezifisch immunologische Phänomene handelt, oder ob allgemein die Proteinsynthese erhöht wird.
zum Beispiel nach Filmsequenzen, Entspannungs- oder Imaginationsübungen sIgA-Anstiege zu beobachten sind.	ob bezüglich der Art der Entspannungsinduktion oder der Imaginationsinhalte, unterschiedliche Effekte auf sIgA auftreten.
über längere Zeiträume mehrere Entspannungssitzungen zu Steigerungen der sIgA-Sekretionsrate führen.	ob bei mehrfacher Anwendung Übungszuwächse oder auch Habituationen auftreten. Darüber hinaus ist nicht bekannt, ob aus differentiell psychologischer Sicht die Zuwächse interindividuell verschieden sind.

3.5 Die Konditionierbarkeit des Mucosa -assoziierten lymphoiden Netzwerkes

Neben Studien zum Einfluß von Stress und Entspannung soll im folgenden eine Arbeit beschrieben werden, die die klassische Konditionierung eines zellulären Parameters des Mucosa - assoziierten - lymphoiden - Netzwerkes zum Ziel hatte.

Die frühen Konditionierungsstudien von Robert Ader gelten gewissermaßen als eine Art Initialzündung für die wissenschaftliche Psychoneuroimmunologie (Ader & Cohen, 1975). Als Zugangsweg insbesondere psychologischer Forschung ist dieses Lernparadigma gut geeignet, Interaktionen zwischen dem Zentralnervensystem und dem Immunsystem aufzuzeigen. Insofern ist eine Studie zur Konditionierung von

Mastzellaktivität im Gastrointestinaltrakt von direkter psychoneuroimmunologischer Bedeutung.

Unter Verwendung eines Konditionierungsprotokolls im Pavlov'schen Sinne, wurde die Freisetzung von Mastzell-Protease II (MCPII) bei Ratten gezeigt. Dieses Enzym ist typisch für Mastzellen der Mucosa und findet sich in keiner anderen Körperzelle. Zur Stimulation der MCPII wurde den Tieren Ei-Albumin subkutan injiziert (unkonditionierter Stimulus) und bei den Experimentalgruppen mit einem audiovisuellen Reiz als CS kombiniert (MacQueen, Marshall, Perdue, Siegel & Bienenstock, 1989). Dieses Versuchsdesign bestand zunächst in einer Sensibilisierungsphase, in der alle Tiere auf Ei-Albumin sensibilisiert wurden und spezifische IgE-Antikörper entwickelten. Danach setzte das Konditionierungsprotokoll ein, welches insgesamt 4 Versuchstiergruppen umfaßte. Folgende Tabelle gibt den experimentellen Aufbau wieder.

Tabelle 3.2. Versuchsdesign zur Konditionierung von MCPII bei Ratten im Versuch von McQueen et al., 1989

Versuchsgruppe	N	Tage 34,41,48	Tage 35,42,49	Testtag 60
Gepaart	10	keine Behandlung	CS+UCS	CS+Placebo
Ungepaart	11	CS	UCS	CS+Placebo
Negative Kontrolle	11	keine Behandlung	CS+Placebo	CS+Placebo
Positive Kontrolle	11	keine Behandlung	CS+UCS	CS+UCS

Die Ergebnisse dieser Studie belegen deutlich, daß nur die Konditionierungsgruppe, bei der CS und UCS am Testtag gepaart wurden, am Konditionierungstesttag einen MCPII-Anstieg aufwiesen, der vergleichbar mit den Veränderungen in der Gruppe Positive Kontrolle war. Sowohl die ungepaarte Kontrolle als auch die negative Kontrolle zeigten signifikant niedrigere Enzymanstiege. Diese Studie belegt eindrucksvoll den Einfluß des ZNS auf Mastzellen der Mucosa und steht in guter Übereinstimmung mit Befunden einer

Konditionierbarkeit von Mastzellen aus nicht mukosaassoziierten Bereichen (Russel et al.1984).

Die in diesem Kapitel aufgezeigten Studien machen deutlich, daß sowohl von anatomischen Ansätzen (Innervationsstudien), biochemischen Arbeiten (Rezeptorstudien, Einfluß von Neuropeptiden und Steroidhormonen), Streß-, Entspannungs- und Konditionierungsstudien klare Evidenz für Einflüsse vom ZNS auf die lokale Immunkompetenz vorliegt.

Kapitel 4: Überleitung zur Fragestellung und allgemeine Methodenbeschreibung

Die bisherigen Darstellungen psychoneuroimmunologischer Befunde zur Beeinflussung der sIgA-Sekretionsrate zeigen, daß insbesondere in Hinblick auf methodische Aspekte und die Frage nach Mechanismen oder Spezifitäten von Veränderungen wenig bekannt ist.

Darüber hinaus sind Fragen der Validität der sIgA-Sekretionsrate nicht gestellt und bearbeitet worden, d.h. Fragen nach ihrem Indikatorwert für andere humorale und physiologische Begleitprozesse und für bestimmte habituelle Dispositionen. Die Arbeiten zum Einfluß der Persönlichkeit sind sehr dürftig und unsystematisch und stehen isoliert neben den verschiedenen Einflußfaktoren wie Streß und Entspannung. Dies liegt zum Teil an einer mangelnden Systematik und Konzeptualisierung des Streßbegriffes, zum anderen führen aber auch methodische Mängel zu uneinheitlichen Ergebnissen (z.B. mangelnde Speichelflußbereinigung). Generell ist besonders bedauernswert, daß der Frage nach psychologischen und biologischen Mediatoren oder Begleitprozessen der Veränderung kaum Interesse geschenkt wurde. Auch für Versuche der Erfassung und Beschreibung basaler Korrelate der sIgA-Sekretionsrate gilt, daß keine gesicherten Daten zu *grundsätzlichen* Zusammenhängen vorliegen.

Diese insgesamt unbefriedigende Situation führte zu dem Anliegen, das sIgA aus verschiedenen Perspektiven zu untersuchen und die Befunde theoretisch zu integrieren. Es sollten verschiedene Teilaspekte der Einflußfaktoren Belastung und Entspannung sowie deren Modifikation durch überdauernde Merkmale der Person und deren Vermittlung durch andere biochemische und physiologische Prozesse untersucht werden. Andererseits sollen Zusammenhänge der basalen Sekretionsrate mit Persönlichkeitsdimensionen im Sinne ihrer Markerfunktion beschrieben werden. Damit ergeben sich folgende zentrale Fragestellungen, denen die Schwerpunkte der Situationsspezifität, Emotionsspezifität und Individualspezifität zugrunde liegen:

1. Haben belastende Situationen unter Berücksichtigung charakteristischer Situationsmerkmale *differenzierte* Einflüsse auf die sIgA-Sekretionsrate

   1.1 Der Einfluß langfristiger, maßgeblich physiologischer Belastung ohne experimentelle Variation der Kontrollierbarkeit

   1.2. Der Einfluß kurzfristiger, maßgeblich emotionaler Belastung ohne Kontrollmöglichkeit der Situation

   1.3 Der Einfluß kurzfristiger, maßgeblich mentaler Belastung unter experimenteller Variation der Kontrollierbarkeit einer Situation

2. Gelingt es, basale Korrelate der sIgA-Sekretionsrate im Bereich habitueller Persönlichkeitsfaktoren und biologischer Marker aufzuzeigen ?

3. Kommt Faktoren der Persönlichkeit eine Mediatorfunktion belastungsinduzierter sIgA-Sekretionsraten*änderungen* zu und welche biologischen Veränderungen sind mit denen der sIgA-Sekretionsrate assoziiert ?

4. Liegt entspannungsinduzierten sIgA-Sekretionsratenänderungen

   4.1. Immunologische Spezifität
   4.2. Spezifität im Sinne der Entspannungsinstruktionen
   4.3. Personenspezifität

   zugrunde ?

Bevor den hier aufgeführten Fragestellungen ein graphischer Leitfaden durch die vorliegende Arbeit folgt, muß eingeschoben werden, daß die Forderung nach verbesserter Methodik auch als Grundlage homogenerer Ergebnisse im Zuge dieser Arbeit ebenfalls operationalisiert wurde. Die wichtigsten Fragestellungen, die zur Etablierung einer durchgängig angewandten Methodik führten lauten:

1. Welche Faktoren der Speichelgewinnung sind in Bezug auf sIgA-Sekretionsraten zu beachten ?

    1.1. Vergleich einer zwischen Vollspeichelmethode und zentrifugiertem Unterstand einer Salivette
    1.2 Probenaufbereitung und Haltbarkeit
    1.3 Verfahrenvergleich zur Bestimmung von sIgA
    1.4 Einflußfaktoren auf die Versuchsplanung
        1.4.1 Circadiane Rhythmik
        1.4.2 Geschlechtervergleich

In Abbildung 4.1 ist eine Gesamtdarstellung der zentralen Fragestellungen in Form eines Leitfadens durch die vorliegende Arbeit dargestellt. An den entsprechenden Pfeilen befinden sich die Nummern der einzelnen Kapitel, in denen die spezifischen Fragestellungen explizit aufgegriffen werden. Die schwarz ausgefüllten Pfeile signalisieren diejenigen Ansätze, in denen versucht wurde, vermittelnden Faktoren der Persönlichkeit oder biologischer Korrelate experimentell nachzugehen. Kapitel 5 enthält die methodenorientierten Studien zur reliablen und validen Messung von sIgA, Kapitel 6 umfaßt den Bereich der verschiedenen Belastungsaspekte, Kapitel 7 enthält Studien zu basalen Korrelaten der Persönlichkeit und deren Mediatorfunktion bei streßinduzierten sIgA-Veränderungen, Kapitel 8 findet dazu eine Entsprechung bezogen auf biologische Korrelate, und in Kapitel 9 wird den spezifischen Fragestellungen zum Einfluß der Entspannung nachgegangen. In Kapitel 10 findet sich eine Zusammenfassung der Experimente, die insbesondere auf den Komplex der Sensitivität und Spezifität von sIgA-Sekretionsratenänderungen eingeht und das wichtigste Ergebnis der Arbeit darstellt.

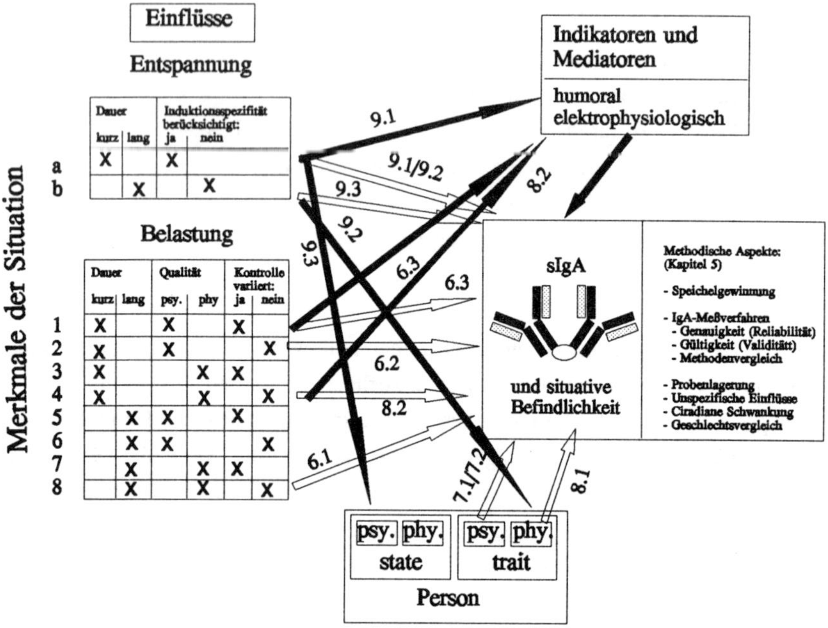

Abbildung 4.1 *Darstellung eines "Leitfadens" durch die vorliegende Arbeit. Aufgestellt ist eine Systematik, der situative Komponenten aus Belastungs- und Entspannungsstudien, deren Einfluß auf sIgA-Sekretionsraten (offene Pfeile) sowie Korrelate unstimulierter sIgA-Sekretionsraten und Mediatoren der Veränderung (geschlossene Pfeile) zugrunde liegen. Die Pfeile sind gekennzeichnet mit denjenigen Kapiteln in denen die Inhalte aufgegriffen werden.*

Die Tatsache, daß den in der Folge beschriebenen Studien zum Teil sehr unterschiedliche Versuchspläne zugrunde liegen und vielfach verschiedene Parameter bestimmt wurden, führte zu der Entscheidung, in jedes Kapitel eine kurze Methodenbeschreibung mit genauer Angabe der experimentellen Faktoren und ihrer Ausprägungen sowie Besonderheiten der Auswertungstechnik aufzunehmen. Daher soll an dieser Stelle nur die Verwendung der statistischen Methoden sowie eine Darstellung der jeweiligen Voraussetzungen und deren Testung beschrieben werden.

In der folgenden Tabelle ist angegeben, welche basalen Voraussetzungen der Datenqualität gegeben sein mußten, um die Verfahren anwenden zu können. Diese Kriterien sind vorab geprüft worden.

Tabelle 4.1 Angwandte Verfahren, Aufstellung von Voraussetzungen und Angaben der jeweiligen Voraussetzungsprüfung

Testkriterium	Verfahren	Voraussetzungen	Prüfung:
Zusammenhangsanalysen bivariat multivariat	 Pearson Korrelation Multiple Regression	Skalenniveau: Verhältnisskala [a] Verteilungsform x und y: normal [b]	Kolmogorov-Smirnov-Test
Gruppenunterschiede bei zwei abhängigen Messungen (z.B. vorher-nachher)	t-Test f. verbundene Stichproben (zwei Messungen)	[a], [b] Varianzhomogenität der Parameter [c]	Bartlett- Test
Verlaufsunterschiede bei mehr als zwei abhängigen Messungen (z.B. Verlaufsanalysen)	Varianznalyse mit Meßwiederholung (within-design)	[a], [b], [c] Kovarianz-homogenität [d]	s.o. Bartlett-Test
Gruppenunterschiede bei zwei unabhängigen Gruppen Test	t-Test f. unverbundene Stichproben (zwei Messungen)	[a], [b], [c]	s.o.
Gruppenunterschiede bei mehr als zwei unabhängigen Gruppen	Varianzanalyse	[a], [b], [c]	s.o.
Gruppenunterschiede bei mehr als zwei unabhängigen Gruppen und einer abhängigen Variablen mit einfache Meßwiederholung (z.B. vorher-nachher - Messung)	Varianzanalyse Kovarianzanalyse (Kovariate = Ausgangswert)	[a], [b], [c] [a], [b], [c], [d], Korrelation der abh. Variablen mit Covariate [e] Varianz- und Kovarianzhomogenität Kovariate und abh. V. [f]	s.o. s.o. Korrelation Bartlett-Test
Gruppenunterschiede bei mehr als zwei unabhängigen Gruppen und mehreren abhängigen Variablen (z.B. vorher-nachher - Messung mit Verlaufscharakter)	Varianzanalyse mit Meßwiederholung Kovarianzanalyse mit Meßwiederholung	[a], [b], [c], [d], [e], [f] und Varianz-, Kovarianzhomogenität zwischen within - Faktor und allen abh. Variablen (Komponentensym metrie)	s.o. Huynh/Feldt-Test

Sollten die zuvor geprüften Voraussetzungen nicht erfüllt gewesen sein, wird an entsprechender Stelle das alternative Vorgehen beschrieben.

Kapitel 5: Methodische Voraussetzungen

5.1 Probengewinnung und Probenaufbereitung

5.1.1 Der Einfluß von Speichelflußstimulation

In zahlreichen Experimenten wurde der Speichelfluß stimuliert, um auch bei kurzen Abnahmeintervallen ausreichendes Probenvolumen zu erzielen. Der Speichelfluß kann insbesondere unter Verwendung sauer schmeckender Stimuli z.T. erheblich gesteigert werden. Eine maximale Stimulation konnte nach Gabe von 260mmol/l Zitronensäure ermittelt werden; unter verschiedenen Nahrungsmitteln erreicht Rhabarber immerhin 70% der maximalen Stimulierbarkeit (Watanabe & Dawes, 1988).

Zu beachten ist jedoch, daß eine Stimulierung der Speichelflußrate mit *interindividuell unterschiedlichen* Konzentrationsveränderungen von Proteinen im Speichel verbunden ist. In einer frühen Studie von Brandtzaeg wurde der Einfluß einer 80 minütigen Speichelflußstimulation mittels eines sauer schmeckenden Bonbons auf Konzentrationsveränderungen von Gesamtprotein, Amylase, sIgA, Lactoferrin, Lysozym u.a. ermittelt (Brandtzaeg, 1971). Während die Konzentration von Amylase anstieg, konnte diejenige von sIgA und Lactoferrin gesenkt werden. Bezüglich der Lysozym-Konzentrationen lagen sowohl Steigerungen als auch Abnahmen vor. Je höher das Ausmaß der Speichelflußstimulierung, desto deutlicher fielen die induzierten Veränderungen aus. Bezüglich der sIgA - Konzentrationen ist festzuhalten, daß die Gesamtkonzentration nach Stimulation um das 3fache sank, die sIgA-Sekretionsrate (μg/min; d.h. sIgA - Konzentrationen unter Berücksichtigung des Volumens) jedoch angehoben war, ein Befund, der eine Speichelflußabhängigkeit von sIgA nahelegt, worauf später genauer eingegangen wird.

Darüber hinaus sind Ergebnisse einer Studie bemerkenswert, die aufzeigte, daß sIgA aus unstimuliertem Speichel zwar mit dem aus stimuliertem Speichel hoch korreliert ist, daß diese Korrelation unter Einbeziehung der Flußrate jedoch auf ein nicht signifikantes Niveau abfällt (Rudney, Kajander & Smith, 1985).

Gerade bezogen auf die Tatsache, daß sowohl die Stimulierbarkeit als auch deren Auswirkungen auf Proteinkonzentrationen interindividuell starken Schwankungen unterliegen, wurde aus Gründen der Varianzreduktion in den im folgenden beschriebenen Studien auf eine Speichelflußstimulation verzichtet.

5.1.2 Die Art der Speichelgewinnung

Bei einem direkten Vergleich verschiedener Studien fallen recht unterschiedliche Modi der Speichelgewinnung auf. Während einige Gruppen die sog. Volumenkonstanzmethode präferieren, bei der Versuchsteilnehmer aufgefordert werden, ein bestimmtes Volumen an Speichel abzugeben (Variationen der Zeit), bevorzugen andere die Zeitkonstanzmethode, in der in einem definierten Intervall Speichel zu sammeln ist (Variationen des Volumens). Generell erscheint es unproblematischer, einen Zeitraum zu kontrollieren als *exakte* Volumina zu erhalten, so daß in den im folgenden beschriebenen Versuchen durchweg die Zeitkonstanzmethode präferiert wurde.

Auch bei der Art der Speichelsammlung fällt eine vergleichbare Heterogenität auf. Während verschiedene Autoren entweder frei in ein Behältnis spucken lassen , wählen andere die sog. Curby-Cup-Methode. Diese Methode ist sicherlich geeignet, in sehr genauer Art und Weise Speichel bestimmten Drüsen, z.B. der Parotis, zu entnehmen. Es ist aber in Hinblick auf die physiologische Relevanz zu prüfen, ob es zweckmäßiger ist, Konzentrationen von sIgA aus einer Drüse oder aus der Gesamtheit aller Produktionsorte zu gewinnen (Jemmott & McClelland, 1989). Dieser Aspekt ist insofern bedeutsam, als gezeigt werden konnte, daß sIgA eben nicht nur der Glandula parotis, submandibularis oder subaxilliaris, sondern auch den "minor salivary glands" entstammt (Crawford, Taubman & Smith, 1975). Dieser Anteil wird auf 7-8% des im Speichel vorhandenen sIgA geschätzt.

Im folgenden wird eine Speichelgewinnungsmethode beschrieben, die prinzipiell sIgA aus allen Produktionsorten erfaßt und mittels der Sarstedt Salivette durchgeführt wird. Diese Speichelsammelmethode läßt sich dadurch charakterisieren, daß die Probanden aufgefordert werden, für ein definiertes Zeitintervall eine Baumwoll-Rolle in den Mund zu legen (vergleichbar der beim Zahnarzt verwendeten Watterollen). Während dieser Zeit sollte tunlichsts nicht geschluckt werden.

Eine Publikation neueren Datums hat diese Salivette in Bezug auf sIgA im Speichel näher untersucht (Aufricht et al., 1992). Aus verschiedenen Gründen muß auf diese Arbeit genauer eingegangen werden.

Im Ergebnis dieser Studie wird festgehalten, daß die Verwendung von Sarstedt-Salivetten zu insgesamt geringeren Konzentrationen von sIgA im Speichel im Vergleich zu der Abgabe von Speichel in ein Sammelgefäß oder durch Absaugen führt. Die Autoren begründen dies mit einer Absorption von sIgA-Molekülen an den Baumwollträger.

Festgehalten werden müssen einige Fakten dieser Arbeit, die unter Umständen zu falschen Rückschlüssen verleiten. Zum einen ist es sicherlich bedenklich, mit einem Stichprobenumfang von N=6, Aussagen dieser Art zu etablieren. Ungeachtet dieses formalen Kriteriums ist jedoch folgendes wichtiger:

Die unten näher beschriebene Problematik eines Zusammenhangs zwischen Speichelflußrate und sIgA - Konzentration ist in dieser Arbeit nicht eingehend berücksichtigt worden. Dem Leser wird zwar mitgeteilt, daß nur unter Verwendung des "freien Spuckens" eine negative Korrelation zum Speichelvolumen berichtet wird, diese sich aber aufgrund des Wertebereichs von 0.47-2.37ml Speichel/min offensichtlich auf die *gesamte Menge* abgegebenen Speichels bezieht, während das Fehlen einer solchen Korrelation bei Salivettenspeichel zwar berichtet wird, aber nicht darauf eingegangen wird, daß z.B. alle mukösen Anteile des Speichels in der Watte verbleiben und somit enorme Unterschiede im Speichelvolumen auftreten. Folgerichtig liegt auch das Speichelvolumen um das vierfache niedriger (0.06-0.83ml/min). Diese Gegenüberstellung setzt zweifelsfrei voraus, daß muköse Anteile des Speichels kein sIgA enthalten, was zu prüfen wäre.

Ebenfalls unberücksichtigt bleibt eine Diskussion der enormen Streuung der sIgA - Konzentrationen bei der Methode des freien Spuckens. Die sIgA - Konzentrationen variieren zwischen ca. 18 und 95mg/l. Bezogen auf die Stichprobe (8-12 jährige Kinder), erscheint dies sehr hoch.

Aus diesen und anderen Gründen wird im folgenden eine eigene Studie beschrieben, in der der Frage nach dem möglichen Einfluß der Entnahmemodalitäten explizit nachgegangen werden soll.

Die Tatsache, daß in der Literatur überwiegend eine Methode angewendet wurde, bei der der Gesamtspeichel (inklusive muköser Anteile) und nicht das oben beschriebene Zentrifugat analysiert wird, erfordert einen Vergleich zwischen sIgA - Konzentrationen im Gesamtspeichel und im Salivetten-Speichel. Darüberhinaus wäre zu prüfen, ob - bezogen auf die Tatsache, daß sich der Wattebausch im gesamten Mundraum befindet - mögliche Unterschiede der sIgA-Produktion (linke vs. rechte Parotis) verwischt werden. Eine Übereinstimmungsuntersuchung ist erforderlich.

5.1.3 Vergleich der sIgA-Konzentrationen im Gesamtspeichel mit Salivetten und Prüfung von Lateralisationseffekten

An der Methodenstudie zum Einfluß der Entnahmemodi von Speichel nahmen insgesamt 32 gesunde männliche Versuchspersonen im Alter zw. 20 und 27 Jahren teil. Die Probanden wurden in permutierter Anordnung instruiert, simultan je ein Watteröllchen in die linke und rechte Gaumentasche zu legen und dort für 5 Minuten zu belassen, sowie für den gleichen Zeitraum Speichel in ein Sammelgefäß abzugeben.

Es ist dabei zu beachten, daß kein Speichel geschluckt werden sollte. Dies hat sich als prinzipiell unproblematisch erwiesen, da der Wattebausch eine hohe Aufnahmekapazität aufweist und ein Schluckreflex nicht auftritt. Nach Abschluß der Sammlung wird der Wattebausch zurück in den Behälter gelegt, welcher zu verschließen ist. Im Anschluß zentrifugiert man das Gefäß und ein klarer (d.h. seröser) Unterstand am Boden der Salivette steht für eine Analyse zur Verfügung.

Dieses Verfahren hat sich als zumutbar, hygienisch und praktisch für die Probanden erwiesen und läßt sich darüber hinaus unproblematisch im Feld einsetzen.

Im Anschluß wurden die Probanden aufgefordert, für einen Zeitraum von 5 Minuten Vollspeichel in ein Sammelgefäß zu geben.

Die Speichelmenge wurde mittels einer Präzisionswaage ermittelt; sIgA - Konzentrationen wurden durch Laser-Nephelometrie (s.u.) betimmt.

Tabelle 5.1: *Mittelwerte und Standardabweichungen von Speichelvolumen (ml), sIgA - Konzentration (mg/dl) und sIgA-Sekretionsrate (µg/min) in Abhängigkeit vom Entnahmemodus*

Parameter	Gesamtspeichel	linke Gaumentasche	rechte Gaumentasche
Speichelvolumen	3.02+1.4**	1.02+0.2	0.80+0.6
sIgA-Konzentration	5.27+3.4	2.32+2.0	2.80+2.8
sIgA-Sekretionsrate	29.04+19.6**	6.51+5.02	5.12+4.8

** = $p < .001$

Tabelle 5.1 zeigt die Mittelwerte und Standardabweichungen der entsprechenden Speichelmengen, sIgA - Konzentrationen und Sekretionsraten. Mittelwertsunterschiede wurden mit t-Test für abhängige Proben ermittelt. Erwartungsgemäß ist die Speichelmenge der Vollspeichelprobe signifikant höher als diejenige der jeweiligen Salivettenproben, die sich untereinander nicht unterscheiden. Dies ist in erster Linie darauf zurückzuführen, daß die mukösen Bestandteile der Vollspeichelprobe bei Verwendung der Salivetten abzentrifugiert sind und alleine der seröse Unterstand in die Analyse eingeht.

Wichtiger ist sicherlich der Befund, daß die sIgA-Konzentrationen sich beim Vergleich Salivette - Vollspeichel nicht unterschieden und daß keine Lateralisation belegt werden konnte. Nach Durchführung der Bereinigung um den Speichelfluß (Ermittlung der Sekretionsrate) werden die Werte für den Gesamtspeichel durch Miteinbeziehung muköser Anteile massiv überschätzt, was fälschlicherweise eine erhöhte Sekretionsrate unter Verwendung des Gesamtspeichels nahelegt. Werden jedoch einerseits die mukösen Anteile abzentrifugiert und andererseits die Summe der Konzentration linke + rechte Gaumentasche ermittelt (die ja beide für den gleichen Zeitraum von 5 Minuten im Mund behalten wurden) stimmen sIgA-Konzetration und Sekretionsrate in allen Probenarten überein (Tabelle 5.2).

Tabelle 5.2. *Mittelwerte und Standardabweichungen von Speichelvolumen (ml), sIgA - Konzentration (mg/dl) und sIgA-Sekretionsrate (µg/min) in Abhängigkeit vom Entnahmemodus unter Abzug muköser Anteile der Gesamtspeichelprobe.*

Parmeter	Gesamtspeichel	linke + rechte Gaumentasche
sIgA-Konzentration	5.27+3.4	5.12+4.8
sIgA-Sekretionsrate	10.73+8.85	11.63+9.82

Das Ergebnis, daß sich sIgA-Konzentrationen und Sekretionsrate nicht unterscheiden, bezieht sich auf Mittelwertsunterschiede und läßt noch keine Aussagen über den Zusammenhang der Maße untereinander zu. Aus diesem Grund wurden die Werte der Sekretionsrate zwischen den Probenträgern korreliert, um ein Maß für die Übereinstimmung zu erhalten.

Die Korrelation der sIgA - Sekretionsrate zwischen linker und rechter Gaumentasche lag bei $r=.79$ ($p<.001$) und diejenige zwischen Vollspeichel und Gesamtsalivettenspeichel bei $r=.66$ ($p<.01$). Der Befund, daß die Gesamtspeichelprobe niedriger mit der Salivettenspeichelprobe korreliert ist, läßt sich auf Meßungenauigkeiten zurückführen, die bei den trüben mukösen Anteilen der Vollspeichelprobe gerade bei nephelometrischen Analysen stark ins Gewicht fallen.

Zusammengefaßt läßt sich festhalten:

1. In mukösen Bestandteilen des Speichels befinden sich keine nennenswerten sIgA-Anteile.

2. Die Analyse von Gesamtspeichel ist aufgrund hoher Eigentrübung durch muköse Anteile gerade für nephelometrische Analysen ungeeignet.

3. Die Verwendung der Salivette beeinflußt nicht die sIgA- Konzentrationen; weder durch Wegnahme der mukösen Bestandteile noch durch Zentrifugation selbst (s.u.).

4. Die Konzentrationen von sIgA im Speichel sind im rechten Mundraum gleich denen im linken Mundraum.

5. Eine Berechnung der Sekretionsrate unter Abzug der mukösen Anteile der Gesamtspeichelprobe weist für alle Probenträger keine verschiedenen Konzentrationen auf.

In allen weiteren Studien wurde die Speichelprobenerhebung mittels der Sarstedt - Salivette durchgeführt.

5.1.4 Probenaufbereitung und Haltbarkeit

Die Verwendung der Salivette zeichnete sich bisher durch unproblematische Benutzung sowohl auf seiten der Probanden als auch in Hinblick auf die Bestimmung von sIgA-Konzentrationen aus. Zu prüfen war im Sinne einer einheitlichen Arbeitsanweisung im weiteren, ob eine Zentrifugation bei unterschiedlicher Stärke Einfluß auf sIgA-Konzentrationen ausübt, welche Lagerbedingungen bis zur Analyse eingehalten werden müssen und welchen Einfluß mehrfaches Auftauen der Proben auf sIgA-Konzentrationen ausübt.

Zur Prüfung dieser Fragen wurde eine Studie durchgeführt, in der insgesamt 16 Probanden gebeten wurden, simultan zwei Speichelproben (A und B) abzugeben, um zwei Proben gleicher Entnahmebedingung von der gleichen Personen und gleicher (s.o.) sIgA-Konzentrationen in einem festen Zeitraum zu erhalten. Das weitere Verfahren gibt Tabelle 5.3 wieder.

Tabelle 5.3: Übersicht über die verschiedenen Arbeitsschritte zur Prüfung der Lagerbedingungen, des Einflusses unterschiedlicher Zentrifugationsstärken und des wiederholten Auftauens von Speichelproben auf sIgA-Konzentrationen.

Zeitpunkt	Probenbehandlung			
Abnahme	Probe A			Probe B
+ 10 Min.	Wiegen mit Watte			dito
+ 20 Min.	Zentrifugieren (1000g)			Zentr. (3000g)
+ 40 Min.	Wiegen ohne Watte			dito
+ 50 Min.	Messen der sIgA-Konzentration			dito
+ 90 Min.	Einfrieren bei:			Lagerung unter Raumtemperatur
	- 4° C	- 70°C	- 70°C	
+ 24 Std. + 48 Std.				Messen
+ 1 Woche	Messen	Messen		Messen
+ 2 Wochen	Messen	Messen		Messen
+ 4 Wochen	Messen	Messen	Messen	Messen

Unter Verwendung dieser Arbeitsanleitung sollten folgende Fragen beantwortet werden:

A. Welchen Einfluß hat eine unterschiedliche Zentrifugation auf die Speichelmenge im Unterstand und auf die sIgA - Konzentrationen ?

B. Wie lange läßt sich eine Speichelprobe unter Raumtemperatur lagern, ohne daß eine Veränderung der Konzentration eintritt ?

C. Wie wirken sich Lagerungen unter verschiedenen Tiefkühlbedingungen aus und

D. welchen Einfluß übt mehrfaches Auftauen von Proben auf sIgA-Konzentrationen aus ?

Ergebnisse:

Zunächst mußte das Gewicht der beiden Proben mit Watteträgern ermittelt werden. Anschließend wurde Probe A mit 1000g, Probe B mit 3000g zentrifugiert. Nach erneuter Gewichtsmessung des serösen Unterstandes schloß sich direkt die sIgA - Konzentrationmessung an. Alle weiteren Schritte sind Tabelle 5.4 zu entnehmen. Die Tatsache, daß bei allen weiteren Analysen letztlich die gleichen Proben Verwendung finden, läßt eine Speichelflußbereinigung der Daten überflüssig werden. Es werden daher im folgenden ausschließlich sIgA-Konzentrationen dargestellt.

Tabelle 5.4. Mittelwerte und Standardabweichungen von Speichelvolumina (ml) und der sIgA-Konzentration (mg/dl) vor und nach unterschiedlicher Zentrifugationsstärke

Parameter	Probe A (1000g)	Probe B (3000g)
Gewicht vor Zentrifugation nach Zentrifugation	 0.96+0.067 0.73+0.066	 0.97+0.069 0.74+0.066
sIgA-Konzentration	1.17+0.62	1.19+0.58

Tabelle 5.4 ist zu entnehmen, daß zwar im Anschluß an die Zentrifugation das Speichelvolumen reduziert ist, was durch Wegfall der mukösen Anteile zu erklären ist (s.o.), daß jedoch weder der zu analysierende seröse Unterstand noch die jeweiligen sIgA Konzentrationen durch Zentrifugation unterschiedlicher Stärke beeinflußt werden.

Eine Prüfung der Beständigkeit von sIgA-Konzentrationen unter Lagerung bei Raumtemperatur wurde mittels einer Varianzanalyse (within-design) mit dem Faktor "Zeit" als Meßwiederholungsfaktor durchgeführt. Abbildung 4.1 zeigt den Verlauf der sIgA-Konzentration von Probe B, die nach 12, 24 und 48 Stunden sowie nach 1, 2 und 4 Wochen gemessen wurde und während der gesamten Zeit unter Raumtemperatur stand.

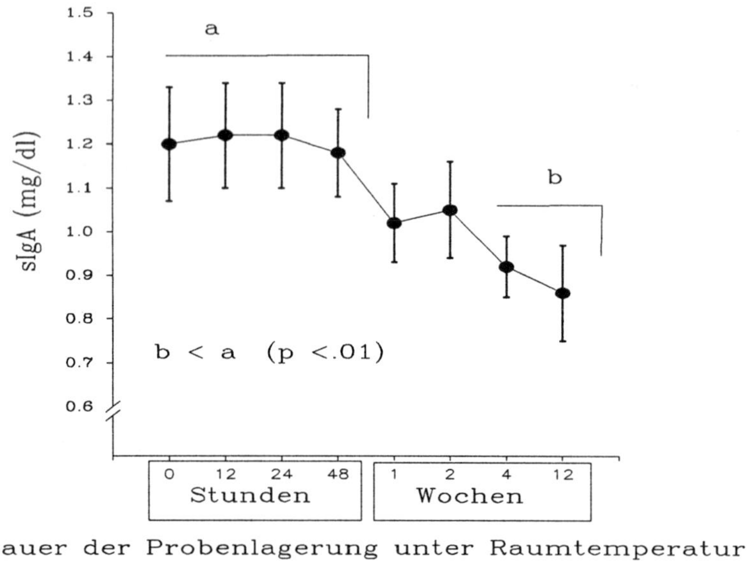

Abbildung 5.1: *sIgA-Konzentrationen in Abhängigkeit von der Probenlagerung unter Raumtemperatur. Eine Varianzanalyse mit Meßwiederholung zeigt einen hochsignifikanten Verlaufseffekt. Der im Anschluß durchgeführte post-hoc Test (Scheffé) zeigt, daß die Konzentration der Proben nach einer Lagerung von über 3 Wochen (b) sich signifikant (p<.01) von den vorherigen Messungen (a) unterscheidet.*

Die folgende Abbildung 5.2. zeigt die Verläufe der Konzentration in Abhängigkeit der Kühlbedingung von 4 °C im Kühlschrank.

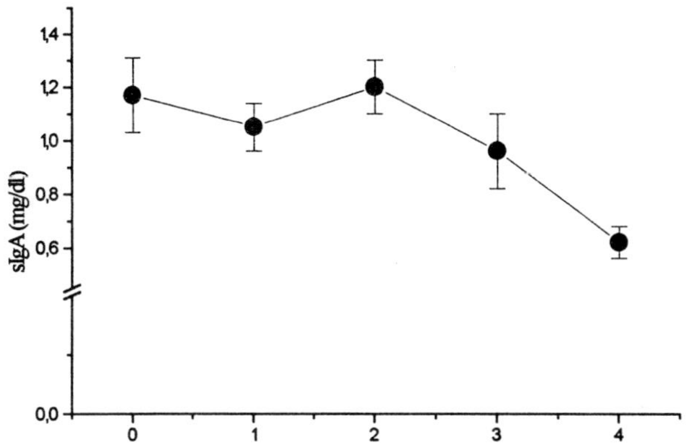

Abbildung 5.2 *Verlauf der sIgA Konzentrationen unter der Kühlbedingung 4°C (Kühlschrank). Die Varianzanalyse mit Meßwiederholung signalisiert einen hochsignifikanten Unterschied zwischen den Meßzeitpunkten, der mit Post-hoc Tests (Scheffé) auf die Messung nach 4 Wochen lokalisiert werden kann ($p < .001$)*

Die bisherigen Ergebnisse zeigen, daß sowohl unter Raumtemperatur als auch unter Kühlschranktemperatur die sIgA-Konzentrationen allmählich abnehmen. Dies überrascht nicht, da natürlich - wenn bei sIgA auch verzögert - nach einer gewissen Zeit proteolytische Enzyme wirksam werden. Dennoch "beruhigt" die Tatsache, daß kurzfristige Lagerungen (bis 48 Stunden) selbst unter Raumtemperatur zu keinen nennenswerten Fehlerquellen führen.

Die Frage stellt sich, ob unter Tiefkühlbedingungen (-70°C) ebenfalls Abnahmen der Konzentration über die Zeit auftreten.

Abbildung 5.3 zeigt den Verlauf der Konzentrationen in Abhängigkeit von dieser Bedingung.

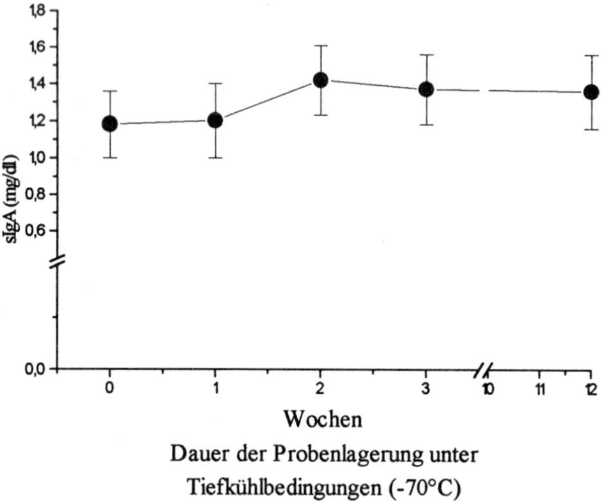

Abbildung 5.3 *Verlauf der sIgA - Konzentration in Abhängigkeit von der Lagerungsdauer unter Tiefkühlbedingungen (-70°C). Eine Varianzanalyse mit Meßwiederholung konnte keine Signifikanz ermitteln.*

Abbildung 5.3 verdeutlicht, daß eine Lagerung unter Tiefkühlbedingungen von -70° C offensichtlich die beste und in Bezug auf Zeiträume über 4 Wochen einzige Methode zur Konstanthaltung von sIgA-Konzentrationen darstellt.

Schließlich galt es noch zu prüfen, ob wiederholtes Auftauen von Proben zu unterschiedlichen Konzentrationen führt. Dies ist bei besonders sensitiven und niedrig konzentrierten Parametern vielfach der Fall. Zur Prüfung dieser Frage wurde eine Probe erstmals zur Analyse nach 3 Monaten aufgetaut und mit Proben gleicher Lagerzeit, aber nach mehrfachem Auftauen verglichen. Alle Proben waren bei -70°C gelagert worden.

Tabelle 5.5 gibt den Vergleich der Konzentrationen dieser Proben wieder.

Tabelle 5.5 Vergleich der sIgA-Konzentrationen nach 3 monatiger Lagerzeit in Bezug auf mehrfaches Auftauen (a) und erstmaliges Auftauen (b)

Auftau-Bedingung	sIgA-Konzentration (Mittelwert)	sIgA-Konzentration (Standardabweichung)
mehrfach (a)	1.361	.800
erstmals (b)	1.329	.875

Tabelle 5.5 verdeutlicht, daß mehrfaches Auftauen unter der Lagerbedingung von -70°C keine unterschiedlichen Konzentrationen im Vergleich mit einmaligem Auftauen aufweist. Somit zeigt sich sIgA als robuster Parameter, der durchaus - auch im Sinne der Qualitätskontrolle oder der Erstellung eigener Standards - unproblematisch eingesetzt werden kann.

Zusammenfassung

Die hier beschriebene Methodenstudie läßt sich wie folgt zusammenfassen:

1. Unterschiedliche Zentrifugationsstärken haben keinen Einfluß auf sIgA-Konzentrationen.
2. Abzentrifugierte Speichelproben können bis zu maximal 48 Stunden unter Raumtemperatur gelagert werden.
3. Die Verwendung eines Kühlschranks erhöht die Haltbarkeit auf 4 Wochen, was für viele Anwendungen des Parameters im Feld (so auch die Lagerung der Speichelproben bei Probanden oder Patienten zu Hause) sehr hilfreich ist.
4. Bei Verwendung einer Labortiefkühltruhe mit -70°C Kühlleistung lassen sich auch nach 3 Monaten keine nennenswerten sIgA-Konzentrationsunterschiede ermitteln.
5. Wiederholtes Auftauen "stört" die sIgA - Konzentrationen nicht, wenn die Proben bei -70°C eingefroren sind.

5.2 Methode eines neuen Verfahrens zur Bestimmung von sIgA im Speichel

In der folgenden Methodenstudie soll ein nephelometrisches Analyseverfahren beschrieben werden, das Kriterien der zu postulierenden Meßgenauigkeit erfüllt, leicht zu handhaben ist und kostengünstige sIgA - Analysen ermöglicht. Darüberhinaus wird in der Folge ein direkter Vergleich mit Ergebnissen der radialen Immundiffusion angestellt.

5.2.1 Ermittlung einer Standardkurve für sIgA im Speichel

Die quantitative Bestimmung von sIgA im Speichel wurde zunächst auf einem neuen, von Pasteur Diagnostika Kallestad vertriebenen Laser-Nephelometer (N600) adaptiert. Zu der Anlage gehören ein PC-AT IBM kompatibler Personal Computer, ein Matrixdrucker und ein Vibrationsmischer zur simultanen Mischung von 100 Küvetten. Bei diesem computergestützten Analyseverfahren sind aufgrund hoher Flexibilität des Systems neue, vom Hersteller nicht voreingestellte Verfahren unkompliziert zu ergänzen.

An dieser Stelle sei kurz das nephelometrische Meßprinzip beschrieben. Wenn ein Lichtstrahl eine Flüssigkeit "passiert", verändert sich seine ursprüngliche Charakteristik. Durch Kollisionen mit Partikeln in der Flüssigkeit finden Lichtabsorption, Reflektion und Brechung statt. Bei einer konstanten Lichtquelle kann man sich dieses Prinzip zunutze machen, wenn man eine veränderte Charakteristik der Flüssigkeit erfassen will. Dies ist das Grundprinzip zweier weit verbreiteter immunologischer Meßverfahren: der Turbidimetrie und der Nephelometrie. Der zentrale Unterschied beider Meßverfahren ist in Abbildung 5.4 wiedergegeben.

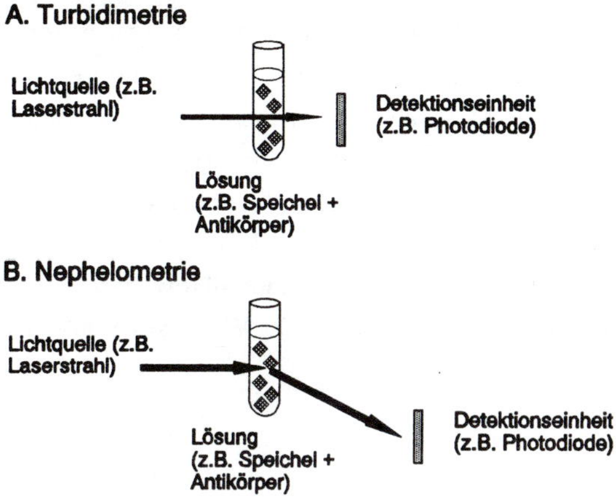

Abbildung 5.4 *Schematische Darstellung turbidimetrischer und nephelometrischer Meßprinzipien*

Während die Turbidimetrie die Eintrübung einer Flüssigkeit erfaßt, ermittelt die hochempfindliche Photodiode der Nephelometrie die *Lichtbrechung* (light scattering). Wenn sich also z.B. durch eine Antigen-Antikörper-Reaktion die Charakteristik einer Lösung ändert (Vorhandensein größerer korpuskulärer Bestandteile), reduziert sich die Lichtdurchlässigkeit und die Trübung nimmt zu (Turbidimetrie). Wird mehr Licht an den Komplexen gebrochen, gelangen mehr Signale auf die in einem bestimmten Winkel (meist 30°) angebrachte Photodiode (nephelometrisches Verfahren). Folglich ist das Meßprinzip der Turbidimetrie "Absorption", die der Nephelometrie "relative Lichtbrechung".

Zunächst wurde mittels spezifischer IgA - Standardkonzentrationen (Pasteur Diagnostika Kallestad) eine Verdünnungsreihe (je 1:2) angelegt. Der damit erfaßte Konzentrationsbereich zwischen 40 mg/dl und 1.094 mg/dl deckt erfahrungsgemäß den Bereich zu erwartender Konzentrationen von sIgA im Speichel unter Verwendung fix-time-kinetischer Messungen ab.

Fünf Standardkonzentrationen wurden zur Erstellung einer Standardkurve herangezogen. Auf 10μl Standard wurden 400μl Buffer (pH 7.4; 0,1M) (Pasteur Diagnostics Kallestad) und 10μl Anti-IgA (α-Kette) (Pasteur Diagnostika Kallestad) pipettiert. Die Küvetten wurden danach für 6 Sekunden auf einem

Vibrationsmischer geschüttelt und direkt im Anschluß einer nephelometrischen Messung unterzogen. Die ermittelten Werte diffuser, d.h. unspezifischer Lichtstreuung (Blank-Messung) werden online auf dem Bildschirm ausgegeben. Nach Abschluß einer 30-minütigen Inkubationszeit schließt sich eine Reaktionsmessung an. Die Differenz zwischen unspezifischer Lichtstreuung und Reaktionsmessung wurde in Abhängigkeit von den definierten Standard-Konzentrationen zur Ermittlung der Standardkurve herangezogen. Abbildung 5.5 zeigt die Standardkurve und die Lage der Werte aus Einzelbestimmungen.

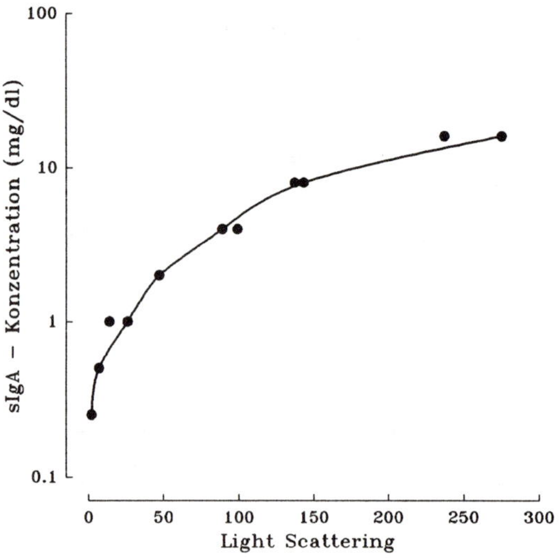

Abbildung 5.5 *Darstellung einer Standardkurve aus nephelometrischer sIgA-Analyse*

Die Standardkurve (hier logarithmisch skaliert) zeigt die Standardkonzentrationen und die dazugehörigen optischen Signale, die mittels eines Laserstrahls erfaßt wurden. Die hohe Übereinstimmung aus

Doppelbestimmungen zeigt sich neben diesem optischen Eindruck auch in der geringen Höhe des Variationskoeffizienten von unter 7%.

Das hier vorgestellte System speichert Assay-Daten in Parameterfiles und alle Resultate in Ergebnisfiles ab; es ermöglicht darüber hinaus eine statistische und graphische Aufarbeitung verschiedener Meßreihen für Qualitätskontrollen.

5.2.2 Meßgenauigkeit (Reliabilität)

Achtundfünfzig gesunde, männliche Probanden gaben Speichelproben (unstimuliert) mittels der Salivette ab. Die Probanden sollten während dieser Zeit nicht schlucken. Die Proben wurden unmittelbar danach bei -70°C eingefroren und später ausgewertet.

Zunächst wurden die Proben für 2 Minuten bei 1000g zentrifugiert, um den Speichel aus der Watte zu pressen. Zur Kontrolle möglicher Konzentrationsabhängigkeiten durch unterschiedliche Speichelvolumina fand eine Gewichtsmessung der Proben auf einer Waage mit 0.01g Auflösung statt.

Auf 10µl *unverdünnte* Proben wurden im Rahmen von Doppelbestimmungen wie bei der Behandlung von Standards 400µl Buffer und 10µl Anti-IgA gegeben. Nach direkt folgender Messung diffuser Lichtstreuung wurden die Proben 30 Minuten inkubiert und danach erneut gemessen.

Abbildung 5.6 zeigt die Übereinstimmung der Messung zwischen den Doppelbestimmungen. Der mittlere Variationskoeffizient (Standardabweichung / Mittelwert x 100) liegt mit 7.64 in einem Bereich zwischen 0 und 19.6. Die Übereinstimmung zwischen beiden Messungen kann aufgrund des Korrelationskoeffizienten von .946 als zufriedenstellend hoch bezeichnet werden.

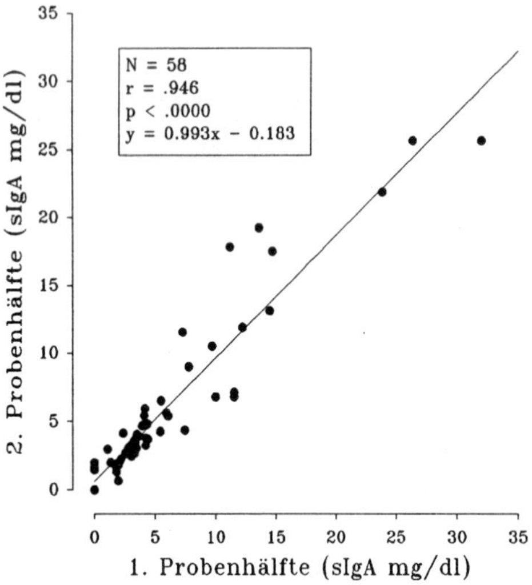

Abbildung 5.6 *Darstellung der Übereinstimmung zwischen ermittelten Doppelbestimmungen nephelometrisch ermittelter sIgA-Konzentrationen*

5.2.3 Validität

5.2.3.1 Übereinstimmung der Meßwerte mit der Methode der radialen Immundiffusion

Zur Prüfung des Validitätsaspekts dieses neuen Verfahrens wurde eine Vergleichsstudie unter Verwendung der radialen Immundiffusion durchgeführt.

Bei Durchsicht der Literatur fällt auf, daß verschiedene Verfahren zur Ermittlung von Proteinkonzentrationen Verwendung finden. Die weiteren Ausführungen beziehen sich ausschließlich auf die Erfassung von sIgA - Konzentrationen, wenn auch Proteine generell mit diesen Verfahren bestimmt werden. An erster Stelle - nicht nur aufgrund der Häufigkeit seiner Verwendung, sondern auch historisch betrachtet - verdient die *einfache radiale Immundiffusion* nach Manchini (1966) besondere Beachtung. Bei diesem Verfahren wird ein konstantes Volumen von Blut oder Speichel (üblicherweise 5μl) in gestanzte Vertiefungen auf einem mit Anti-IgA beschichteten Agar pipettiert. Nach Abschluß der Inkubationszeit von 48 Stunden, die zu einer *vollständigen* Antigen (sIgA) - Antikörperbindung (Anti-IgA) ausreicht, bilden sich kreisförmige Antigen-Antikörper-Komplexe, die mit Hilfe einer speziellen Lupe incl. Maßstab ausgemessen und in Abhängigkeit einer zuvor erstellten Standardkurve in Konzentrationen überführt werden können (Mancini, Carbonara & Heremans, 1965). Wesentlich zur Charakterisierung dieses Verfahrens ist festzuhalten, daß es sich um eine *end-point-* kinetische Messung handelt (s.u.). Dieses Verfahren hat sich etabliert, wenn auch insbesondere im klinischen Bereich zu nephelometrischen und turbidimetrischen Verfahren übergegangen wurde, was unter anderem mit kürzeren Inkubationszeiten verbunden ist (s.u.). Die Tatsache, daß die Antigen-Antikörperkomplexe mittels optischer Einschätzungen in Konzentrationswerte überführt werden, muß sich nicht per se mit Meßungenauigkeiten verbinden, da die Übereinstimmungsreliabilität dieser Einschätzungen relativ hoch ist (s.u.).

Zahlreiche Arbeiten bedienen sich eines sog. Korrekturfaktors, da die Hersteller dieser Low-Level-IgA Platten einen 7S- Antikörper und nicht den für sIgA eigentlich notwendigen 11S - Antikörper einsetzen (Behring Werke und Pasteur - Kallestad). Dieser Korrekturfaktor berücksichtigt das unterschiedliche *Diffusionsverhalten* von 7S-Antikörpern im Vergleich mit den im Speichel befindlichen 11S-Antikörpern, und da die Standards der Low-Level Platten üblicherweise den 7S Antikörper zugrundelegen, wurde ein Korrekturfaktor von 3.25 eingeführt. Dieser Faktor kann bei nicht diffusionsgebundenen Verfahren vernachlässigt werden (Mouton et al., 1989).

Zusätzlich ist in der Literatur auf Messungenauigkeiten im niedrigen Konzentrationsbereich hingewiesen worden. In einer frühen Arbeit steht zur Begründung eines mittleren Variationskoeffizienten von immerhin 26%:

> *"This is explained by the fact that because the diameter of the well in agar is 2mm a precipitate under 3mm or about 6mg/dl of immunoglobulin could not be read confidently"*
> (Lehner, Cardwell & Clarry, 1967)

Die Autoren ergänzen zwar, daß solche Konzentrationen relativ selten seien, ein *mittlerer* CV von 26% hinterläßt jedoch einen anderen Eindruck.

Zur Durchführung eines Methodenvergleichs wurden insgesamt 70 gesunde, männliche Probanden aufgefordert, mittels der Sarstedt-Salivette Speichelproben in einem definierten Zeitraum von 5 Minuten zu sammeln. Anschließend wurden die Salivetten bei 3000g für 10 Minuten zentrifugiert und das Speichelvolumen bestimmt. Bis zur Analyse wurden die Proben bei -70°C tiefgefroren.

Ermittlung von sIgA-Konzentrationen mittels radialer Immundiffusion

Je 5μl serösen Speichels respektive Standards wurden in die Vertiefungen auf den Low-Level IgA Agar-Platten (Kallestad) gegeben. Danach wurden die Platten mit einem Deckel verschlossen und für 48 Stunden bei Raumtemperatur und Tageslicht inkubiert. Nach Abschluß der Inkubationszeit wurden die Diameter der Standards ausgemessen und in eine Regressiongerade überführt.
Die Ermittlung der Konzentrationen aus Speichelproben erfolgte über den zuvor ermittelten Regressionsansatz: $y = ax + b$ (Konzentration = Diameter * Steigungsmaß der Regression + Koordinatenabstand).

Zunächst ist festzuhalten, daß die Diameter von unabhängigen Ratern eingeschätzt wurden, um eine Übereinstimmungsmessung zu ermöglichen. Die optische Auswertung der Antigen-Antikörper Reaktion könnte prinzipiell systematischen Fehlern unterliegen und dürfte nach dem heutigen Stand der Analysetechnik als bedenklich eingeschätzt werden.

Dennoch, der direkte Vergleich zwischen den Diametereinschätzungen beider Rater zeigt (Abbildung 5.7) eine sehr hohe Übereinstimmung, die, verglichen mit der Korrelation aus Doppelbestimmungen anderer Verfahren *nicht* als schlechter einzustufen ist.

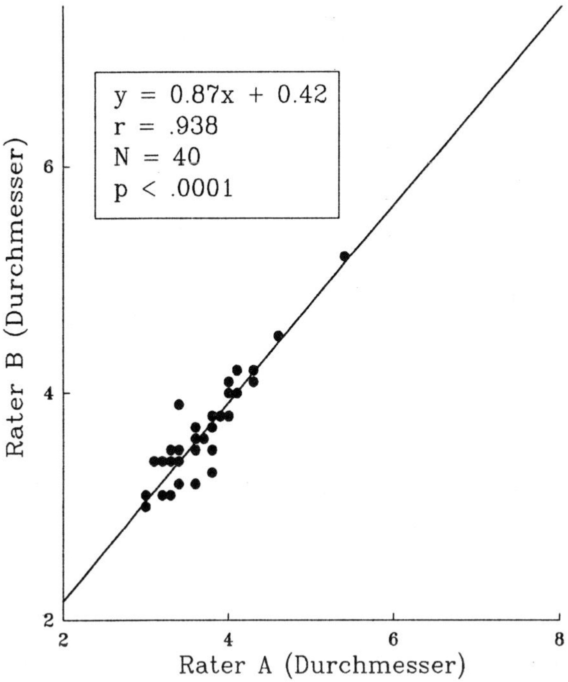

Abbildung 5.7 *Korrelation der Diametereinschätzung zweier unabhängiger Rater*

Zum Vergleich von Laser - Nephelometrie und radialer Immundiffusion (RID) wurden insgesamt 70 Speichelproben mit beiden Verfahren analysiert und eine Korrelation ermittelt.

Abbildung 5.8 zeigt den Zusammenhang beider Meßverfahren.

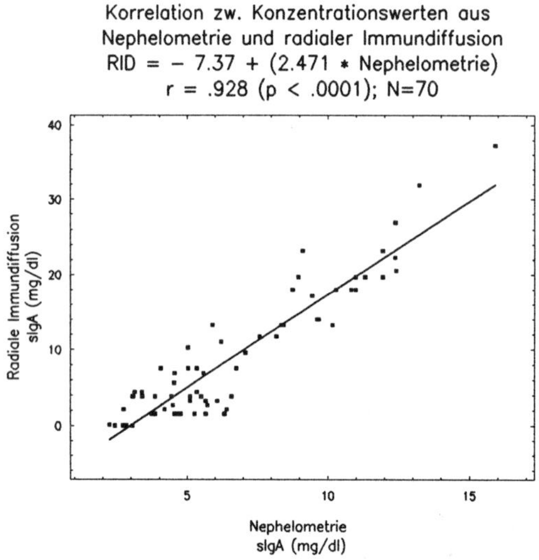

Abbildung 5.8 *Übereinstimmung zwischen sIgA - Konzentrationen aus nephelometrischer sIgA-Bestimmung und Ergebnissen aus der radialen Immundiffusion*

Der direkte Vergleich zwischen den Konzentrationswerten beider Verfahren erweist sich als überaus zufriedenstellend. Die Meßwerte zweier auf völlig unterschiedlicher Meßtechnik beruhender Verfahren sind ausreichend hoch korreliert.

Dennoch muß auf ein Faktum näher eingegangen werden. Der Koordinatenabstand der Regressionsgeraden zeigt einen positiven Wert, der indiziert, daß die Konzentrationswerte zwar hoch korreliert sind, die Konzentrationen aber insgesamt bei der radialen Immundiffusion höher ausfallen. Der naheliegendste Grund hierfür könnte in der verschiedenen Meßkinetik zu finden sein. Die radiale Immundiffusion erfordert eine Inkubationszeit von insgesamt 48 Stunden (end-point-Kinetik, s.o.) während die Laser-Nephelometrie mit 30 Minuten die fix-time-Kinetik bevorzugt. In einer Anschlußstudie wurde daher geprüft, wie sich die Konzentrationen zwischen 30 Minuten und 48 Stunden verändern.

Insgesamt 20 Speichelproben wurden nach 30 Minuten Inkubationszeit und nach 48 Stunden Inkubationszeit mittels der Laser-Nephelometrie gemessen. Die folgende Abbildung zeigt den Zusammenhang dieser Messungen.

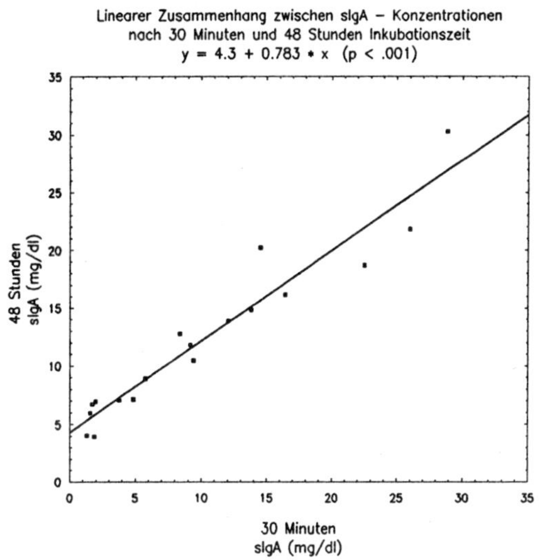

Abbildung 5.9 *Zusammenhang von sIgA - Konzentrationen nach 30-minütiger und 48- stündiger Inkubation.*

Abbildung 5.9 zeigt erwartungsgemäß auf, daß die Konzentrationen hoch miteinander korreliert sind, und daß auch hier ein entsprechender Koordinatenabstand der Regressionsgerade höhere Werte für die Messung nach 48 Stunden indiziert. Dieser Befund wird noch deutlicher, wenn die Kinetik der Veränderungen näher betrachtet wird. Korreliert man die Differenz der Konzentationen (Zuwachs) mit den Ausgangswerten, dann findet man einen logarithmischen Zusammenhang, der verdeutlicht, daß in erster Linie niedrige

Konzentrationen einen hohen Zuwachs nach verlängerter Inkubationszeit aufweisen (Abbildung 5.10).

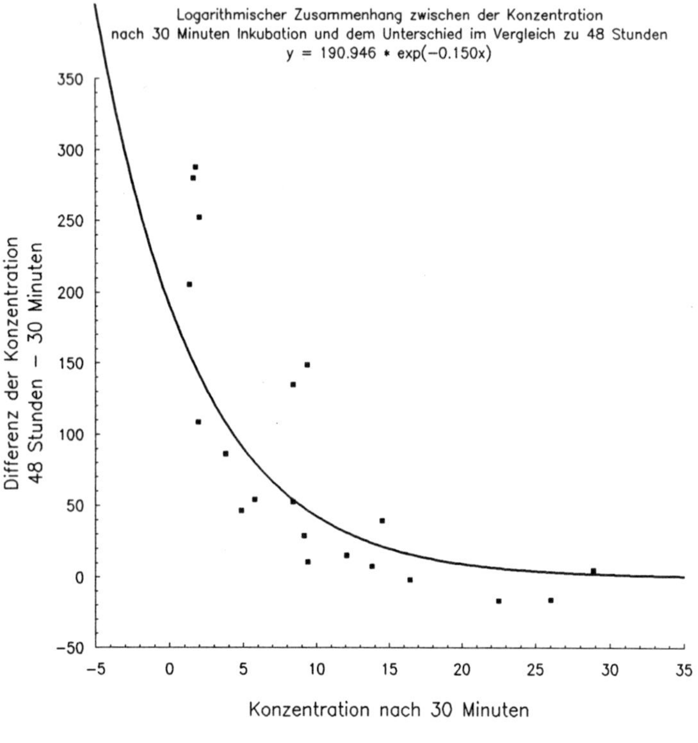

Abbildung 5.10 *Logarithmischer Zusammenhang zwischen Ausgangskonzentration und Zuwachs nach 48 Stunden Inkubationszeit*

Unter Berücksichtigung dieses Zusammenhangs dürfte nach Anwendungeiner Korrekturformel eine noch bessere Übereinstimmung zwischen sIgA-Konzentrationswerten nach 30 minütiger vs. 48 stündiger Inkubationszeit möglich sein. Abbildung 5.11 zeigt den Zusammenhang zwischen 30 Minuten gemessenen und neu geschätzten Werten und den tatsächlich nach 48 Stunden Inkubationszeit erhobenen sIgA-Konzentrationen.

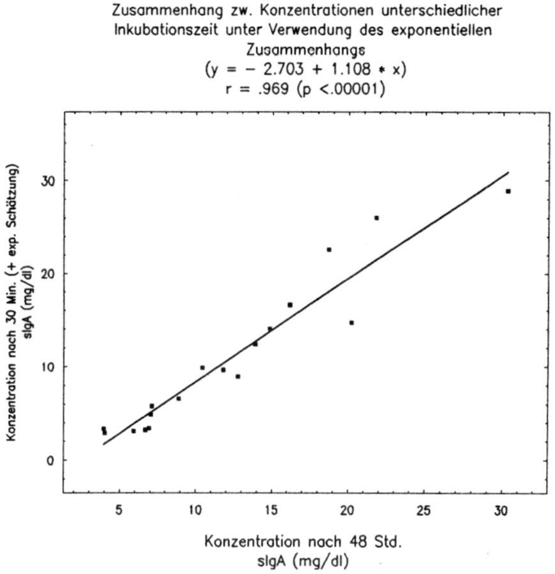

Abbildung 5.11 *Zusammenhang zwischen geschätzter Konzentration nach Zugrundelegung des logarithmischen Zuwachses und der tatsächlich gemessenen Konzentration nach 48 Stunden Inkubationszeit*

Der in Abbildung 5.11 dargestellte Zusammenhang verdeutlicht, daß die Korrelation unter Verwendung der Neuberechnung (logarithmische Veränderung) noch deutlich verbessert werden kann.

Wenn also direkte Vergleiche zwischen nephelometrischer Analyse und der radialen Immundiffusion nötig werden, kann man mit Hilfe dieser Anpassung eine akzeptable Annäherung erzielen.

5.2.3.2 Vergleich der Speichelflußabhängigkeit

Ein weiterer Validitätsaspekt kann in der Prüfung des Zusammenhangs zwischen sIgA-Konzentration und Speichelflußrate gesehen werden. Zahlreiche Untersuchungen weisen auf eine negative Korrelation der beiden Parameter untereinander hin (Rudney, Kajander & Smith, 1985; Rudney & Smith, 1985; Baum, 1981; Mandel & Khurana, 1969; Finkelstein, Tanner & Freedman, 1984). Physiologisch ist diese Abhängigkeit bedeutsam, weil sie unter anderem erklären könnte, daß die sIgA-Konzentrationen bei alten Menschen nicht abnehmen, weil ältere Menschen einen reduzierten Speichelfluß aufweisen (vgl. Kapitel 2, Mandel & Khurana, 1969). Generell wird die physiologische Bedeutung auf Unterschiede im Tag-Nacht-Zyklus bezogen. Während am Tag der Speichelfluß hoch ist, die Mucosa also stark gewaschen wird, sind nachts die sIgA-Konzentrationen aufgrund geringeren Speichelflusses hoch. Nachts könnten demnach die spezifisch immunologischen Schutzmechanismen für die Mucosa greifen (Mandel & Khurana, 1969). Die Ermittlung der Speichelflußrate ergibt sich unter Verwendung der hier angewandten Zeitkonstanzmethode aus der Formel:

$$F_{[ml/min]} = \frac{S_{vol_{[ml]}}}{t_{[min]}}$$

F	=	Flußrate
S_{vol}	=	Speichelvolumen
t	=	Zeit

Zur Prüfung des beschriebenen Zusammenhangs wurden sowohl sIgA-Konzentrationen, die mittels der radialen Immundiffusion erhoben wurden, als auch solche aus dem lasernephelometrischen Analyseverfahren mit dem Speichelvolumen korreliert. Abbildung 5.12 zeigt den Zusammenhang für die Analyse mit radialer Immundiffusion.

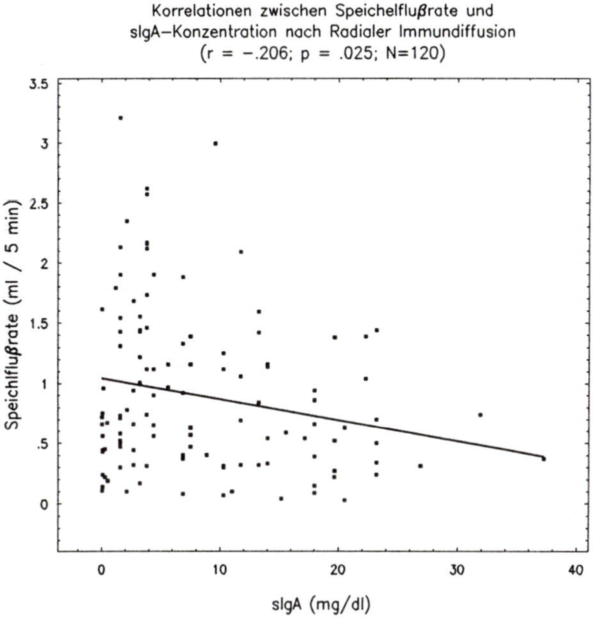

Abbildung 5.12 *Korrelation zwischen sIgA - Konzentrationen und Speichelvolumen aus radialer Immundiffusion*

Die Abbildung verdeutlicht, daß, wie in der Literatur beschrieben, ein negativer Zusammenhang zwischen sIgA-Konzentration und Speichelfluß zu finden ist. Dennoch, bei näherer Betrachtung der Abbildung fällt auf, daß die Korrelation im wesentlichen durch einige wenige Extremwerte im Bereich hoher Konzentrationen verursacht wird, was auch die relativ schwache Signifikanz der Korrelation bei doch großem N erklärt.

Im Gegensatz zu diesen Einschränkungen ist die Korrelation zwischen Speichelvolumen und sIgA - Konzentration aus der nephelometrischen Analyse weitaus deutlicher und offensichtlich nicht bedingt durch wenige Extrema hoher Konzentrationen. Im Gegenteil: hier scheinen einige wenige Werte niedriger Konzentrationen die Regression zu reduzieren.

Abbildung 5.13 zeigt den Zusammenhang und das Signifikanzniveau an.

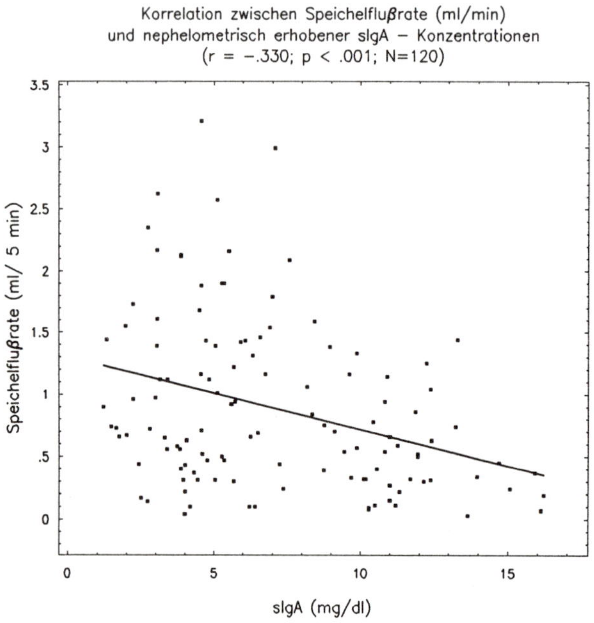

Abbildung 5.13 *Zusammenhang zwischen Speichelvolumen und sIgA-Konzentration aus nephelometrischer Analyse*

Die Abbildung dürfte verdeutlichen, daß in Bezug auf den Validitätsaspekt "negative Korrelation mit Speichelvolumen" die nephelometrische Analyse weitaus präzisere Daten aufweist als die radiale Immundiffusion.
In allen folgenden Studien wurde daher die oben beschriebene Methode der Lasernephelometrie angewandt.

5.3 Für die Versuchsplanung relevante Einflußfaktoren

5.3.1 Circadiane Rhythmik

Zahlreiche biochemische Parameter folgen einer stark ausgeprägten circadianen oder auch ultradianen Rhythmik. Am Beispiel des Cortisols fällt auf, daß in den frühen Morgenstunden nicht nur die höchsten Konzentrationen vorgefunden werden können, sondern auch, daß der Sekretionsmodus fast schon pulsativ ist, was sich mit sehr hohen interindividuellen Streuungen, aber auch starker intraindividueller Variabilität verbindet. Aus Gründen der Versuchsplanung ist die Bedeutung einer solchen Rhythmik nicht zu unterschätzen, da bei den hier beispielhaft genannten Schwankungen im Cortisol experimentell induzierte Veränderungen am Morgen statistisch schwieriger zu zeigen sind.

Aus diesem Grund wurde zur Erfassung einer Tagesrhythmik von sIgA im Speichel eine Studie durchgeführt.

Methodik:

Insgeamt 10 gesunde männliche Versuchsteilnehmer im Alter zwischen 20 und 30 Jahren wurden aufgefordert, von morgens 9 Uhr bis abends 21 Uhr halbstündlich eine Speichelprobe abzugeben und parallel dazu einen Befindlichkeitsbogen auszufüllen. Dabei wurde bewußt nicht auf eine Standardisierung der Aufnahme von Mahlzeiten oder ähnlichem Wert gelegt, sondern ein normaler Tag im Leben der Probanden verfolgt.

Aus den bestimmten Speichelproben wurden neben Cortisol (auf das hier nicht näher eingegangen werden soll), sIgA - Konzentrationen und sIgA - Sekretionsraten bestimmt, die zeitserienanalytisch mittels Fourier-Transformation auf Periodizität getestet wurden.

Ergebnisse:

Weder sIgA - Konzentrationen noch Sekretionsraten zeigten bei auch nur einem Probanden statistisch gesicherte Schwankungen im Sinne einer Periodizität über den Tag. Aus gemittelten Konzentrationen und Sekretionsraten ergeben sich zwar gewisse Schwankungen, die im Falle der Sekretionsrate den Einfluß von Nahrungsaufnahme zu Mittag nahelegen (erhöhte Speichelflußrate und dementsprechend geringere sIgA - Sekretionsrate gegen 14.30 Uhr), ansonsten aber nicht systematischer Natur sind. Abbildung 5.14 und Abbildung 5.15 geben die gemittelten Werte wieder.

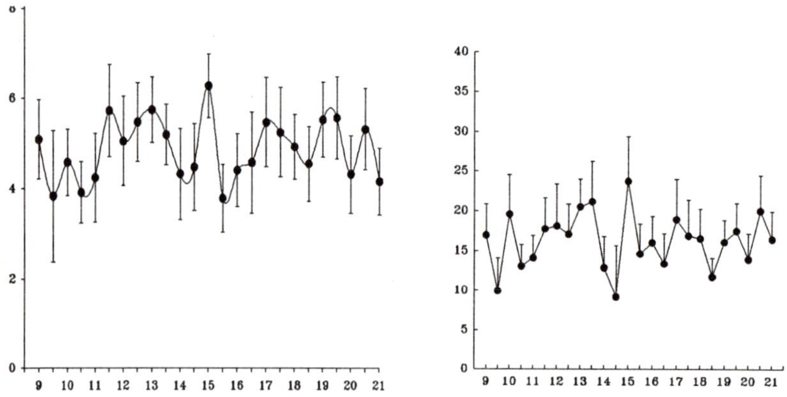

Abbildung 5.14 u. 5.15: *Mittelwerte und Standardabweichungen von IgA-Konzentrationen in mg/dl (links) und gemittelte sIgA - Sekretionsrate in µg/min (rechts) im Tagesverlauf zwischen 9.00 Uhr morgens und 21.00 Uhr abends.*

5.3.2 Geschlechtervergleich

Zur Prüfung von Geschlechtsunterschieden in sIgA - Konzentrationen wurden insgesamt 22 männliche und 22 weibliche altershomogene Versuchsteilnehmer aufgefordert, zur gleichen Tageszeit im gleichen Raum eine Speichelprobe abzugeben.

Die Ergebnisse zeigen, daß weder Speichelvolumen, noch sIgA - Konzentration oder auch sIgA - Sekretionsrate signifikante Geschlechtsunterschiede aufweisen (Abbildung 5.16). Dieser Befund ist stimmig im Hinblick auf das mehrfach publizierte Fehlen von Geschlechtsunterschieden (Sato, 1991; Ruan, 1990; Kugler, Hess & Haake, 1992).

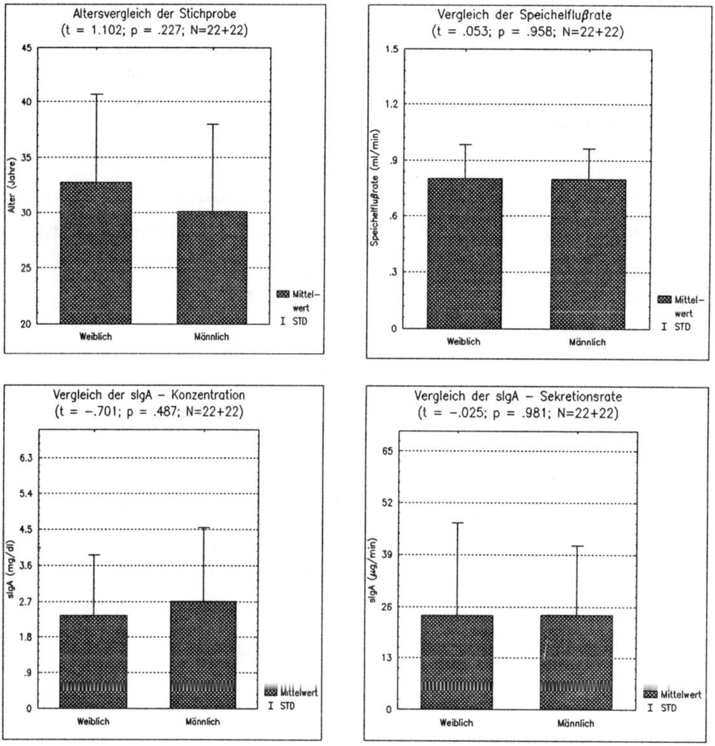

Abbildung 5.16: *Alter, Speichelvolumen, sIgA-Konzentration und sIgA -Sekretionsrate bei insgesamt 44 Versuchsteilnehmern (22 ♀; 22 ♂)*

Dennoch ist bezüglich intraindividueller Unterschiede zu bedenken, daß vereinzelt von sIgA-Konzetrationsunterschieden über den Menstruationszyklus berichtet wurde (Sullivan, Richardson, MacLaughlin & Wira, 1984; McCarty, Sasso,

Budwit, Georgiade & Seigler, 1982).
Abbildung 5.16 zeigt die Ergebnisse der entsprechenden Vergleiche zum Alter, der Speichelflußrate, der sIgA-Konzentration und der sIgA-Sekretionrate (von links oben nach rechts unten).

Für Aspekte der Versuchsplanung ist ein anderer Befund sehr wichtig. Im Zuge dieser Studie wurden die Probanden und Probandinnen aufgefordert, die Belastung durch das Speichelsammeln (via Salivette) und durch das Zurücklegen des Wattebausches in das Röhrchen einzuschätzen. Interessanterweise zeigten Frauen gegen beide Bestandteile der Speichelsammelmethode hoch signifikant höhere Einschätzungen (p<.05) der Aversivität als Männer.

Abbildung 5.17 verdeutlicht, daß bei Prüfung der Frage nach emotionaler Belastung und deren Auswirkung auf sIgA - Konzentrationen (s.u.) ein solcher nicht experimentell induzierter Effekt berücksichtigt bzw. kontrolliert werden sollte.

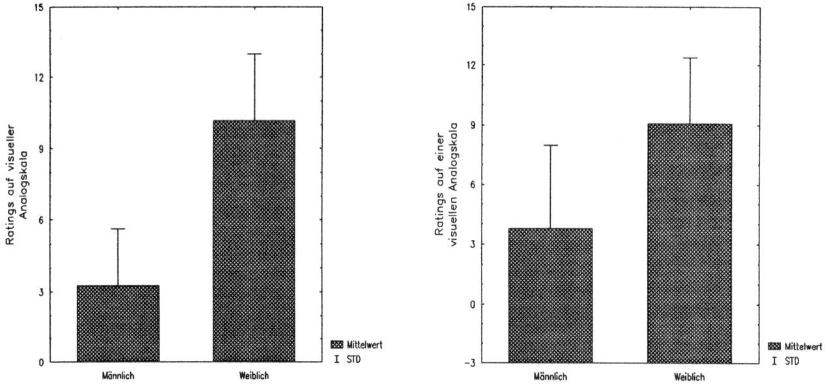

Abbildung 5.17 *Mittelwerte und Standardabweichungen in der Einschätzung der Aversivität des Speichelsammelns (links) und der Abgabe der Watte in das Reaktionsgefäß (rechts) in Abhängigkeit vom Geschlecht (beide Aspekte: p<.01).*

Aus Gründen der Vermeidung dieser Fehlerquelle und der publizierten Einflüsse spezifischer Zyklusphasen auf sIgA - Konzentrationen wurde bei fast allen folgenden grundlagenorientierten Studien auf die Einbeziehung von Frauen in die

Stichproben verzichtet.

Zusammengefaßt läßt sich festhalten, daß sIgA-Konzentrationen mittels des hier beschriebenen lasernephelometrischen Verfahrens reliabel und valide meßbar sind. Ferner hat die Verwendung der Sarstedt Salivette als Probenträger keinen negativen Einfluß auf die Messung von sIgA. Generell sollten aber - bezogen auf die Speichelflußabhängigkeit - nicht sIgA-Konzentrationen, sondern Sekretionsraten mitgeteilt werden.

SIgA ist ein stabiles Maß und läßt sich problemlos einige Stunden unter Raumtemperatur lagern. Das relativ große Moleküle wird nicht beeinflußt von Zentrifugationen unterschiedlicher Stärke und ist unter Tiefkühlbedingungen sehr lange haltbar.

Sekretorisches IgA im Speichel unterliegt nicht einer Tageszeitrhythmik, sondern fluktuiert unsystematisch über den Tagesverlauf. Es zeigen sich prinzipiell keine Geschlechts- und Altersunterschiede.

Kapitel 6: Der Einfluß psychobiologischer Belastungssituationen auf die sIgA - Sekretionsrate

In Kapitel 3 sind bereits einige Studien zum Einfluß von Belastung auf sIgA-Konzentrationen dargestellt worden, die jedoch einige Fragen zur Sensitivität und Spezifität sowie insbesondere zu vermittelnden Faktoren offenlassen. Aus diesemGrund soll an dieser Stelle an die abschließende Tabelle aus Kapitel 3 erinnert werden. Zu den dort aufgeführten Fragen werden hier in kurzen Zügen in Verbindung mit den in Kapitel 4 dargestellten spezifischen Fragestellungen die jeweiligen Operationalisierungen gegeben, die in den folgenden Studien umgesetzt sind.

Nicht bekannt ist,	Operationalierung
wann genau nach längerfristiger, psychophysiologischer Belastung Unterschiede der sIgA-Sekretionsrate auftreten	Untersuchung an Krankenschwestern und -pflegern in mehrfachem Nachtdienst einer Intensivstation (Studie I) mit wiederholten Messungen
ob und wann sIgA auf sehr milde und kurz dargebotene psychische Stressoren reagiert	Kurzfristige Darbietung von belastungs-induzierenden oder neutralen Filmsequenzen (Studie II).
welche Validität den Reduktionen zukommt, d. h. welche emotionalen Qualitäten mit den sIgA-Reduktionen assoziiert sind.	Korrelation von Veränderungswerten emotionaler Befindlichkeit mit Veränderungswerten der sIgA-Konzentration in I und II
ob eine experimentelle Variation der Kontrollierbarkeit einer belastenden Situation zu unterschiedlichen Effekten auf die sIgA-Konzentration führt.	Experimtentell induzierte Belastung durch Bearbeitung einer Computeraufgabe mit ansteigender Geschwindigkeit unter systematischer Variation der Kontrollierbarkeit (Studie III)
welche physiologischen, immunologischen und endokrinen Veränderungswerte mit sIgA-Konzentrationsänderungen nach experimentell induziertem Laborstreß korreliert sind.	Korrelationen zwischen Veränderungswerten physiologischer und endokriner Marker (Studie I, II, III) und immunologischer wie hämatologischer Veränderungen nach Kälteexposition (Studie IV) mit Veränderungen der sIgA-Sekretionsrate.
ob signifikante Zusammenhänge zwischen habituellen Persönlichkeitsmaßen und Copingstilen mit Veränderungswerten der sIgA-Sekretionsrate nach Belastung existieren.	Korrelation von Basis- und Veränderungswerten der sIgA-Sekretionsrate mit Persönlichkeitsfaktoren und Indikatoren für Coping-Verhalten (Studie III und IV)

6.1 Der Einfluß längerfristiger Belastung durch Nachtarbeit auf die sIgA - Sekretionsrate

Zahlreiche Studien haben aufgezeigt, daß der Organismus durch Nachtarbeit beeinträchtigt werden kann. Gründe für diese Beeinträchtigung können die Arbeit in der Nacht selbst oder der schlechtere, meist flachere Schlaf am Tage sein. Im Bereich der Arbeitsmedizin ist der Aspekt der Nacht- und Schichtarbeit im Hinblick auf ergonomische Aspekte sowie solche der Unfallverhütung etc. intensiv bearbeitet worden.

Die Beobachtung, daß verschiedene Körperfunktionen einer tagesabhängigen (circadianen) Rhythmik unterliegen, ist schon sehr alt, und bereits vor über 100 Jahren, im Jahr 1887, beschäftigte sich der italienische Physiologe Ugolino Mosso mit der Frage, ob der bekannte Tagesrhythmus der Körpertemperatur durch Arbeit in der Nacht geändert würde. Da er dies in Eigenversuchen in der Tat beobachtete, beschrieb er als das Wesen dieser "endogenen Rhythmen" die Rigidität und die Plastizität (Mosso, 1887). Mittlerweile liegen sehr viele Forschungsergebnisse zur Rhythmizität psychophysiologischer Parameter vor, die psychologische (Aufmerksamkeit, Müdigkeit, Leistung, Fehleranfälligkeit etc.), viele hormonelle (Steroidhormone, Peptidhormone, Katecholamine u.a.), physiologische (Körperkerntemperatur, Herzrate, Atemvolumen, Urinausscheidung, Muskeltonus u.a.) und in letzter Zeit vermehrt immunologische Rhythmen umfassen. Die Charakteristik dieser Rhythmen soll hier nicht im Vordergrund stehen. Vielmehr soll die exogen induzierte *Veränderung* bestimmter Rhythmen als längerfristiger Stressor aufgefaßt werden.

Ein Stressor, der nachgewiesen zu Veränderungen der circadianen Rhythmik verschiedener Parameter führt, ist die Schichtarbeit. Neben diesem direkten Einfluß kann Schichtarbeit jedoch auch eine Fülle von indirekten Schwierigkeiten verursachen, die die Bereiche Arbeitssicherheit, Gesundheitsrisiken, Schlafstörungen, Beeinträchtigungen sozialer Kontakte, Sexualstörungen und anderes umfassen (Akerstedt & Torsvall, 1978; Colligan, Smith, Hurrell & Tasto, 1979; Kogi, 1971; Koller, Kundi & Cervinka, 1978; Reinberg, Vieux, Ghata, Chaumont & Laporte, 1978; Rutenfranz, Colquhoun, Knauth & Gatha, 1977;

Szewczuk & Wade, 1983; Waksman, 1983; Wira, Sullivan & Sandoe, 1983). Die Tatsache, daß Untersuchungen an Schichtarbeitern z.T. sehr unterschiedliche Ergebnisse aufweisen, liegt darin begründet, daß sich Studien an Schichtarbeitern mit verschiedenen Schwierigkeiten verbinden. Zunächst einmal ist festzuhalten, daß die meisten Arbeiten als Feldstudie zu bezeichnen sind, denen fast immer selektive Stichproben zugrunde liegen. Ergebnisse dieser Studien sind daher nur eingeschränkt auf größere Populationen zu beziehen, weil diejenigen, die Schichtarbeit nicht verkraften können, bereits andere Arbeitszeiten aufgesucht oder den Beruf gewechselt haben. Insofern ist es nicht verwunderlich, daß schon sehr früh durchgeführte Studien keine Unterschiede im Gesundheitsstatus zwischen Nachtarbeitern und Tagarbeitern aufzeigen konnten (Wade, 1955). Unter Einbeziehung der "Drop-Out" Gruppe als Vergleichsgruppe wurden zwar Unterschiede im Gesundheitsstatus aufgezeigt (Koller, Kundi & Cervinka, 1978) , die Ergebnisse sind jedoch nicht homogen (Taylor, Pockock & Sergean, 1972). Laborstudien geben zwar vielfach genauere Ergebnisse zur Veränderung von Rhythmen, sind jedoch meistens auf die Untersuchung an gesunden Probanden reduziert, was ebenfalls eine Übertragbarkeit erschwert und insbesondere in Hinblick auf die individuell gewählten Ausgleichsmechanismen (Schlaf, Sport, soziale Aktivitäten) keine Aussagen über Schicht*arbeit* zuläßt. Andere Schwierigkeiten, wie die Vergleichbarkeit verschiedener Schichtrhythmen, kulturelle Unterschiede, Alter der Arbeitnehmer und andere Variablen, erschweren ebenfalls eine klare Aussage über den Einfluß von Schichtarbeit auf den Gesundheitsstatus des Arbeitnehmers.

Um die Komplexität der Zusammenhänge darzustellen, erarbeitete die Gruppe um Kundi ein Modell, welches die multiplen Zusammenhänge von Variablengruppen verdeutlicht.

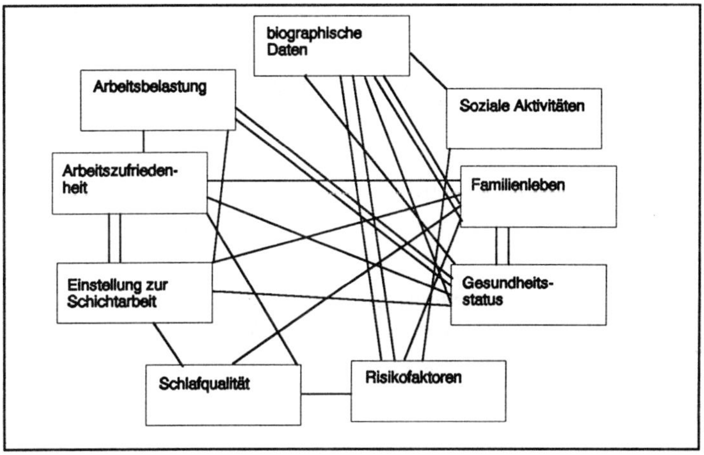

Abbildung 6.1: Darstellung kanonischer Korrelationen zwischen neun Variablengruppen (Kundi, Koller, Cervinka & Haider, 1979).

Neuere Arbeiten konzentrieren sich vermehrt auf die Messung endokriner Rhythmen und deren Veränderungen durch Schichtarbeit als biochemischer Indikatoren für die Intoleranz von Schichtarbeit. In diesem Zusammenhang hat sich Cortisol im Speichel als sehr brauchbarer Parameter erwiesen, weil es zum einen einer sehr deutlichen circadianen Rhythmik unterliegt und zum anderen problemlos auch in Feldstudien einzusetzen ist. In einer Arbeit, in der Klinikpersonal im Schichtdienst untersucht wurde, zeigte sich beim Vergleich Tagdienst, Abenddienst und Nachtdienst, daß nach Abschluß des Nachtdienstes die Cortisolkonzentrationen signifikant niedriger waren als bei den anderen beiden Schichtdiensten, während sich für die Herzrate, den Blutdruck und die Körperkerntemperatur keine Unterschiede ergaben (Fujiwara, 1992). Die Autoren weisen darauf hin, daß schon nach *einer* Nacht mit Dienst der physiologische Verlauf der Cortisolkonzentrationen verändert ist.

In einer anderen Studie konnte gezeigt werden, daß bei schnell wechselnden Schichtzyklen (3-4 Tage) der Cortisolrhythmus der Nacht ebenfalls verändert ist. Es liegen zwar keine Hinweise auf eine Phasenverschiebung vor, die Amplitude ist jedoch verringert, und eine erhöhte Konzentration des Hormons trat um Mitternacht auf (Touitou, Motohashi, Reinberg, Touitou, Bourdeleau & Bogdan, 1990). Eine andere Gruppe wies nach, daß nach Absolvierung einer Nachtschicht über 7 aufeinander folgende Nächte ebenfalls eine "interne Desynchronisation" des Cortisolrhythmus auftritt. Beobachtet wurde ein abnormer Gipfel um 21.00 Uhr bei Personen, die Schichtarbeit schlecht tolerieren können (Motohashi, 1992). Die Arbeit schließt mit der Aufforderung, die klinische Relevanz dieser Hormonveränderungen in zukünftigen Arbeiten näher zu untersuchen.

Zusammengefaßt liegen deutliche Hinweise auf eine Veränderung der ciracdianen Rhythmik von Cortisol vor, die jedoch bislang nicht mit Veränderungen der Immunkompetenz in Verbindung gebracht wurden.

Schichtarbeit als "Stressor" für Veränderungen der sIgA-Sekretionsrate zu wählen, gründet sich auf folgende Überlegungen:

1. Schichtarbeit verändert physiologische (z.B. Kerntemperatur) und biochemische (z.B. Cortisol) Parameter in Hinblick auf länger andauernde Auslenkungen der circadianen Rhythmik (objektiver Streßaspekt).

2. Schichtarbeiter tolerieren Schichtarbeit in sehr unterschiedlichem Maße, was sich in einer hohen interindividuellen Varianz subjektiver Belastungsindikatoren wie Einschätzungen der Belastung widerspiegelt (subjektiver Streßaspekt).

3. Schichtarbeit präsentiert sich als langfristiger Stressor, der während der Erhebungsphase (z.B. in der Nacht) eine homogenere und somit besser kontrollierbare Situation für die Untersuchungsteilnehmer darstellt, als dies bei anderen längerfristigen Belastungssituationen im Feld (z.B. Examenssituationen) der Fall ist. Eine Untersuchung dieser Art erlaubt die Durchführung mehrerer Messungen.

4. Schichtarbeit ist mit einem erhöhten Erkrankungsrisiko verbunden. Es zeigte sich darüber hinaus, daß Arbeiter im Schichtdienst erhöhte Fehlzeiten aufgrund von Erkältungskrankheiten und Tonsilitis aufwiesen und eine längere Genesungszeit erforderlich war (Kogi, 1971). Insbesondere diese Beobachtung läßt auf veränderte sIgA-Konzentrationen nach Abschluß eines Schichtzyklus schließen.

Die für die folgende Untersuchung im Vordergrund stehenden Fragen lauten:

1. Zeigen sich Veränderungen in der sIgA-Sekretionsrate im Verlauf eines einzelnen Nachtdienstes und über einen Schichtzyklus von Nachtdiensten ?

2. Lassen sich Veränderungen in der sIgA-Sekretionsrate in Beziehung setzen mit

   - erlebter Belastung ?
   - Veränderungen in Speichelcortisol ?

6.1.1 Methodik

6.1.1.1. Ablauf der Untersuchung

Die Untersuchung wurde am Pflegepersonal (Krankenschwestern und Krankenpflegern) auf einer herzchirurgischen Intensivstation der Kerckhoff-Klinik in Bad Nauheim durchgeführt. Der Grund für diese Stichprobenauswahl ist, daß nach Angaben des Personals der Arbeitsaufwand im Nachtdienst absolut vergleichbar mit dem im Tagesdienst ist.

Insgesamt 18 Beschäftigte im Krankenpflegedienst, 7 Männer und 11 Frauen, erklärten sich bereit, an der Studie teilzunehmen. Alle Untersuchungsteilnehmer waren gesund und zwischen 20 und 40 Jahren alt, wobei der Durchschnitt bei 28,7 Jahren lag. Der Schichtzyklus des Personals gestaltet sich derart, daß nach 7 Tagen Nachtdienst fünf freie Tage folgten und danach ein 7-tägiger Tagdienst absolviert wurde. Tabelle 6.1 gibt den Schichtzyklus wieder.

Tabelle 6.1 *Schichtzyklus der untersuchten Stichprobe von Krankenpflegepersonal in einer herzchirurgischen Intensivstation (F=Frühdienst, N=Nachtdienst, # =dienstfrei, S=Spätdienst; der untersuchte Zeitraum ist schattiert dargestellt)*

1. Woche							2.Woche						
Mo	Di	Mi	Do	Fr	Sa	So	Mo	Di	Mi	Do	Fr	Sa	So
F	F	N	N	N	N	N	N	N	#	#	#	#	#
3.Woche							4.Woche						
Mo	Di	Mi	Do	Fr	Sa	So	Mo	Di	Mi	Do	Fr	Sa	So
S	S	S	S	S	S	S	#	#	F	F	F	#	#

Der Nachtdienst beginnt um 20.15 Uhr und endet um 6.45 Uhr.

Aus organisatorischen Gründen war es nicht möglich, den gesamten 7-tägigen Nachtdienst miteinzubeziehen, so daß die Untersuchungsteilnehmer aufgefordert waren, in den ersten 5 Nächten zu je 4 Zeitpunkten (21.00 Uhr, 0.00 Uhr, 3.00 Uhr und 6.00 Uhr) Fragebögen zur situativen Befindlichkeit auszufüllen und in den Nächten 1,3 und 5 zusätzlich zu diesen Zeitpunkten Speichelproben mittels der Sarstedt-Salivette abzugeben. Nach Abschluß der jeweiligen Nächte füllten die Untesuchungsteilnehmer visuelle Analogskalen ohne Ziffernangabe auf einer Länge von zehn Zentimetern pro Item mit den Extremen "gar nicht" und "extrem stark" (itembezogen) aus. Die Auswahl der erfaßten Dimensionen ergab sich aus Vorbefragungen des Personals:

Ausmaß der:

- Belastung,
- Aufregung,
- Spannung,
- Müdigkeit,
- erlebten Dauer des Dienstes,
- Produktivität und
- Isolation versus Kollegialität

Die Speichelproben wurden unmittelbar nach der Abgabe eingefroren und später auf Speichelcortisol und sIgA-Konzentration ausgewertet.

6.1.1.2 Verfahren zur Bestimmung von Cortisol im Speichel

Cortisol im Speichel wurde mittels eines handelsüblichen Radioimmunoassays bestimmt. Zunächst wurden die Speichelproben aufgetaut und für 5 Minuten bei 2000g zentrifugiert. Der somit gewonnene klare Unterstand stand zur weiteren Analyse zur Verfügung, während der trockene Watteträger verworfen wurde. Die Ermittlung des Speichelvolumen geschah mittels einer Präzisionswaage von Mettler auf 1/10 ml genau. Da das Personal gebeten wurde, für exakt fünf Minuten unter Verwendung einer vorher ausgegebenen Stoppuhr Speichel zu sammeln, konnte in Abhängigkeit von dieser Zeitspanne und dem gemessenen Speichelvolumen die Speichelflußrate (ml/min) bestimmt werden.

Je 100μl Speichel wurden im Zuge von Doppelbestimmungen mit jeweils 100μl Cortisol Antikörper (CibaCorning, Gießen) und 50μl J^{125}- Tracer für insgesamt 3.5 Stunden bei Raumtemperatur inkubiert.

Die Reagenzien zur Ermittlung der Standardkurve, die CibaCorning ebenfalls führt, wurden 1/10 verdünnt, um den zu erwartenden Konzentrationsbereich des Steroidhormons im Speichel bestmöglich abzudecken.

Nach Abschluß der Inkubationszeit wurden die Proben auf einen Magnetseparator gestellt, der die paramagnetisch gebundenen Antikörper (MagicCortisol-Prinzip, CibaCorning) im Reagenz festhält, während die flüssige, d.h. nicht gebundene Phase dekantiert wird. Nach dem ersten Dekantierschritt wurden die Reagenzröhrchen mit einem ml destilliertem Wasser gewaschen und erneut dekantiert. Anschließend wurden die Proben auf einem Gamma-Counter der Fa. Beckmann im Institut für Nuklearmedizin (Prof. Dr. Dr. Bauer) des Fachbereichs Humanmedizin der Universität Gießen für eine Minute ausgewertet.

Die Konzentrationen von sIgA und die sIgA-Sekretionsrate wurden unter Verwendung der in Kapitel 5 dargestellten Methode bestimmt.

6.1.1.3 Statistische Auswertungsmethoden

Zur Prüfung der Verlaufscharakteristik und geschlechtsspezifischer Gruppenunterschiede wurden Varianzanalysen für Meßwiederholungen gerechnet (Voraussetzungen und Prüfung siehe Kapitel 4). Ferner wurden Korrelationen für die Erfassung von Zusammenhängen zwischen emotionaler Befindlichkeit und sIgA-Sekretionsraten durchgeführt.

6.1.2 Ergebnisse und Diskussion

Nach der biochemischen Auswertung von Cortisol und sIgA wurden Verlaufsdaten erstellt, die in Abbildung 6.2 wiedergegeben sind. Die Ergebnisse stellen Mittelwerte und Standardabweichungen der Parameter, getrennt nach Geschlecht und für die Nächte 1, 3 und 5 zu den Uhrzeiten 21.00, 0.00, 3.00 und 6.00 dar.

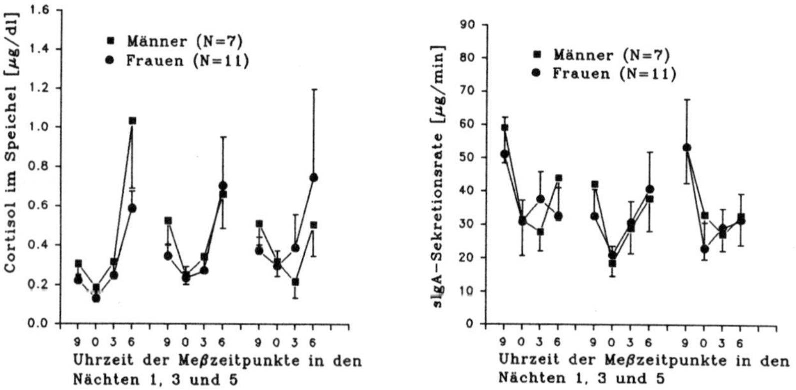

Abbildung 6.2: *Mittelwerte und Standardabweichungen von Cortisol im Speichel und der sIgA-Sekretionsrate in den Nächten 1,3 und 5 und den Zeitpunkten 21.00, 0.00, 3.00 und 6.00 (Meßwiederholungsfaktor für Cortisol: p<.01, sIgA: n.s., Gruppenunterschiede sowie Interaktion: n.s.)*

Abbildung 6.2 verdeutlicht, daß bezogen auf Cortisol im Speichel die starke circadiane Rhythmik über alle Nächte aufrechterhalten bleibt. Dieser Verlauf erreicht in den Varianzanalysen in allen Nächten als Zeiteffekt statistische Signifikanz auf dem 1%-Niveau.

Bedenkt man die publizierten Befunde, daß Cortisol im Speichel in geeigneter Weise Stresserleben reflektiert, kommen zwei Möglichkeiten der Interpretation in Betracht. Auf der einen Seite ist es möglich, daß der Nachtdienst nicht als belastend erlebt wird, auf der anderen Seite ist es aber auch denkbar, daß der starre circadiane Rhythmus geringfügige, streßinduzierte Auslenkungen überlagert. Fest steht, daß auch keine Geschlechtsunterschiede aufgezeigt werden können.

SIgA zeigt ebenfalls systematische Schwankungen innerhalb der Nächte, im Gegensatz zu Cortisol kann aber keine Signifikanz ermittelt werden. Ausgehend von einer relativ hohen Sekretionsrate um 21 Uhr fallen die Werte sichtbar ab. Dies steht zunächst im Widerspruch zu den publizierten Ergebnissen, daß nachts die sIgA - Konzentrationen erhöht sein sollen (Passali, Bellussi & Lauriello, 1990).

Es ist allerdings zu bedenken, daß sich diese Publikation auf "ungestörte" Nächte bezieht und nicht auf solche, in denen gearbeitet wird.

Die Darstellung der emotionalen Befindlichkeit insbesondere der *Aktiviertheit* oder komplementär der *Müdigkeit* gibt den zu erwartenden Verlauf wieder. Es muß jedoch einschränkend hinzugefügt werden, daß in dieser Stichprobe der "Tiefpunkt" nicht um 3.00 Uhr liegt, sondern, wie Abbildung 6.3 darstellt, bis zum frühen Morgen um 6.00 Uhr die Aktiviertheit abnimmt und die Müdigkeit zunimmt.

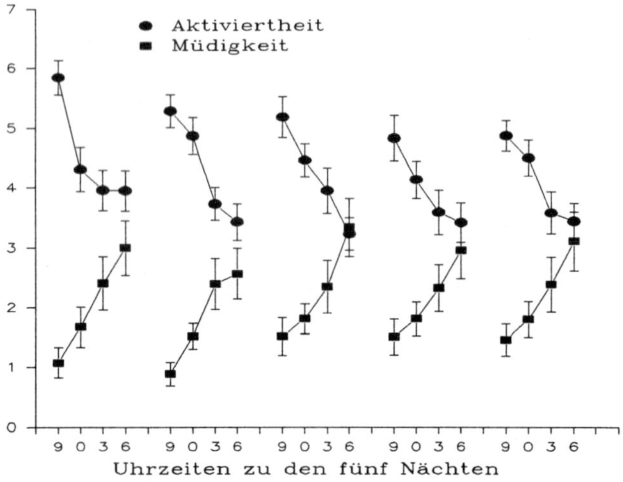

Abbildung 6.3 *Darstellung der Mittelwerte und Standardfehler für die Gesamtgruppe bezogen auf die Dimensionen Aktiviertheit und Müdigkeit zu allen Nächten bezogen je Uhrzeit.*

Zur Ermittlung von Zusammenhängen zwischen emotionaler Befindlichkeit und sIgA-Sekretionsraten wurden bezogen auf die vom Personal selbst angegebenen relevanten Dimensionen (s.o.) Korrelationen für die Nächte 3 und 5 berechnet. In Nacht 1 traten keine signifikanten Zusammenhänge auf. Die Ergebnisse der Korrelationen sind in Tabelle 6.2 dargestellt.

Tabelle 6.2: Korrelationen zwischen Einschätzungen subjektiver Befindlichkeit und sIgA-Sekretionsraten getrennt für Nacht 3 und 5 (Dargestellt sind nur Korrelationen mit einer Signifikanz von p <. 05)

sIgA-Sekretionsrate	3.Nacht Uhrzeit				5.Nacht Uhrzeit			
Subj. Einschätzung	9	0	3	6	9	0	3	6
3. Nacht								
Müdigkeit	-.49							
Spannung		-.48	-.50	-.50				
erlebte Dauer		-.49						
5. Nacht								
Müdigkeit								-.53
Aufregung								.55

Die Tabelle 6.2 zeigt, daß insbesondere in der dritten Nacht hohe negative Korrelationen zwischen sIgA-Sekretionsrate und Müdigkeit, sowie anderen, desaktivierungsnahen Konstrukten, wie die subjektive Einschätzung der Dauer des Dienstes zu erkennen sind. In der letzten Nacht wird noch deutlicher, daß die sIgA-Sekretionsrate positiv mit Aufregung (Aktiviertheit) und negativ mit Müdigkeit (Desaktiviertheit) assoziiert ist. Wenn man davon ausgeht, daß Müdigkeit oder das Gefühl, daß ein Nachtdienst nicht "enden" will, sicherlich als Streß empfunden wird, gibt auch diese Studie Hinweise auf eine Streßresponsivität von sIgA. Die positive Korrelation mit "Aufregung" paßt in diesen Zusammenhang, da Aufregung als Abwechselung und somit als Unterbrechung von Müdigkeit erlebt wird.

Im Gegensatz zu diesen Befunden zeigen sich keine signifikanten Zusammenhänge zwischen Cortisolkonzentrationen und subjektiver Befindlichkeit. Desweiteren sind keine signifikanten Zusammenhänge zwischen Cortisolkonzentrationen und sIgA-Sekretionsraten nachweisbar.

Dieser Befund belegt, daß hohe sIgA - Sekretionsraten mit Aktivierung verbunden sind, während Desaktiviertheit mit niedrigeren Werten einhergeht.

Schließlich sollte geprüft werden, zu welchem Zeitpunkt der Nachtdienst als besonders belastend erlebt wird. Die folgende Abbildung zeigt die Mittelwertsvergleiche für alle Nächte, wobei erwähnt werden muß, daß es sich um das Mittel aller Einzelmeßzeitpunkte handelt. Die berechnete Varianzanalyse mit Meßwiederholung in Verbindung mit einem post-hoc Test (Scheffé) weist den Wert zur dritten Nacht als signifikant höher verglichen mit der ersten oder letzten Nacht aus.

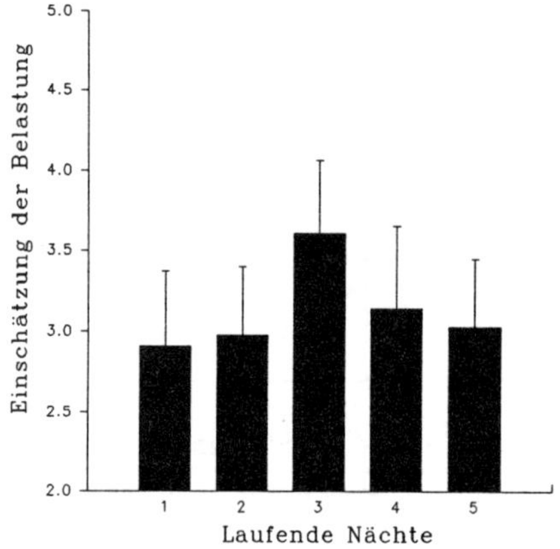

Abbildung 6.4 *Einschätzung der Belastung (Mittelwert und Standardabweichung)*

Wenn die sIgA-Sekretionsrate ein Marker für Belastung ist, dann wäre zu erwarten, daß die Konzentrationen in der dritten Nacht besonders gering ausfallen. In der folgenden Abbildung sind die gemittelten sIgA-Sekretionsraten für die Nächte 1, 3 und 5 dargestellt.

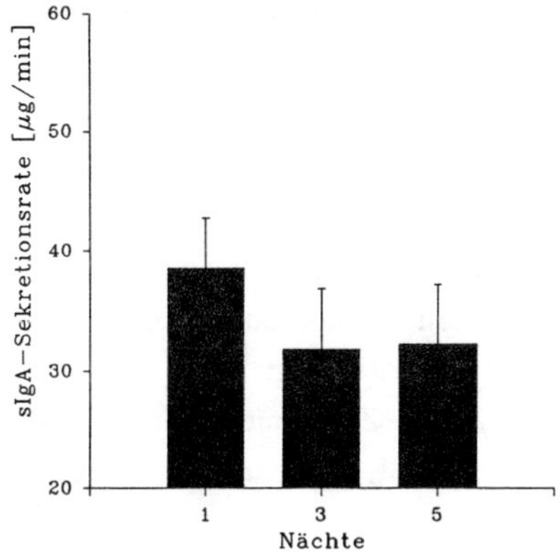

Abbildung 6.5 *sIgA-Sekretionsraten in den Nächten 1, 3 und 5 (F=.42, df=2, p = n.s.)*

Wenngleich der Verlauf auch den Erwartungen entspricht, weist die Berechnung der Varianzanalysen mit Meßwiederholung weder einen Verlaufseffekt noch einen Geschlechtseffekt oder eine signifikante Interaktion auf. Dies ist in erster Linie mit den relativ hohen Streuungen zu erklären. Ein isolierter t-Test zeigt, daß die sIgA-Sekretionsrate in der dritten Nacht verglichen mit der ersten bei p=.06 tendenzweise signifikant niedriger ausfällt.

6.1.3 Zusammenfassung der Befunde

Die Ergebnisse der Studie belegen, daß fortgesetzter Nachtdienst zu den aus der Arbeitsmedizin beschriebenen Anpassungsschwierigkeiten führt, die in dieser Studie, indiziert durch das Ausmaß der Belastung, offensichtlich in der dritten Nacht am ausgeprägtesten sind. Erwartungsgemäß zeigen Aktiviertheit und Müdigkeit einen inversen Verlauf, wobei die Minima/Maxima nicht nachts um drei Uhr vorgefunden wurden (ein Zeitpunkt, bei dem zumindest in Hinblick auf Leistungsaspekte ein Tiefpunkt erwartet werden könnte), sondern morgens um 6.00 Uhr. Geht man davon aus, daß - was auch mündliche Nachbefragungen bestätigendie *Arbeits*belastung in allen Nächten gleich ist, ist zu erwarten, daß die psychische Belastung in erster Linie durch Müdigkeit und Anpassungsschwierigkeiten vermittelt wird. Das Ausmaß der Belastung ist dementsprechend kongruent in der dritten Nacht am höchsten.

Parallel finden wir - wenn auch nur tendenzweise signifikant - besonders niedrige sIgA-Sekretionsraten in der dritten Nacht. Dieser Befund ist jedoch nach Berechnung von Korrelationen nur indirekt mit den Einschätzungen der Belastung assoziiert. Die sIgA-Sekretionrate zeigt nach den Ergebnissen dieser Studie offensichtlich einen engeren Zusammenhang mit dem Ausmaß erlebter Aktivierung bzw. Desaktiviertheit. Somit scheint sIgA eher unspezifische Aspekte des Befindens zu reflektieren.

6.2 Der Einfluß kurzfristiger psychischer Belastung auf die sIgA-Sekretionsratenveränderung

Bislang liegen keine Arbeiten vor, die den Einfluß kurzfristiger mentaler Belastung auf die sIgA-Sekretionsrate zum Untersuchungsgegenstand hatten. Somit ist auch nicht bekannt, ab welchem Zeitpunkt nach Belastung mit Veränderungen der sIgA-Sekretionsrate zu rechnen ist.

In der folgenden Untersuchung ging es um den Versuch, eine spezifische von anderen relativ unabhängige Emotion zu induzieren und deren Einfluß auf die sIgA-Sekretionsrate zu ermitteln. Insbesondere sollte diese Emotion bezugnehmend auf die oben dargestellten Ergebnisse aus der Studie mit Schichtarbeitern, *keine* Konfundierung mit Aktiviertheit vs. Desaktiviertheit aufzeigen und möglichst wenig von dispositionellen Einflüssen (Trait - Aspekten) überlagert sein.

Hierzu ist ein kurzer Exkurs in die Emotionstheorie erforderlich.

Bei der Suche nach spezifischen konfundierungsfreien Emotionen ist evtl. die Definition sogenannter "*fundamentaler Emotionen*" wie von Izard vorgeschlagen hilfreich. Folgende Kriterien werden nach Izard (1991) gennant:

Fundamental emotions

- have distinct and specific neural substrates
- have a distinct and specific configuration of facial movements or facial expressions
- possess a distinct and specific feeling that achieves awareness
- were derived through evolutionary - biological processes
- have organizing and motivational properties that serve adaptive functions

(Izard, 1991)

Diejenigen Emotionen, die diese Kriterien erfüllen, sind: Interesse, Freude, Überraschung, Trauer, Angst, Ekel, Verachtung und Furcht.

Schon im zweiten Drittel dieses Jahrhunderts wurde versucht, Dimensionen der Emotion zu charakterisieren. Die ersten Arbeiten von Woodworth (Woodworth, 1938) hatten die Einschätzung von emotionsgebundenen Gesichtsausdrücken zum Gegenstand. In der Fortführung der Studien zeigte sich, daß sich Emotionen maßgeblich auf den Dimensionen "Angenehm - Unangenehm" und "Akzeptanz - Ablehnung" abbilden lassen. Dies führte zu der bekannten Anordnung der Emotionen, wie sie in Abbildung 6.6 wiedergegeben ist (Schlosberg, 1952).

Abbildung 6.6 *Darstellung zentraler Emotionen auf zwei Dimensionen nach Schlosberg, 1952*

Weitere Untersuchungen kamen zu dem Ergebnis, daß mindestens eine weitere Dimension miteinbezogen werden muß: "Schlaf-Wach", beziehungsweise "Aktiviertheit - Müdigkeit" (Schlosberg, 1954).
Diese Dimensionen erwiesen sich zunächst als reliabel und auch multikulturell valide, später wurde jedoch gezeigt, daß die Faktoren "Aktiviertheit" und "Akzeptanz" interkorreliert sind (Ekman, 1964; Russel, 1980).

Die Emotion Ekel ist jedoch von diesen Konfundierungsproblemen weitgehend unberührt. Sie ist aus entwicklungsphysiologischer Sicht voraussichtlich eine der frühesten Emotionen. Einen sehr deutlichen Emotionsausdruck von Ekel findet man z.B. bei Säuglingen, wenn man ihnen einen Tropfen bitter schmeckender Substanz auf die Zungenspitze träufelt. Das Gesicht wird unmittelbar und charakteristisch verzogen, ein Hinweis auf die starke Unabhängigkeit dieser Emotion von psychologischen Faktoren wie Erfahrung oder kognitiver Bewertung.

Dies wird besonders deutlich durch die Tatsache, daß auch ohne intakten Kortex diese Emotion induziert werden kann, was auf ein neuronales Substrat mit einer Lokalisation im Hirnstamm schließen läßt (Steiner, 1979). Generell ist Ekel stark assoziiert mit Nahrungsaufnahme. Die physiologische Bedeutung des Ekelgefühls ist einerseits die Vermeidung der Aufnahme verdorbener Lebensmittel und andererseits die Abgabe bereits aufgenommener Lebensmittel dieser Art. Interessanterweise verbindet sich der Gesichtsausdruck bei starkem Ekel fast immer mit kurzfristigem Herausstrecken der Zunge, was der Entfernung eben dieser potentiellen Schadstoffe aus dem Mundraum dienen soll. Dieser mechanische Schutzmechanismus kann durchaus um einen biologischen bzw. immunologischen Schutz unterstützt werden. Sekretorisches IgA im Speichel könnte aufgrund seiner Funktion, oral aufgenommene Antigene zu eliminieren, ebenfalls ekelinduzierte Veränderungen aufweisen.

Zusammengefaßt stellt sich Ekel als eine äußerst "reine" Emotion dar, die wenig Gemeinsamkeiten mit anderen anderen Emotionen aufweist (Izard, 1991). Die starke Unabhängigkeit von habitueller Emotionalität, die grundlegende Bedeutung und Funktion des Ekels sowie die ggfs. funktionale Verwandtschaft dieser Emotion mit der des sIgA führte zur Auswahl dieser Emotion, um den Einfluß kurzfristiger *mentaler* Stressoren auf die sIgA-Sekretionsrate zu prüfen.

6.2.1 Methodik

An dieser Studie zur Prüfung der Emotionsspezifität nahmen insgesamt 32 männliche Versuchsteilnehmer im Alter zwischen 20 und 30 Jahren teil. Nach Vorlage eines Gesundheitsfragebogens zur Ermittlung von Ausschlußkriterien wurden die Probanden randomisiert auf die Experimentalgruppe (Ekelinduktion) und die Kontrollgruppe (keine Emotionsinduktion) aufgeteilt. Die Methode der Emotionsinduktion wurde mittels einer Filmdarbietung operationalisiert. Wichtig ist, daß bezogen auf Filmstudien, die Präsentation kompletter Filme in Hinblick auf Emotionsinduktionen problematisch ist, da wohl kaum ein Film von Anfang bis Ende eine spezifische Emotion auszulösen vermag und somit mit Konfundierungen zu rechnen ist. Aus diesem Grund lag für alle Versuchspersonen ein neutraler Film zugrunde ("Grubenpferd und Förderturm"), der die Geschichte des Kohleabbaus im Ruhrgebiet darstellt.

In Abhängigkeit von der Versuchsgruppenzugehörigkeit wurden in diesen Film entweder Szenen eingebaut, die Ekel induzieren sollten, oder andere "neutrale" Filmsequenzen. Dies erfolgte deshalb, weil für *beide* Gruppen ein Wechsel der Szenerie gewährleistet sein sollte. Die eingebundenen Neutralszenen entstammten dem Film "Die Sprache des Hundes" und die eingebundenen Filmszenen zur Induktion von Ekel waren ausgewählte Szenen aus dem Schlöndorff-Film "Die Blechtrommel".

Zu bestimmten Zeitpunkten (siehe Tabelle 6.3) wurden die Probanden aufgefordert, Einschätzungen zur emotionalen Befindlichkeit abzugeben. Die Auswahl der Dimensionen richtete sich zum einen nach den zuvor genannten "fundamentalen Emotionen", zum anderen aber auch nach solchen, die durch die Inhalte des Films (was in einer Vorbefragung an anderen Personen ermittelt wurde) besonders angesprochen werden. Desweiteren wurden Speichelproben mittels der Sarstedt-Salivette zu bestimmten Zeitpunkten abgegeben. Aus dem Speichel wurde dann später sIgA und Cortisol wie oben beschrieben bestimmt. Der genaue Versuchsablauf ist Tabelle 6.3 zu entnehmen.

Tabelle 6.3 Versuchsablauf des Experimentes zur Emotionsinduktion

Zeit	Fragebögen	Speichelprobe	Experimentalgruppe	Kontrollgruppe
14.30	Beginn der Untersuchung			
14.35	1. Fragebogen (Baseline)	1. Speichelprobe (Baseline)		
14.50	Darbietung des Grundfilms (1. Filmsequenz)			
14.55	2. Fragebogen			
15.00			2. Sequenz Blechtrommel	2.Sequenz Kontrollfilm
15.05	3. Fragebogen			
15.10	Darbietung des Grundfilms (3. Filmsequenz)			
15.15	4. Fragebogen			
15.20			4. Sequenz Blechtrommel	4.Sequenz Kontrollfilm
15.25	5.Fragebogen	2. Speichelprobe		
15.30	Darbietung des Grundfilms (5. Filmsequenz)			
15.35	6. Fragebogen			
15.40			6.Sequenz Blechtrommel	6.Sequenz Kontrollfilm
15.45	7.Fragebogen			
15.50	Darbietung des Grundfilms (7. Filmsequenz)			
15.55	8. Fragebogen			
16.00			8. Sequenz Blechtrommel	8.Sequenz Kontrollfilm
16.05	9. Fragebogen	3. Speichelprobe		

Die Daten wurden ausgewertet als Kovarianzanalyse mit Meßwiederholung, wobei die Kovariate der jeweilige Ausgangswert (1. Fragebogen und 1

Speichelprobe), der Meßwiederholungsfaktor die Zeitpunkte (Szene 1-4 sowie 5-8 für Cortisol und sIgA, alle weiteren Messungen für Fragebogendaten) und der Gruppenfaktor die Induktion von Ekel vs. die Kontrolle repräsentieren.

6.2.2 Ergebnisse und Diskussion

Zunächst ist festzuhalten, daß nach Auswertung der Fragebögen zur emotionalen Befindlichkeit ein klarer Hinweis auf die Induktion der isolierten Emotion "Ekel" gegeben ist.

Wenn sich im Hinblick auf das Wechseln von Neutralszenen zu ekel-induzierenden Szenen Unterschiede ergeben, so würden diese in der Interaktion zwischen Gruppenzugehörigkeit und Zeitverlauf (experimentelle Anordnung) zu lokalisieren sein.

Die folgende Tabelle 6.4 gibt für die erfragten Emotionen die jeweiligen F-Werte und Freiheitsgrade der Kovarianzanalysen für den Zeitfaktor sowie dessen Interaktion mit dem Gruppenfaktor und das jeweilige Signifikanzniveau an.

Aus Tabelle 6.4 ist ersichtlich, daß die Induktion *einer* spezifischen Emotion nicht gelungen ist. Die Einschätzung der Emotion "Ekel" ist zwar von allen Gruppenunterschieden der deutlichste, aber auch "Langeweile", "unspezifische Erregung", "Angst" sowie "sexuelle Erregung" unterscheiden sich zwischen den Gruppen.

Tabelle 6.4: Ergebnisse aus Varianzanalysen mit Meßwiederholung für die untersuchten Emotionen

Emotion	F-Wert	Freiheitsgrade	p
Angst			
Gruppe	0.79	1	n.s.
Zeit	1.10	8	<.01
Gruppe x Zeit	2.44	8	<.001
Langeweile			
Gruppe	6.58	1	<.01
Zeit	11.95	8	<.001
Gruppe x Zeit	2.15	8	<.05
Erregung			
Gruppe	.31	1	n.s.
Zeit	5.73	8	<.001
Gruppe x Zeit	8.03	8	<.001
Ärger			
Gruppe	1.13	1	n.s.
Zeit	1.18	8	n.s.
Gruppe x Zeit	1.38	8	n.s.
Wut			
Gruppe	.09	1	n.s.
Zeit	1.78	8	n.s.
Gruppe x Zeit	1.47	8	n.s.
Sexuelle Erregung			
Gruppe	.92	1	n.s.
Zeit	8.08	8	<.001
Gruppe x Zeit	6.04	8	<.001
Ekel			
Gruppe	102.56	1	<.0001
Zeit	17.91	8	<.0001
Gruppe x Zeit	21.03	8	<.0001

Die Richtung der Veränderungen in Abhängigkeit von den Versuchsgruppen gibt Abbildung 6.7 wieder. Dargestellt sind Mittelwerte und Standardfehler der jeweiligen signifikanten Emotionen bezogen auf den Ablauf *aller* Filmsequenzen.

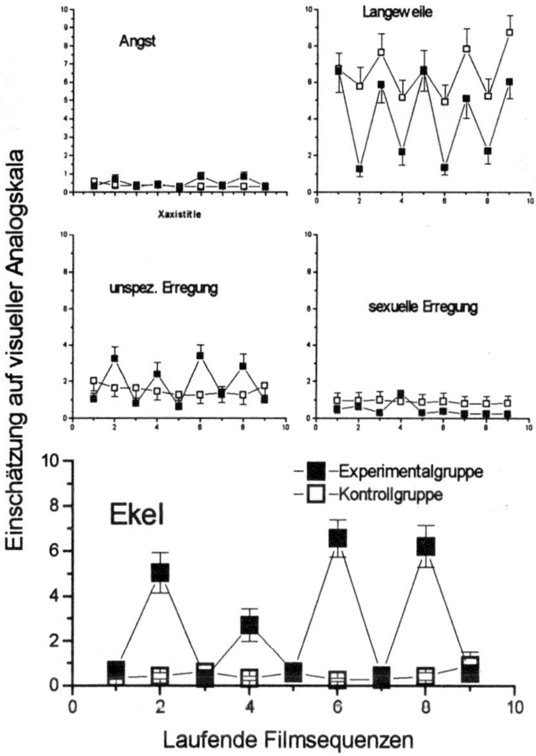

Abbildung 6.7 *Darstellung von Mittelwerten und Standardfehlern der signifikant veränderten Emotionen nach Präsentation ekelinduzierender Filmsequenzen*

Bezüglich der sIgA-Sekretionsrate und des Speichelcortisols ergeben sich die in Abbildung 6.8 dargestellten Ergebnisse.

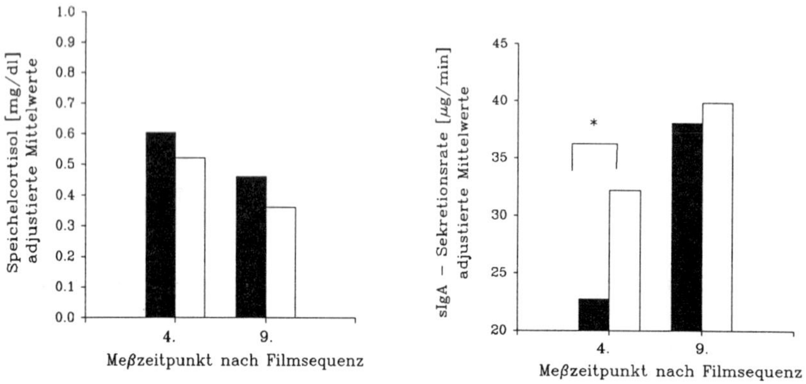

Abbildung 6.8 *Veränderungen im Speichelcortisol und in der sIgA-Sekretionsrate in Abhängigkeit von den Versuchsgruppen. Der ausgefüllte Balken repräsentiert die um die Kovariate (Baseline) adjustierten Mittelwerte der Experimentalgruppe; die nicht ausgefüllten Balken die der Kontrollgruppe*

Aus Abbildung 6.8 ist ersichtlich, daß die sIgA-Sekretionsrate nach der zweiten, ekelinduzierenden Filmdarbietung signifikant ($p<.05$) niedriger als diejenige der Kontrollgruppe ausfällt. Dieser Effekt ist jedoch nur von kurzer Dauer, da bereits im Anschluß an die letzte Filmsequenz die Werte ihr Ausgangsniveau erreicht haben. Im Gegensatz zu den sIgA-Befunden verändern sich die Speichelcortisolkonzentrationen nicht in Abhängigkeit von den Untersuchungsgruppen, sondern reflektieren den zu erwartenden Verlauf der circadianen Rhythmik.

Der kurzfristige Abfall der sIgA-Konzentrationen ist schlecht erklärbar durch die Ekelempfindung. Sollte dies nämlich so sein, wäre zu erwarten, daß auch nach der letzten Sequenz verminderte Konzentrationen beobachtbar sind. Auf der anderen Seite könnte durchaus eine Habituation eingetreten sein.

An dieser Stelle drängt sich die Spezifitätsfrage auf. Da es in dieser Studie nicht gelungen ist, *nur* Ekel zu induzieren, wird im folgenden dargestellt, mit welchen *Veränderungen* der emotionalen Befindlichkeit die *Veränderungen* der sIgA - Sekretionsrate korreliert sind. Tabelle 6.5 gibt die entsprechenden Korrelationen und deren Signifikanz wieder und bezieht sich auf die obengenannten Gruppenunterschiede in Einschätzungen der Befindlichkeit.

Tabelle 6.5 Korrelationen zwischen Veränderungenswerten (Mittelwert aller Werte nach Filmexposition abzüglich der Ausgangswerte) der emotionalen Befindlichkeit und korrespondierenden Veränderungen der sIgA-Sekretionsrate getrennt nach den Versuchsgruppen

	Kontrollgruppe (N=16)		Experimentalgruppe (N=16)	
Veränderungsmaß	Korrelation	p	Korrelation	p
Angst	-.056	.836	-.068	.800
Ekel	.044	.870	-.473	.064
Langeweile	-.088	.745	-.329	.213
Erregtheit	-.039	.886	.308	.244
Sexuelle Erregung	.401	.123	.474	.064

Tabelle 6.5 belegt, daß keine der in Tabelle 6.4 aufgezeigten Gruppenunterschiede in emotionaler Befindlichkeit direkt für Veränderungen der sIgA Sekretionsrate verantwortlich gemacht werden können. Zwar zeigt sich, daß eine Zunahme in der Ekelempfindung mit einer Abnahme in der sIgA-Sekretionsrate einhergeht, dieser Effekt verfehlt jedoch knapp das statistische Signifikanzkriterium von .05. Gleiches, wenn auch in anderer Richtung, gilt für sexuelle Erregung: Zunahmen in der sexuellen Erregung verbinden sich mit Zunahmen in der sIgA-Sekretionsrate. Aber auch hier wird die Signifikanz knapp verfehlt.

Zusammengefaßt gibt diese Studie Hinweise, daß kurzfristiger emotionaler Streß ohne merkliche physiologische Veränderungen bereits nach wenigen Minuten zu Abnahmen in der sIgA-Sekretionsrate führt, wobei die Frage nach vermittelnden Mechanismen bislang nicht beantwortet werden kann.

Bezugnehmend auf die Tatsache, daß unter experimenteller Variation psychologischer Streßkonzepte, wie dem der Kontrollierbarkeit deutliche Unterschiede in der Responsivität des Organismus aufgezeigt werden konnten, soll der Frage nach vermittelnden Faktoren im folgenden unter Berücksichtigung dieses Konstrukts weiter nachgegangen werden.

6.3 Die Spezifität von streßinduzierten Veränderungen der sIgA-Sekretionsrate unter Einbeziehung des Konstrukts der Kontrollierbarkeit

Verschiedene Arbeiten weisen darauf hin, daß neuroendokrine und immunologische Veränderungen nach Streßerleben entscheidend abhängig sind von den Reaktionsmöglichkeiten, die dem Organismus zu Verfügung stehen oder zur Verfügung stehen könnten. Während es sich bei dem ersten Aspekt eher um die Frage nach Bewältigungsmechanismen (Coping) handelt, spricht der zweite Komplex die Frage nach der Perzeption von Bewältigungsmöglichkeiten an, die stark abhängen von Faktoren, wie der Kontrollierbarkeit von Stressoren. Auf den Bereich des Copingverhaltens wird später noch ausführlich eingegangen.

Die Kontrollierbarkeit einer als aversiv erlebten Situation ist von entscheidender Bedeutung für die Auslösung psychophysiologischer Reaktionen, was besonders an den frühen und klassischen Arbeiten von Weiss aufgezeigt werden kann, denen sogenannte yoked-control Bedingungen mit folgender Versuchsanordnung zugrunde lagen (Weiss, 1971; Weiss & Goodman Simson, 1984). Während eine Gruppe von Ratten die applizierten Elektroschocks entweder abstellen oder deren Dauer reduzieren konnte, hatte eine zweite Experimentalgruppe keine Kontrolle über den Stressor. Die Tiere befanden sich zwar im gleichen Käfig wie die anderen, ihre Streßintensität hing aber ausschließlich vom Verhalten der anderen Tiere ab (yoked-control). Eine dritte Gruppe erhielt keine Elektroschocks (Kontrollgruppe). Als abhängige Variable wurden Läsionen des Gastrointestinaltraktes ermittelt, und es konnte gezeigt werden, daß diejenigen Tiere, die Kontrolle über den Stressor hatten, zwar, gemessen an der Kontrollgurppe, leichte Läsionen aufzeigten, diejenigen Tiere der Gruppe ohne Kontrolle jedoch mehr und stärkere Läsionen als beide anderen Gruppen aufwiesen.

Zwischenzeitlich liegen viele Befunde zum Einfluß von Kontrollierbarkeit auf psychische (Phillips, 1989), cardiovaskuläre (Öhman & Bohlin, 1989) und endokrine (Danzer, 1989; Koolhaas & Bohus, 1989) Parameter vor, die den Schluß nahelegen:

> *"If a subject attributes the cause or relief to stable, internal factors - such as his own response - he has a reliable predictor that in the future danger will only occur up to the relatively low, minimum amount....."*
> (Miller, 1975).

Diese einleuchtende und relativ simple Vorstellung von der Bedeutung "Kontrolle" täuscht ein wenig in Hinblick auf die Heterogenität verschiedener Konzepte, die "Kontrolle" zum zentralen Gegenstand haben:

- Locus of control
- Self-efficacy
- Stress and coping
- Mastery construct
- Hardiness
- Gelernte Hilflosigkeit
- Attributionstheorien

Aufgrund dieser Vielfalt unterschiedlicher Ansätze kann sehr zutreffend festgehalten werden:

> *"There ist no single construct of control; rather, it has many meanings and is used differently by writers and even by the same writer at different times"*
> (Lazarus & Folkman, 1984).

Es bedarf daher einer kurzen Bestimmung, welcher "Kontrollbegriff" im folgenden zugrunde gelegt wurde.

Im ursprünglichen Sinne ist "Kontrollierbarkeit" nicht als Reaktion, sondern als Kognition zu verstehen. Es geht also nicht darum, ob ein Individuum konkret Kontrolle über eine Situation ausübt (dies wäre Coping-Verhalten !), sondern ob es die *Erwartung und/oder den Glauben* hat, eine Situation ändern zu *können* (Thompson, 1981). Um also eine Konfundierung zwischen Kontrollierbarkeit und Coping-Verhalten zu verhindern, ist es wünschenswert, Situationen zu schaffen, die in Hinblick auf Kontrollierbarkeit variiert werden, die Ausübung von Kontrolle jedoch nicht nötig wird.

Kontrollierbarkeit muß darüber hinaus von *Vorhersagbarkeit* unterschieden werden. Während das Konstrukt der Kontrollierbarkeit eine Beziehung zwischen der Erwartung des Individuums durch sein Handeln, Einfluß auf den Ausgang einer Situation (Verhalten - Situation) ausüben zu können, beinhaltet, stellt das Konstrukt der Vorhersagbarkeit Beziehungen zwischen Situationskomponenten auf, die die *Wahrscheinlichkeit* des Eintretens einer bestimmten Situation entweder steigern oder reduzieren (Situation-Situation) (Seligman, Maier & Solomon, 1971).

An dieser Stelle sollten einige neuroimmunologische und neuroendokrinologische Befunde zum Einfluß von Kontrollierbarkeit einer belastenden Situation aufgezeigt werden, um dann im Zuge einer eigenen Studie der Frage nachzugehen, ob dieser Faktor streßinduzierte sIgA-Veränderungen beeinflußt.

In einem klassischen "Fußschockparadigma" bei Ratten konnte gezeigt werden, daß bei unkontrollierbarem Streß (hier ist unvorhersagbarer Streß gemeint) die Concanavalin A (ConA)-stimulierte Lymphozytenproliferation um 1/3 reduziert war. Dieser Effekt blieb aus, wenn den Tieren vor Applikation des

Schockstimulus ein Warnton dargeboten wurde (Mormede, Dantzer, Michaud, Kelley & Le Moal, 1988). Vergleichbare Befunde liefert eine ähnliche Arbeit, in der ebenfalls mit einem Schockparadigma gearbeitet wurde. Als abhängiges Maß immunologischer Reaktivität wurde hier die ConA und Phytohämagglutinin (PHA) Stimulation von Lymphozyten gewählt, und es zeigte sich, daß nur der unkontrollierbare Stressor zu entsprechenden Reduktionen führte (Laudenslager & et al., 1983).

Auch für den Humanbereich liegen Daten zum Effekt unkontrollierbarer Belastungssituationen auf zelluläre Immunparameter vor. Wenn Lärmeinwirkung nicht unterbrochen werden kann, zeigte sich eine Reduktion der natürlichen Killerzellaktivität bereits 20 Minuten nach Abschluß der Streßeinwirkung, die für 72 Stunden anhielt. Ein Effekt, der bei Kontrollierbarkeit nicht gezeigt werden konnte.

Gleiches gilt für eine Arbeit, in der Versuchspersonen ein schwieriges Puzzle zu lösen und anschließend einem Konförderierten ihre Lösungsstrategie zu erklären hatten. Es wurde Wert darauf gelegt, daß sowohl die Aufgabe selbst, als auch die Erklärung nicht gelingen konnte. Es zeigte sich bei dieser Form der Unkontrollierbarkeit eine Zunahme der Anzahl von Natürlichen Killerzellen und CD8-Suppressor-zytotoxische Zellen im peripheren Blut, während Stimulationsassays keine Veränderungen ergaben (Brosschot et al. 1992).

Da einerseits Veränderungen der sIgA-Sekretionsrate im Hinblick auf die Kontrollierbarkeit von Streß bislang nicht publiziert worden sind und andererseits der isolierte Einfluß der antizipierten Kontrollierbarkeit unabhängig von der operanten Kontrollerfahrung nicht getestet wurde, wurde die im folgenden beschriebene Studie durchgeführt.

6.3.1 Methodik

Zur Operationalisierung der Fragestellung, ob antizipierte Kontrollierbarkeit einen Einfluß auf streßinduzierte Veränderungen der sIgA-Sekretionsrate ausübt, wurde ein einfaches Computerspiel herangezogen. Ziel in diesem Spiel war es, mit einer über die Computertastatur führbare Lichtmarke sog. "Futternäpfe" (FN) zu erreichen und dabei sogenannte "Gifttöpfe" (GT) zur vermeiden. Die Anzahl der erreichten FN dient als Leistungsmaß, das "Berühren" eines GT führt zum Abbruch des Spiels.

Während der Bildschirmaufbau konstant gehalten wird und zu allen Durchgängen 10 FN sowie 10 GT darbietet (Konstanthaltung der Aufgabenkomplexität), steigert sich mit jedem Durchgang für die Experimentalgruppe die Geschwindigkeit der zu führenden Lichtmarke (Variation der Aufgabenschwierigkeit). Zusätzlich wurde zwar den Probanden mitgeteilt, daß sich die Geschwindigkeit je nach Gruppenzugehörigkeit steigert oder konstant bleibt (Vorhersagbarkeit ist somit gegeben), variiert wurde jedoch systematisch die Möglichkeit der Kontrollierbarkeit. Hierfür war je nach Gruppenzugehörigkeit eine weitere Taste der Tastatur aktiviert, mit der man den Ablauf des Spiels anhalten, "verschnaufen" oder gegebenenfalls die Bearbeitungsstrategie erneut überdenken konnte.

Wichtig war nun, die Aufgabe so einfach zu gestalten, daß zwar je nach Gruppenzugehörigkeit Kontrollmöglichkeit gegeben war, diese jedoch nicht zur Anwendung kommen sollte. Wenn nämlich die Kontrollmöglichkeit ausgenutzt wird, handelt es sich nicht mehr um die experimentelle Variation des *Gefühls* von Kontrollierbarkeit, sondern bereits um einen aktiven Bewältigungsmechanismus, der darüber hinaus die Aufgabencharakteristik ändert. Diese Konfundierung sollte vermieden werden, was dadurch angestrebt wurde, daß dem besten Spieler jeder Gruppe eine Prämie i.H.v. 25.- DM in Aussicht gestellt wurde. Der Gewinn wurde ermittelt durch ein Maß aus Spielzeit und Anzahl erreichter FN. Wenn also Gebrauch von einer Stoptaste gemacht wird, nimmt die Spielzeit zu, was sich negativ auf das entscheidende Maß "FN/Zeit" auswirkt und die Gewinnchancen reduziert.

Zusammengefaßt handelt es sich um ein 2-faktorielles Versuchsdesign mit jeweils 2 Faktorstufen wie in Tabelle 6.6 wiedergegeben

Insgesamt 40 gesunde männliche Versuchsteilnehmer wurden randomisiert auf eine der im folgenden dargestellten vier experimentellen Versuchsbedingungen aufgeteilt.

Tabelle 6.6 Versuchsdesign zur Prüfung des Effekts von Kontrollierbarkeit auf streßvermittelte sIgA-Sekretionsratenveränderungen

Stoptaste (Kontrollierbarkeit)	Geschwindigkeit	
	konstant	ansteigend
gegeben	N=10	N=10
nicht gegeben	N=10	N=10

Der Versuch fand nachmittags ab 15.30 Uhr statt und gliederte sich maßgeblich in vier Teile:

1. Ruhephase (ca. 25 Minuten)
2. Übungsphase am Computer, Erlernen der Aufgabe bis zur kompletten Lösung zweier einfacher Aufgaben (ca. 5-10 Minuten)
3. Testphase in unterschiedlichen Versuchsbedingungen, in der insgesamt sechs Durchgänge zu absolvieren sind (ca. 30 Minuten)
4. Ruhephase (ca. 30 Minuten)

Den genauen Ablauf, sowie die erhobenen Maße gibt Abbildung 6.9 wieder.

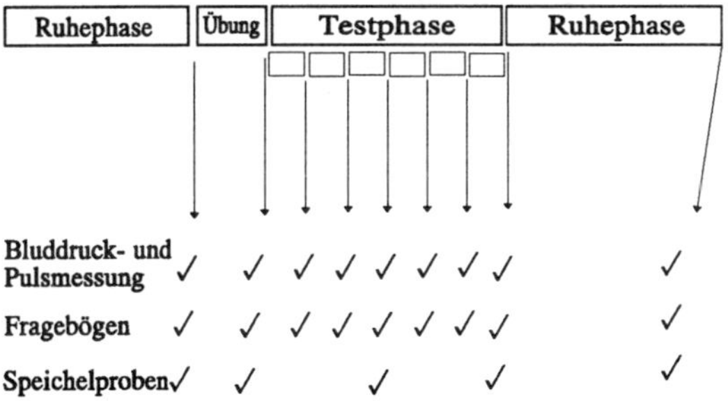

Abbildung 6.9 Untersuchungsdesign zur Erfassung streßinduzierter Veränderungen der sIgA-Sekretionsrate unter experimenteller Variation der Kontrollierbarkeit

Die Blutdruckmessung erfolgte nach der Standard Riva-Rocci Methode mit analogen Blutdruckmeßgeräten, die Fragebögen dienten zur Messung der subjektiven Befindlichkeit und erhielten 32 bezogen auf fundamentale Emotionen und die spezifische Aufgabencharakteristik ausgewählte Items auf einer visuellen Analogskala (s.o.) angeordnet. Die Speichelproben wurden zur Messung von sIgA und Cortisol eingesetzt und wie oben beschrieben analysiert.

Alle Gruppenunterschiede sowie mögliche Interaktionen mit dem Zeitverlauf basieren auf Kovarianzanalysen mit Meßwiederholung. Für alle Berechnungen wurde der Wert unmittelbar nach der Übungsphase als Baseline (Kovariate) einbezogen. In Abhängigkeit vom jeweiligen Maß wurden 2 Meßzeitpunkte (Speichelparameter) oder 6 Meßzeitpunkte (Einschätzung der Befindlichkeit und Blutdruck sowie Leistungsmaße) innerhalb des Meßwiederholungsfaktors berechnet.

6.3.2 Ergebnisse und Diskussion

Die statistische Analyse der Daten ergab, daß die ansteigende Geschwindigkeit durchaus als Belastung erlebt wurde. Dies äußerte sich zum Beispiel in Einschätzungen der Befindlichkeit, die in der folgenden Tabelle wiedergegeben sind.

*Tabelle 6.7 Kovarianzanalytische Ergebnisse zur Einschätzung der Befindlichkeit (dargstellt sind nur Statistiken signifikant veränderter Emotionen) in Abhängigkeit von den experimentellen Bedingungen unter Berücksichtigung des Zeitverlaufs (G=Geschwindigkeit, S=Stop, Z=Zeit, F=varianzanalytischer F-Wert; df=Freiheitsgrade; ****=p<.0001; ***=p<.001; **=p<.01; *=p<.05; [*]=p<.07)*

Varianzquelle	G	S	Z	G x S	G x Z	S x Z	G x S x Z
df	1	1	5	1	5	5	5
ich bin...	F	F	F	F	F	F	F
erregt.	4.69*	0.35	2.46*	0.18	1.95[*]	0.72	1.00
neugierig	0.02	0.43	13.5****	0.32	1.04	0.62	2.45*
gelangweilt	0.48	0.40	1.55	5.04*	1.27	1.10	1.06
nervös	8.26**	0.07	4.38***	0.36	1.38	0.16	1.41
wütend	2.01	0.86	0.66	0.77	2.68*	1.87	0.59
deprimiert	0.13	0.11	0.71	2.33	2.28*	0.86	0.35
aggressiv	0.36	2.27	1.80	0.92	3.44**	2.12[*]	0.45
aufgeregt	5.13*	0.05	2.84*	0.01	2.56*	0.38	2.18[*]
müde	0.25	4.09*	0.12	3.03	0.33	0.39	4.31***
gestreßt	1.50	0.06	0.82	0.33	1.29	0.69	2.16[*]
schläfrig	0.01	0.63	0.97	7.50**	1.28	0.74	6.78****

Die in Tabelle 6.7 aufgelisteten Ergebnisse zeigen deutlich, daß die Bedingung "Ansteigende Geschwindigkeit" zu Veränderungen der subjektiven Befindlichkeit führt. Als Gruppenhaupteffekte sind Zunahmen in Nervosität, Erregtheit und Aufgeregtsein zu verzeichnen, die eine Belastung signalisieren. Ein Haupteffekt für die Bedingung "Stop möglich" ist nur bei Müdigkeit zu lokalisieren, was sicherlich etwas verblüfft. Bedenkt man, daß keiner der Probanden die Stoptaste gedrückt hat, eine Spielunterbrechung also in keinem Fall notwendig wurde (subjektive Kontrolle bei Fehlen tatsächlich ausgeübter Kontrolle), ist alleine das Vorhandensein der Möglichkeit mit Zunahmen der Müdigkeit verbunden. Auf diesen Befund ist später noch einzugehen.

Wichtiger als die Haupteffekte sind die Interaktionen insbesondere zwischen den experimentellen Bedingungen und dem Zeitverlauf. Da das Spiel innerhalb der Bedingung "Ansteigende Geschwindigkeit" erst ab dem dritten Durchgang merklich schwieriger wird, ist mit Geschwindigkeit x Zeitverlauf - Interaktionen zu rechnen.

Interaktionen dieser Art belegen die Ergebnisse aus Tabelle 6.7. Entsprechende Analysen der Verläufe in Verbindung mit Tests zur Lokalisation der Effekte, auf die hier verzichtet werden kann, belegen, daß ansteigende Geschwindigkeit Emotionen wie Wut, Deprimiertheit, Aggression und Aufregung *gegen Ende* der Untersuchung steigert, eine Veränderung, die weder als Haupteffekt Z noch G in diesem Maße signifikant wird.

Bezogen auf die entscheidende Frage nach dem Einfluß der Kontrollierbarkeit sind die Dreifach-Interaktionen von besonderer Bedeutung. Hier zeigt sich insbesondere, daß Aufregung, Müdigkeit, Streßerleben und Schläfrigkeit in Abhängigkeit von der Untersuchungsgruppe und des Zeitverlaufs stark variieren. Nach Durchsicht der Verlaufsdaten ergibt sich ein relativ einheitliches Bild: Während diejenigen Probanden, die innerhalb der Bedingung "Geschwindigkeit ansteigend" und *"keine* Stopptaste" insbesondere gegen Ende der Untersuchung ein erhöhtes Maß an Erregung und Streßerleben aufweisen, reagieren die Probanden in der Gruppe "ansteigende Geschwindigkeit" und *"Vorhandensein der Stopptaste"*, mit ausgeprägter Langeweile und Desaktivierung, obwohl sie von der Taste keinen Gebrauch gemacht haben.

Was die Veränderungen in der emotionalen Befindlichkeit betrifft, scheint es in dieser Versuchsanordnung gelungen zu sein, ein Gefühl subjektiver Kontrollmöglichkeit ohne *Ausübung* von Kontrolle zu induzieren. Diese Tatsache ist eine gute Bedingung für die Prüfung der Spezifität eines Stressors auf sIgA-Sekretionsraten - Veränderungen. Doch bevor dieser Punkt beschrieben wird, soll kurz auf die Veränderungen in der Herzrate und in Speichelcortisolkonzentrationen eingegangen werden.

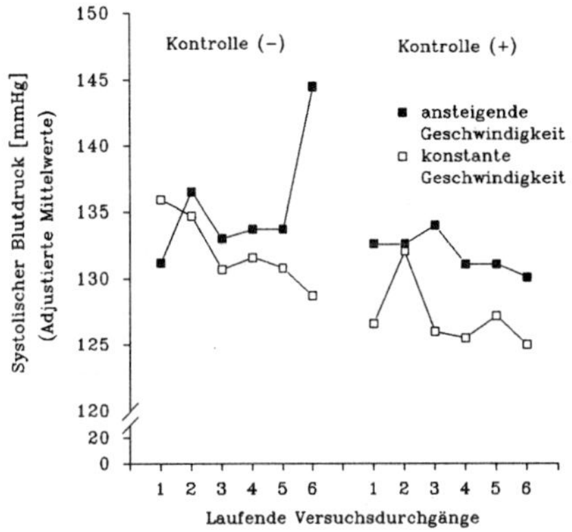

Abbildung 6.10 *Veränderungen des systolischen Blutdrucks in Abhängigkeit von den Versuchsbedingungen dargestellt als adjustierte Mittelwerte (G x S x Z: F=2.35,df=5,p<.05)*

Aus Abbildung 6.10 ist zu entnehmen, daß in der Bedingung ansteigender Geschwindigkeit und fehlender Kontrollmöglichkeit insbesondere zum letzten Meßzeitpunkt ein deutlicher Anstieg des systolischen Blutdrucks zu verzeichnen ist. Bezogen auf das Blutdruckverhalten scheint die Vorstellung, Kontrolle ausüben zu können, mit verminderten Anstiegen verbunden zu sein, obwohl die Aufgabe gleich schwierig und gleich komplex war und niemand von dieser Kontrollmöglichkeit Gebrauch machte. In Bezug auf die biochemischen Maße im Speichel (Cortisol und sIgA) ergibt sich das in Abbildung 6.11 dargestellte Bild.

Aus der Abbildung 6.11 geht hervor, daß die Speichelcortisolkonzentrationen die in der Literatur durch Unkontrollierbarkeit vermittelten Effekte auch in dieser Studie gut reflektieren (Dantzer, 1989). Während in der Gruppe mit ansteigender Geschwindigkeit bei vorhandener Kontrolle sogar ein Abfall im Cortisol zu beobachten war, zeigten die Probanden in der Gruppe mit ansteigender Geschwindigkeit *ohne* subjektive Kontrollmöglichkeit einen deutlichen Anstieg im Anschluß an den letzten Durchgang des Computerspiels.

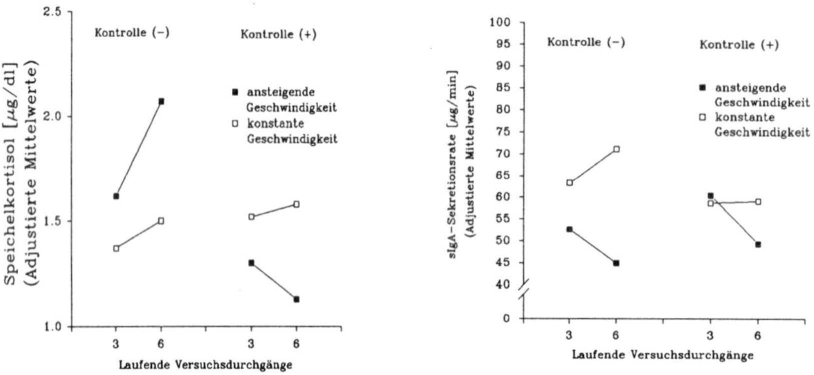

Abbildung 6.11 *Veränderung von Speichelcortisol und sIgA-Sekretionsrate in Abhängigkeit von den Versuchsbedingungen dargestellt als adjustierte Mittelwerte. (Cortisol: G x S x Z: $F=3.66$; $df=2$; $p<.05$; sIgA-Sekretionsrate: G x Z: $F=5.5$;$df=1$;$p<.05$)*

SIgA hingegen spricht zwar auch auf den Stressor "ansteigende Geschwindigkeit" in dem Sinne an, daß die Sekretionsraten abnehmen, es handelt sich hierbei aber lediglich um die Interaktion zwischen Gruppenzugehörigkeit und Zeitverlauf *ungeachtet* der subjektiven Kontrollmöglichkeit.

An dieser Stelle ist festzuhalten, daß die sIgA-Sekretionsrate offensichtlich nicht beeinflußt wird durch ein subjektives Gefühl von Kontrolle über eine belastende Situation.

Die *zweite Fragestellung* bezog sich wie in der zuvor beschriebenen Studie auf Korrelate der Veränderung bzw. auf das Spezifitätsproblem. Im folgenden werden daher Korrelationskoeffizienten von Veränderungsmaßen phyisologischer Variablen und der emotionalen Befindlichkeit bezogen auf die Experimentalgruppe ohne Berücksichtigung der Kontrollbedingung dargestellt. Die Veränderungsmaße der jeweiligen Variablen wurden als Mittelwerte über den Versuch abzüglich des Ausgangswertes berechnet. In Tabelle 6.8 sind die jeweiligen Korrelationen zwischen Veränderungen des sIgA mit physiologischen Variablen und solchen des situativen Befindens dargestellt, die statistische Signifikanz erreichten.

Tabelle 6.8 Korrelationskoeffizienten zwischen sIgA - Sekretionsratenveränderung und Veränderungsmaße physiologischer Variablen, sowie solchen der subjektiven Befindlichkeit getrennt nach Experimental- und Kontrollgruppe unabhängig von der Kontrollierbarkeitsbedingung (=p<.05;**=p<.01)*

	Experimentalgruppe	Kontrollgruppe	Sign. r1 - r2
Systolischer BD	-.108	.457*	.038
Cortisol	-.257	.322	.058
Erregung	-.601**	-.245	.098
Neugierde	-.467*	.223	.016
Aggression	-.47*	-.41(*)	.425

Aus Tabelle 6.8 geht hervor, daß eine Zunahme an Erregung einhergeht mit einer Abnahme der sIgA-Sekretionsrate. Dies gilt tendenziell auch für die Kontrollgruppe, wobei weder der Koeffizient noch der Unterschied zwischen den Koeffizienten beider Gruppen signifikant wird. In die gleiche Richtung weisen auch Befunde bezüglich der Aggression sowie der Veränderung an Neugierde. Während jedoch in der Kontrollgruppe die Veränderung an Neugierde (hier Abnahme) positiv mit Veränderungen der sIgA-Sekretionsrate einhergehen, kehrt sich dieser Zusammenhang in der Experimentalgruppe um. Dies läßt sich statistisch beim Vergleich beider Koeffizienten absichern. In der Experimentalgruppe scheint eine Abnahme eher mit Erregungssteigerung verbunden zu sein, was den negativen Zusammenhang erklären könnte. Generell festzuhalten ist, daß unter Belastung weder Veränderungen der Cortisolsekretion noch solche des systolischen Blutdrucks mit Veränderungen der sIgA-Sekretionsrate assoziiert sind, die bei der geringen Zeitdruckbedingung in positiver Richtung gegeben sind.

Zusammengefaßt kann festgehalten werden, daß die sIgA-Sekretionsrate auch in dieser Studie durch den Einsatz eines milden Stressors reduziert wird. Dies bestätigten sowohl die zuvor beschriebenen Studien als auch diejenigen in der Literatur. Ebenfalls bedeutsam ist aber auch, daß diese Veränderungen offensichtlich mit einem Anstieg von unspezifischer Erregung oder Veränderungen des Cortisols einhergehen und daß unter Einbeziehung spezifischerer, streßrelevanter Konstrukte, wie dem der Kontrollierbarkeit keine differenzierten Effekte auf die sIgA-Sekretionsrate aufgezeigt werden können.

Kapitel 7: Der Einfluß von Persönlichkeitsmerkmalen auf die sIgA-Sekretionsrate

7.1 Theoretischer Hintergrund

Wenn auch im Bereich der Psychoneuroimmunologie bislang eine Fülle von Daten zu wechselseitigen Interaktionen zwischen dem Zentralnervensystem und dem Immunsystem vorliegen, ist doch auffällig, daß zum Bereich der Persönlichkeit bislang kaum biologische bzw. immunologische Korrelate aufgezeigt wurden. Betrachtet man z.B. das überaus umfangreiche Lehrbuch "Psychoneuroimmunology" (Ader, Felten & Cohen, 1991) aus dem Jahre 1991, so ist man überrascht, daß im Stichwortverzeichnis weder der Begriff "Personality" noch "Individual Differences" auftaucht.

Hinweise darauf, daß Persönlichkeitsfaktoren oder Muster der Persönlichkeit in Zusammenhang mit der Inzidenz oder auch Prävalenz bestimmter auch immunologisch relevanter Krankheiten stehen, sind jedoch weder neu noch spezifisch für die psychoneuroimmunologische Forschung. So soll an dieser Stelle nur kurz und exemplarisch auf das sogenannte Typ C Verhalten, welches durch Antiemotionalität, extreme Kooperationsbereitschaft, Verlustangst u.a. charakterisiert ist und in Zusammenhang mit einer erhöhten Krebsinzidenz diskutiert wird (Fox, Temoshok & Dreher, 1988), oder das sogenannte Typ A Verhalten, das als Risikofaktor für die Entwicklung koronarer Herzkrankeiten (Friedman & Rosenman, 1975) identifiziert wurde, hingewiesen werden.

Da es in der hier vorliegenden Arbeit nicht um persönlichkeitsspezifische Faktoren in Hinblick auf die Ätiologie, sondern eher um Korrelate der Persönlichkeit zu immunologischen *Mediatoren* des Krankheitsprozesses gehen soll, wird im folgenden auf die wenigen Hinweise zum Zusammenhang zwischen immunologischen Markern und solchen der Persönlichkeit eingegangen. Bei genauer Betrachtung der Arbeiten zum Einfluß von Persönlichkeit auf immunologische Parameter fällt auf, daß offensichtlich nur eine einzige Arbeit vorliegt, die basale Werte der Immunkompetenz mit Persönlichkeitsmaßen in Beziehung gesetzt hat. Es handelt sich hierbei um die bereits zitierte Veröffentlichung von Graham, die aufzeigte, daß ängstlichere Personen niedrigere sIgA-Konzentrationen aufweisen als weniger ängstliche (Graham, Bartholomeusz, Taboonpong & La-Brooy, 1988).

Der Differentiellen Psychologie liegen zwar Ergebnisse vor, nach denen je nach Struktur der Persönlichkeit belastungsinduzierte Veränderungen des Immunstatus modifiziert werden; bei dieser Art von Zusammenhängen wird jedoch nicht klar, ob dispositionelle Persönlichkeitseigenschaften oder daraus resultierendes Coping - Verhalten bzw. persönlichkeitsabhängige Verarbeitung von situativen Umgebungsbedingungen (z.B. Einsamkeit) für diese Mediatorfunktion verantwortlich gemacht werden können.

Generell wird offensichtlich davon ausgegangen, daß Streß immunmodulatorische Auswirkungen ausübt und daß bestimmte Faktoren der Person oder Situation diese Veränderungen verstärken bzw. reduzieren. So wird z.B. von Einsamkeit als einem potentiellen Einflußfaktor auf belastungsinduzierte Veränderungen der Immunkompetenz berichtet (Glaser, Kiecold-Glaser, Speicher & Holliday, 1985). Dies ist ein Befund, der nicht nur repliziert, sondern auch konkretisiert werden konnte. Diese Studie - hier allerdings nicht an Studenten sondern an Patienten am zweiten Tag nach ihrer Aufnahme in ein Krankenhaus - verdeutlicht, daß der Faktor Einsamkeit (gemessen an der subjektiven Einschätzung, sich einsam zu fühlen bzw. einsam zu sein) offensichtlich noch bedeutsamer war als die Häufigkeit alltäglich belastender Lebensereignisse im Vorfeld. Einsamkeit war assoziiert mit erhöhten Cortisolwerten im Urin, mit verminderter natürlicher Killerzellaktivität und reduzierter Mitogenstimulierbarkeit von Lymphozyten (Schleifer et al.1984).

Doch auch diese sicherlich interessanten Befunde sind nur mit Einschränkungen unter dem Gesichtspunkt "Einfluß von Persönlichkeitsmerkmalen" zu interpretieren, da Einsamkeit keine habituelle Disposition darstellt, sondern wenn überhaupt mit einer solchen (z.B. Introversion) assoziiert ist.

Die zweite Arbeit, die ohne eine Streßbelastung den Einfluß der Persönlichkeit auf das immunologische Geschehen untersucht hat, ist eine Studie von Totman und Mitarbeitern aus dem Jahre 1980. In dieser Arbeit wurden 52 freiwilligen Probanden, die sich zu einer Untersuchung gemeldet hatten, zunächst einige Fragebögen vorgelegt. Es handelte sich u.a. um das Eysenck Personality Inventory (EPI) und die Schedule of Recent Experiences (SRE) von Holmes und Rahe. Im Anschluß an diese psychologische Testung wurden die Probanden mit Rhinoviren nasal infiziert. Ergebnis dieser Studie war, daß nicht nur

Lebensereignisse jüngeren Datums, die als problematisch eingeschätzt wurden, sondern auch die Persönlichkeitsdimension der Extra-/Introversion als Mediatorvariable für die Infektion und das Ausmaß der Symptome indentifiziert werden konnten. Interessanterweise hatten hoch introvertierte Versuchsteilnehmer die ausgeprägtesten Symptome (Totman, Kiff, Reed & Craig, 1980).

An dieser Stelle wird erneut deutlich, daß der Persönlichkeitsfaktor Introversion gegebenenfalls nicht alleine für diese beobachtbaren Veränderungen verantwortlich gemacht werden kann, sondern daß es vielleicht viel mehr Folge introvertierten Verhaltens ist - zu denken wäre z.B. an reduzierte soziale Kontakte - oder in Bezug auf die Social Support - Theorie ein vermindertes Maß an sozialer Zuwendung - die solche Effekte letztendlich vermitteln.

Coping

Habituelle Persönlichkeitsmaße stehen in engem Zusammenhang mit Streßverarbeitungsstrategien, und einige Autoren gehen davon aus, daß generalisierte Überzeugungen über die eigenen Copingstrategien selbst habituelle Persönlichkeitsdimensionen darstellen (Rotter, 1966). Vor dem Versuch, über verschiedene Coping-Konstrukte einen Überblick zu geben, sei explizit darauf hingewiesen, daß die folgenden Ausführungen nicht im Sinne einer Hinleitung zur Untersuchung aktueller Streßverarbeitung gedacht sind. Vielmehr soll es um die verschiedenen Interdependenzen zwischen Coping-Stil und anderen habituellen Persönlichkeitsfaktoren gehen.

Unter Coping-(Verhalten) werden die individuellen Strategien verstanden, die Ausdruck einer Anpassung an bestimmte Situationen darstellen. Entwicklungsgeschichtlich stammt eine der ersten Coping-Theorien von Charles Darwin, in der interne (kreatives, anpassungsfähiges Verhalten) und externe (natürliche Selektion) Faktoren über den Ausgang des Überlebenskampfes in der Natur maßgeblich entscheiden. Die individuellen internen Kräfte stellen somit ein Verhaltensrepertoire im Sinne einer Anpassung an eine sich ständig und dynamisch verändernde Umwelt dar. Dies ist im klassischen Sinne Coping -Verhalten der Natur.

Neuere Coping-Theorien, die z.B. von lerntheoretischen Vorstellungen ausgehen, sehen in Coping-Verhalten eine erlernte und zielgerichtete Intention des Organismus, der je nach "Erfolg" Strategien aufrecht erhält oder verwirft. Die in den letzten Jahren besonders intensiv betriebene Coping-Forschung entstammt der Schule der Kogitiven Behavioristen. Demnach liegt erfolgreichem Coping-Verhalten eine Überzeugung von "Effizienz des eigenen Verhaltens" zugrunde. Die Erwartung, eine Aufgabe durch eigene Ressourcen zu bewältigen, steigert die Effizienz der Lösung neuer Probleme (Bandura, 1989). Ansatz dieser kognitiven Coping-Theorien ist die Auffassung einer vom Individuum aktiv gewählten Bewältigungsform, einer Antizipation möglicher Konsequenzen und in Abhängigkeit von erlebten Konsequenzen, eine Bewertung des gewählten Verhaltens. Es ist sicherlich einleuchtend, daß diese komplexen Strategien von vielen Faktoren beeinflußt werden. Die individuelle Persönlichkeit, die Lerngeschichte, soziale wie materielle Faktoren bestimmen die jeweiligen Möglichkeiten des Individuums. Dennoch werden die im folgenden beschriebenen individuellen Coping-Ressourcen als relativ stabile Bewältigungsmechanismen aufgefaßt,wobei einige Konstrukte große Ähnlichkeiten aufweisen.

Das Konstrukt der "*Self efficiacy*" besagt, daß Personen von der eigenen Effizienz, (neue) Situationen zu bewältigen, in der Regel in für sie ungewohnten Situationen bestrebt sind, diese zu bewältigen, während diejenigen mit geringer Ausprägung, derartige Situationen zu meiden versuchen (Bandura, 1989). So zeigt sich z.B. bei Alkoholpatienten, daß für diejenigen, die überzeugt sind, eine rückfallgefährdende Situation abstinent zu bewältigen, ein besserer Ausgang der Behandlung zu erwarten ist (Solomon & Annis, 1990).

Vergleichbare Ergebnisse zeigten sich in einer anderen Arbeiten, ebenfalls an Alkoholikern, bezogen auf das verwandte Konstrukt des *"Dispositionellen Optimismus"*, welches mit aktiver Problemlösung assoziiert ist (Strack, Caver & Blaney, 1987). Ebenfalls am Beispiel alkoholkranker Patienten läßt sich das Konstrukt der *Feldabhängigkeit* aufzeigen. Patienten, die zu Alkoholabusus neigen, sind wesentlich öfter der Kategorie "feldabhängig" zuzuordnen als Personen mit unbedenklichem Alkoholkonsum. Während feldunabhängige Personen erfolgreicher in der Lösung abstrakter Problemsituationen sind, gelingt feldabhängigen Personen eher die Lösung sozialer Konflikte. Feldabhängige Personen suchen jedoch zunächst soziale Situationen auf, um unter deren Einbeziehung Lösungsstrategien zu finden

(Witkin & Goodenough, 1977).

Andere Theorien der Streßbewältigung konzentrieren sich auf das Konstrukt *Coping-Defense*. Kernpunkt des Konzepts ist die individuell unterschiedlich verlaufende und situativ variierende Auswahl aktiver Bewältigungsmuster im Sinne einer Problemlösung *oder* defensiver Mechanismen im Sinne einer Vermeidung (Vaillant, 1977). Die Art der Defense-Mechanismen kann nach Auffassung einiger Autoren entweder "unreif" oder "reif" sein, wobei diese Pole einer hierarchischen und entwicklungsabhängigen Struktur unterliegen (Vaillant, Bond & Vaillant, 1986). Demnach gehören zu den "unreifen" Defensemechanismen Projektionen, unrealistische Phantasien, Omnipotenzgedanken, Pseudoaltruismus, neurotische Abwehr wie Reaktionsbildung und Verdrängung; zu den "reifen" Mechansimen zählen realistische Einschätzungen und Antizipationen eigener Möglichkeiten auch mit der Konsequenz von Unterlassungen und Unterdrückung, sowie Humor (Bond, Perry, Gautier, Goldenberg, Oppenheimer & Simand, 1989). Festgehalten werden kann, daß sich Streßbewältigung sowohl auf Annäherung und Problemlösung (approach) bezieht, als auch auf Vermeidung (avoidance) und daß beide Komplexe kognitive und emotionale Komponenten haben. Eine sehr umfangreiche Arbeit stammt aus der Gruppe um Costa, die das Coping-Verhalten der Einwohner nahe Three-Miles-Island nach der Reaktorkatastrophe untersuchte. Unter Einbeziehung verschiedener Fragebögen zur Erfassung der Coping-Strategien ergaben Faktoranalysen insgesamt 28 Coping-Faktoren, die nach Durchführung einer Sekundäranalyse den zwei Hauptfaktoren "mature coping" und "neurotic coping" zuzuordnen waren (McCrae & Costa, 1986).

Die folgende Darstellung versucht die der zuvor zitierten Arbeit zugrundeliegenden Coping-Faktoren in das komplexe Bild des Coping einzubetten und mit Person- und Situationsabhängigkeit in Verbindung zu bringen.

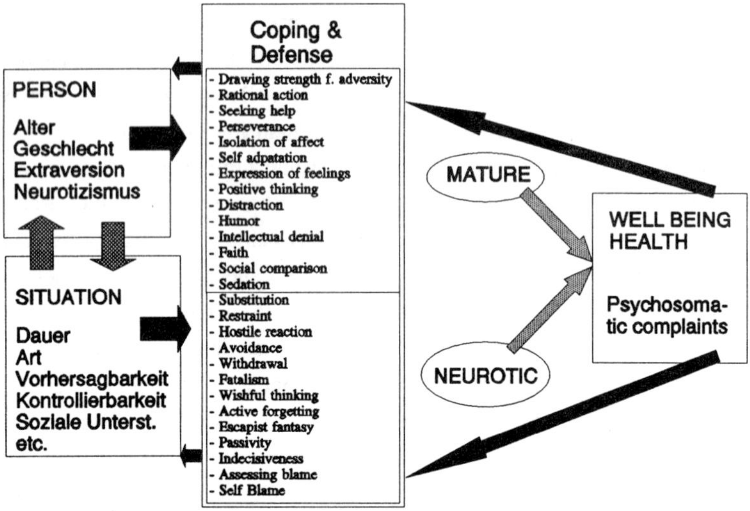

Abbildung 7.1: *Versuch einer integrativen Darstellung verschiedener Coping-Modelle und deren Abhängigkeit von Merkmalen der Situation sowie überdauernden Faktoren der Person (die aufgeführten Coping-Faktoren entstammen der Arbeit von McCrae & Costa, 1986 und sind wörtlich wiedergegeben).*

Es bedarf keiner theoretischen Herleitung oder empirischer Daten, daß die Dauer und Art einer belastenden Situation unterschiedliches Bewältigungsverhalten zur Folge haben kann.

> *"A burning house should, and usually will, provoke direct action rather than positive thinking;....".*
> (Costa & McCrae, 1989).

Dennoch ist die interindividuelle Varianz der verschiedenen Coping-Strategien nur bedingt auf situative Merkmale zu konzentrieren. Es finden sich z.B. beim Vergleich der Coping-Strategien von Patienten verschiedener chronischer Krankheiten sehr unterschiedliche Bewältigungsmuster, die jedoch nicht

Diagnosegruppen-spezifisch sind, obwohl die Krankheiten völlig unterschiedliche Konsequenzen und Prognosen für den Patienten haben (z.B. Hypertonie - vs. Tumorerkrankung) (Felton, Revenson & Hinrichsen, 1984).

Faßt man belastende Situationen in gröbere Kategorien zusammen (Bedrohung - Verlust - Herausforderung), dann zeigen sich jedoch replizierbare Ergebnisse im Sinne a) eines breiteren Spektrums verwendeter Strategien und b) einer erhöhten Wahrscheinlichkeit der Anwendung bestimmter Strategien je nach Kategorie. Herausforderung ist mit weniger Coping-Repertoire und anderen Strategien verbunden als belastende Situationen oder Verlusterlebnisse (McCrae, 1984a).

Neben dem Aspekt der Dringlichkeit einer Handlung (Bedrohung > Herausforderung), der zeitlichen Ausdehnung (kurzfristige - chronische Belastung), sind folgende Streßaspekte in Erinnerung zu rufen, die zwar überwiegend unter anderen Aspekten diskutiert wurden (z.B. Aktivierung physiologischer Systeme, Typ A-Verhalten Paradigma der erlernten Hilflosigkeit, Buffering Hypothese etc.), aber in Hinblick auf das abhängige Verhaltensmaß Coping-Verhalten systematisch induzieren und variieren.

- Neuartigkeit einer Situation (Novelty)
- objektive und subjektive Kontrollierbarkeit
- Vorhersagbarkeit
- soziale Unterstützung

Die Komplexität des Coping-Konstrukts wird unter anderem auch daran deutlich, daß das Coping-Verhalten im Sinne einer Rückkopplung Einfluß auf die Wahl von Coping-Strategien in gleichen, aber auch neuen Situationen ausübt. Dies ist von Lazarus mit secondary-appraisal bezeichnet worden und hat starke Bedeutung in Konstrukten wie "Erlernte Hilflosigkeit", und "Hopelessness-Helplessness". Somit lassen sich komplexe Interaktionen zwischen Person-Situation-Copingstrategie und -ausgang voraussetzen.

Neben dem Einfluß situativer Faktoren liegen viele Ergebnisse zu interindividuellen Unterschieden im Coping-Verhalten vor, die in Tabellle 7.1 zusammengefaßt werden.

Tabelle 7.1 Einfluß habitueller Persönlichkeitsmaßte auf Coping-Verhalten

FAKTOR	Coping-Verhalten	Literatur
Geschlecht	Frauen: Feindseeligkeit, Vermeidung,Ablenkung und Passivität ausgeprägter	McCrae, 1989
Alter	Jugend: Feindseeligkeit höher als bei alten Menschen	McCrae, 1982
	Alte Menschen: Distanz, geringe Suche nach soz. Unterstützung und weniger Ausdruck v. Emotionen	Quayhagen & Quayhagen, 1982 Endler & Parker, 1990 Costa et al., 1991 Felton & Revenson, 1987
starkes Selbstvertrauen	mehr Annäherung als Vermeidung	Fleischman, 1984 Holahan & Moos, 1987
Optimismus	Aktives Planen	Carver et al., 1989
hohes Maß an interner Kontrolle	mehr Annäherung als Vermeidung	Parkes, 1984
Extraversion	in Verb. mit Wettbewerbsdenken: mehr Konfrontation und weniger Resignation	Feifel, et al., 1987
	Rationales Handeln Positives Denken	McCrae & Costa, 1986
	Direktes Handeln	Parkes, 1986
Neurotizismus	Selbstbeschuldigung geringe Problemorientierung Wunschdenken	Rim, 1986
	Indirektes Handeln	Parkes, 1986
	Vermeidung	Bolger, 1990 Costa & McCrae, 1989 Endler & Parker, 1990

Die Anzahl der Arbeiten, die Coping-Verhalten als wesentlichen Mediator streßinduzierter Veränderungen der Immunkompetenz voraussetzen, ist interessanterweise mit Abstand größer, als diejenige der Arbeiten, die entsprechende Ergebnisse tatsächlich aufzeigen. Grundtenor aller Arbeiten ist, daß sich ein "inadäquates" Coping - Verhalten mit negativen Konsequenzen für den Immunstatus verbindet. Die Frage, was inadäquates Coping - Verhalten bedeute, läßt sich nicht allgemein, sondern nur in Bezug auf die subjektive Bewertung des Individuums beantworten. Darüber hinaus ist in der Literatur aufgrund mangelnder Theoriebezogenheit keineswegs einheitlich definiert, welche Verhaltensweisen unter Coping subsumiert werden können. In einer Arbeit werden einige Strategien genannt, die dem Organismus die Anpassung an belastende Situationen erleichtern sollen: Das Setzen entsprechender Prioritäten, Aufnahme und Intensivierung sozialer Kontakte, ausgewogene Ernährung, Vermeidung zusätzlicher Belastungen sowie Einsatz von Techniken zur Entspannung (autogenes Training, Muskelrelaxation oder sogar Hypnose) (La-Greca, 1985).

Im Bereich klinischer Erwägungen wird darüber hinaus der Veränderung von Coping - Verhalten direkt ein positiver Einfluß auf das Immunsystem zugesprochen (Kiecolt Glaser & Glaser, 1992). Eine Anzahl von Arbeiten unterscheidet zwischen aktivem und passivem Coping, wobei unter passivem Coping keine Vermeidungsstrategie sondern eher ineffektives Coping gemeint ist. So konnte gezeigt werden, daß bei Patienten mit HIV - Infektionen diese Form der Bewältigung mit einer niedrigeren Anzahl peripherer Lymphozyten verbunden war, zumindest im Vergleich mit denjenigen Patienten, die ihr Coping - Verhalten als effektiv einschätzten (Goodkin, Fuchs, Feaster, Leeka & Rishel, 1992). Dieser Bereich ist in der Literatur häufig mit "self-efficiacy" von Coping - Verhalten beschrieben worden. Eine Steigerung des Gefühls von "self-efficiacy" führte zu einer Anhebung der Immunkompetenz (Wiedenfeld, O'Leary, Bandura, Brown & et-al, 1990). Dieser Punkt macht deutlich, daß es nicht die Art der Bewältigung sondern das Ausmaß der eigenen Zufriedenheit mit den Verhaltensweisen ist, das dann möglicherweise immunologisch relevant wird.

"Inadäquater" Coping - Stil -ungeachtet der Art der Verhaltensweisen- wurde des öfteren als ätiologischer Faktor für das Entstehen von "erlernter Hilflosigkeit" verantwortlich gemacht (Laudenslager & et-al, 1983; Antoni, 1987). Andere Autoren sehen im Coping - Verhalten nicht nur eine Reaktion auf belastende Ereignisse, sondern gehen im Umkehrschluß davon aus, daß Ereignisse dann belastend werden, wenn das Coping - Verhalten nicht als effektiv erlebt wird (Solomon, 1986).

Betrachtet man diese wenigen Studien und versucht einen roten Faden der Befunde zu entdecken, so hat man den Eindruck, daß dieser auf der Dimension aktiver - vs. passiver Umgang mit einer belastenden Situation zu lokalisieren ist. Aus Arbeiten von Linn (1982) ergibt sich, daß nach dem Tod oder im Zuge einer schweren Krankheit des Lebenspartners die depressive Reaktion Hinterbliebener oder Trauernder den deutlichsten Einfluß auf Veränderungen des Immunstatus ausübte (Linn, Linn & Jensen, 1982), ein Befund, der auch von Irvin und Mitarbeitern bestätigt werden konnte (Irvin, Daniels, Bloom & Weiner, 1986; Irvin, Daniels, Weiner & Bloom, 1986; Irvin, Daniels & Weiner, 1987). Depressive Verarbeitung einer belastenden Situation - hier am Beispiel der Nichtakzeptanz eines Abortes - konnte ebenfalls mit Veränderungen der Immunkompetenz in Beziehung gesetzt werden (Naor, Assael, Pecht, Traninin & Samuel, 1983).

Klinisch relevant wird dieses Phänomen offensichtlich auch bei der Heilung verschiedener Krankheiten wie z.B. der akuten Virushepatitis: Patienten mit depressiver Verstimmung wiesen eine deutlich verzögerte Heilung auf (Paar, Schaefer & Drexler, 1987).

Der folgende Teil diskutiert die Fragen, in welchem Zusammenhang die sIgA- Sekretionsrate mit Persönlichkeitsmaßen generell (d.h. ohne belastende Situationen) steht und in einem weiteren Teil, welche Persönlichkeitsfaktoren die sIgA-Sekretionsraten-*Veränderungen* in belastenden Situationen modifizieren.

7.2 Methodik

Um einen entsprechend großen Stichprobenumfang zur Verfügung zu haben, wurden alle hier durchgeführten Studien zum sekretorischen Immunglobulin A im Speichel in einen Datensatz übertragen. Dies bietet sich aus zweierlei Gründen an: Erstens sind in allen Studien gesunde männliche Probanden in einem Altersbereich zwischen 20 und maximal 35 Jahren zu vergleichbaren Tageszeiten untersucht und zum anderen in allen Studien Verfahren zur Erfassung habitueller Persönlichkeitsmerkmale eingesetzt worden. Im folgenden soll kurz beschrieben werden, auf welchen Dimensionen und unter Verwendung welcher Verfahren die Persönlichkeit erfaßt wurde.

In allen Studien wurde das Freiburger Persönlichkeitsinventar (FPI, Fahrenberg, Hampel, Selg, 1984) eingesetzt. Dieses Persönlichkeitsinventar besteht aus folgenden Subskalen (Primärfaktoren):

- Lebenszufriedenheit
- Soziale Orientierung
- Leistungsorientierung
- Gehemmtheit
- Erregbarkeit
- Aggressivität
- Beanspruchung (sich oft im "Streß" fühlen)
- Körperliche Beschwerden
- Gesundheitssorgen
- Offenheit

und den Faktoren zweiter Ordnung:

- Extraversion
- Neurotizismus

Zur Erfassung der habituellen Streßverarbeitungsstrategien wurde eine Kurzform des Streßverarbeitungsfragebogens (SVF, Janke, Erdmann, Kallus, 1985) eingesetzt. Dieser Fragebogen erfaßt die Dimensionen:

- Bagatellisieren
- Ablenken
- Bedürfnis nach sozialer Zuwendung
- Aktive Bewältigung
- Aufgeben
- Pharmakaeinnahme

Dieser Fragebogen wurde auf eine Verlustsituation bezogen. Da kurz- und langfristige Stressoren in die Kategorien "Bedrohung, Verlust, Herausforderung" eingestuft wurden und Coping-Strategien innerhalb der Person und zwischen den Situationen sehr unterschiedlich sein *können* wurde der Fragebogen in seiner situativen Variante für eine Situation vorgeben, bei der bisher immunologische Reaktionen am deutlichsten waren. Damit mißt er den eine bestimmte Situation betreffenden Coping-Stil. Die Formulierung für alle Copingreaktionen lautet:

> "Wenn ich eine mir sehr wichtige Person verliere (durch Tod oder das ungewollte, unabdingbare Ende einer Partnerschaft), dann....

In der Folge kreuzt der Proband an, in welchem Maße die aufgeführten Verhaltensweisen oder Kognitionen auf ihn zutreffen.

Aufgrund der Tatsache, daß die Studien zum Einfluß von Belastung "Arousal" als Korrelat der sIgA-Sekretionsratenreduktion identifizierten, wurde das Persönlichkeitsmerkmal "Sensation Seeking" unter Verwendung des von Zuckerman entwickelten Fragebogens erfaßt (Zuckerman, M., Eysenck, S. & Eysenck, H.J., 1978), der die Subskalen:

- Thrill and Adventure Seeking
- Experience Seeking
- Disinhibition
- Boredom susceptibility

enthält.

Zur Messung der habituellen Angst (siehe Kapitel 3) wurde das von Spielberger entwickelte State-Trait-Anxiety-Inventory in der deutschen Übersetzung vorgelegt (Spielberger, 1966).

7.3 Ergebnisse und Diskussion

7.3.1 Zusammenhänge zwischen habituellen Persönlichkeitsmaßen und der unstimulierten sIgA-Sekretionsrate

Die folgende Tabelle zeigt deskriptive Statistiken und zugrundeliegende Fallzahlen für die Subskalen der hier eingesetzten Persönlichkeitsinventare, die im weiteren mit der sIgA-Sekretionsrate unter nicht-stimulierten Bedingungen in Beziehung gesetzt wurden.

Tabelle 7.2 Deskriptive Statistiken der Subskalen verwendeter Fragebögen

Inventar	N	Mittelwert	Minimum	Maximum
Freiburger Persönlichkeitsinventar				
Lebenszufriedenheit	224	6.63	0	12.00
Soziale Orientierung	224	7.35	1.00	12.00
Leistungsorientierung	224	6.37	0	12.00
Gehemmtheit	224	5.09	0	12.00
Erregbarkeit	224	5.26	0	12.00
Aggressivität	224	4.39	0	11.00
Beanspruchung	224	4.69	0	12.00
Körperliche Beschwerden	224	2.20	0	9.00
Gesundheitssorgen	224	3.84	0	10.00
Offenheit	224	8.07	1.00	12.00
Extraversion	224	7.22	0	14.00
Neurotizismus	224	5.37	0	14.00
Streßverarbeitungsfragebogen				
Bagatellisierung	156	9.38	0	26.00
Ablenken	156	13.57	2.00	24.00
Bedürfnis n. sozialer Zuwendung	156	15.44	0	24.00
Aktive Bewältigung	156	15.23	1.00	23.00
Aufgeben	156	10.05	2.00	21.00
Pharmakaeinnahme	156	2.65	0	17.00
Sensation-Seeking				
Thrill and Adventure Seeking	214	6.13	0	10.00
Experience Seeking	214	6.45	2.00	10.00
Disinhibition	214	4.63	0	10.00
Boredom susceptibility	214	3.54	0	10.00

Aus Tabelle 7.2 geht hervor, daß das Spektrum erreichbarer Werte in den jeweiligen Persönlichkeitsverfahren sowohl im Minimum als auch im Maximum bis auf wenige Ausnahmen vollständig ausgeschöpft wurde. Darüber hinaus sind Häufigkeitn in allen verwendeten Subskalen normalverteilt.

Zur Prüfung entsprechender Zusammenhänge zwischen der sIgA-Sekretionsrate und habituellen Maßen der Persönlichkeit wurden Korrelationen berechnet.

In der folgenden Tabelle finden sich die jeweiligen Korrelationskoeffizienten zu den Maßen Speichelflußrate, sIgA-Konzentration und sIgA-Sekretionsrate.

Tabelle 7.3: Korrelationen zwischen habituellen Persönlichkeitsmaßen und Basiswerten von Speichelvolumen, sIgA-Konzentrationen sowie sIgA-Sekretionsrate (N=224)

Persönlichkeitsmaß	Speichelflußrate	sIgA-Konzentration	sIgA-Sekretionsrate
Lebenszufriedenheit	.1248	.1019	.2547**
Leistungsrorientierung	.1217	.0698	.1385*
Extraversion	.1310	.1055	.2066**
Angst	-.1470*	-.0288	-.1426*
Neurotizismus	-.1438*	-.1956*	-.3190**

* = p <.05
** = p <.01

Aus Tabelle 7.3 geht hervor, daß die sIgA-Sekretionsrate positiv mit Extraversion und negativ mit Neurotizismus (emotionale Labilität) assoziiert ist. Zur Verdeutlichung der Befunde seien in Tabelle 7.4 die Interkorrelationen der Persönlichkeitsfaktoren wiedergegeben.

Tabelle 7.4 Interkorrelationen zwischen den habituellen Persönlichkeitsmaßen, die mit der sIgA-Sekretionsrate assoziiert sind

Maß	Lebenszu-friedenheit	Leistungs-orientierung	Extraversion	Angst	Neuro-tizismus
Lebens-zufriedenheit					
Leistungs-orientierung	.325***				
Extraversion	.413***	.570***			
Angst	-.735***	-.395***	-.420***		
Neuroti-zismus	-.651***	-.275***	-.236***	.685***	

*** = $p < .001$

Tabelle 7.4 zeigt eindeutig, daß Extraversion sowohl mit Leistungsorientierung als auch mit Lebenszufriedenheit assoziiert ist, während Neurotizismus einerseits sehr hoch mit habitueller Angst und andererseits in umgekehrtem Zusammenhang mit Lebenszufriedenheit und Leistungsorientierung korreliert ist. An dieser Stelle ergibt sich für das in Tabelle 7.4 dargestellte Korrelationsmuster zwischen sIgA-Sekretionrate und habituellen Maßen ein homogenes Bild, nach dem die sIgA-Sekretionsrate mit emotionaler Stabilität, Lebenszufriedenheit und Leistungsorientierung verbunden ist.

Diese Befunde bestätigen den in der Literatur aufgezeigten Zusammenhang zwischen häufig erlebter Angst (was erhöhter habitueller Angst gleichkommt) und reduzierter sIgA-Konzentrationen (Graham, Bartholomeusz, Taboonpong & La-Brooy, 1988). Bezüglich des Extraversionsbefundes ist die Sachlage keineswegs derart eindeutig, da von einem höheren Risko zur Entwicklung von Karies bei Extravertierten berichtet wird (Knorring, Knorring, Moernstad & Nordlund, 1987). In dieser Publikation wurden jedoch keine biologischen Maße erhoben. Es stellt sich demnach die Frage, ob es sich bei dieser erhöhten Vulnerabilität um eine biologische Prädisposition oder ein verhaltensbedingtes Risiko handelt. Diese Frage ist mit Einschränkungen auch aus diesem Datensatz zu beantworten, wenn man dem Gedanken folgen will, daß das Ausmaß an Gesundheitssorgen auch Indikator für Gesundheitsverhalten ist. In Abbildung 7.2 sind Mittelwerte und Standardabweichungen der Fragebogenskala "Gesundheitssorgen" in Abhängigkeit von einem hohen vs. niedrigen Ausmaß an Extraversion (Gruppenbildung nach Medianaufteilung) dargestellt.

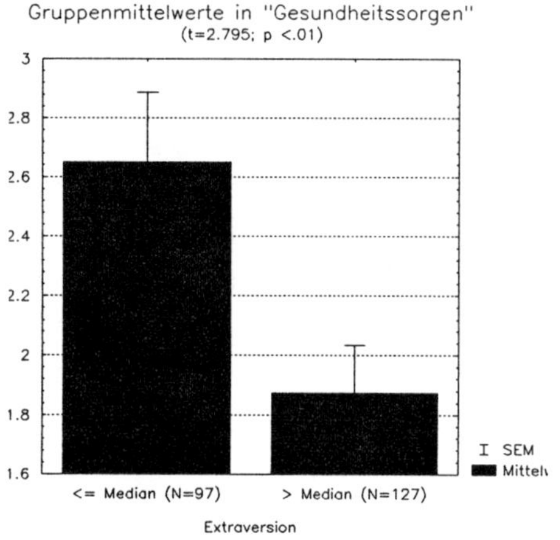

Abbildung 7.2 *Mittelwerte und Standardfehler (SEM) der Gruppen mit niedrigem (< =Median) und hohem (>Median) Wert in Extraversion bezogen auf "Gesundheitssorgen".*

Abbildung 7.2 verdeutlicht, daß Personen mit einem hohem Wert in der Skala Extraversion signifikant weniger Gesundheitssorgen aufweisen. Dieser Befund könnte darauf schließen lassen, daß auch das Gesundheitsverhalten von Extravertierten (z.B. regelmäßige Arztbesuche oder auch Zähneputzen, etc.) weniger ausgeprägt ist und somit über Verhaltenskorrelate eine erhöhte Kariesinzidenz zu erklären wäre. Die Autoren geben Hinweise auf diese Erklärung durch folgende Feststellung:

"An increased tendency to take risks, including neglect of adherence to medical care programs, has been observed in subjects with high scores on extraversion (....). Eighteen-year-old boys with high scores on extraversion have, for example, been shown to smoke more often than introverts despite heavy propaganda about the risks involved in smoking."
(Knorring, Knorring, Moernstad & Nordlund, 1987)

Ferner beschreibt die zitierte Publikation, daß Extravertierte einen geringeren Speichelfluß als Introvertierte aufweisen. Dies spricht ebenfalls nicht für geringere sIgA-Sekretionsraten, da - im Gegenteil - gleiche Absolutkonzentrationen bei geringem Speichelfluß zu *erhöhten* Sekretionsraten führen.

Die hier gezeigte Befund höherer sIgA-Sekretionsraten bei Extravertierten wird indirekt durch diese Publikation gestützt, und die erhöhte Kariesinzidenz ist offensichtlich mehr auf Hygienefaktoren zurückzuführen.

7.3.2 Persönlichkeit als Mediator streßinduzierter Veränderungen des Immunsystems

7.3.2.1 Habituelle Persönlichkeitsmaße

Bezugnehmend auf die vorherigen Darstellungen soll an dieser Stelle lediglich nocheinmal tabellarisch zusammengefaßt werden, welche Stressoren (im folgenden werden auch Erkrankungen als Stressoren aufgefaßt) durch welche Persönlichkeitsmerkmale in Auswirkungen auf immunologische Parameter differentiell beeinflußt werden.

Tabelle 7.5 Merkmale der Persönlichkeit als Mediatoren streßinduzierter immunologischer Veränderungen in der Literatur

Stressor	Mediator Persönlichkeit	Immunologische Veränderung bei hoher Ausprägung des Merkmals	Literatur
- Lärm	Optimismus und Kontrollierbarkeit	weniger starke Reduktion von NKCA	Sieber et al., 1992
- Einweisung in ein Krankenhaus	Social Support	weniger starke Reduktion von NKCA	Levy et al., 1990
- Spontanabortus	Nichtakzeptanz Depression	stärkste Reduktionen in PHA und ConA Stimulierbarkeit peripherer Lympozyten	Naor et al., 1983
- Examensprüfung	unterdrücktes Machtmotiv Geselligkeitsbedürfnis	starke Reduktion des sIgA höhere Konzentration des sIgA	Jemmott et al., 1983
- Examensprüfung	Einsamkeit	höhere Cortisolspiegel, geringere NKCA und PHA-Stimulierbarkeit	Glaser et al., 1985
- Examensprüfung	Einsamkeit	erhöhte Antikörpertiter gegen Epstein-Barr-Viren	Schleifer et al., 1984
- Tod oder Erkrankung des Partners	Depression	reduzierte NKCA	Irvin et al., 1986
- Akute Virushepatitis	Depression	verzögerte Heilung erhöhte Rezidivrate	Paar et al., 1987
- Herpes simplex - Herpes simplex	Angst, Feindseligkeit	reduzierter CD8-Lymphozytenanteil	Kemeny et al., 1989
- Künstliche nasale Infektion mit Rhinoviren	Introversion	stärkere Symptomausbildung	Totman & Kiff, 1980
- Erstes Studiensemester	Angst	Abfall im CD4/CD8 Quotienten	Baker et al., 1984

NKCA = Natürliche Killerzellaktivität
CD4 = T-Helferzellen
CD8 = T-Suppressor / zytotoxische Zellen
PHA = Phytohämagglutinin ; ConA = Concanavallin (Mitogenstimulationen)

Betrachtet man die in Tabelle 7.5 aufgezeigten streßmodifizierenden Persönlichkeitsmerkmale, dann ergibt sich ein relativ einheitliches Bild. Zusammengefaßt scheinen es eher Merkmale emotionaler Labilität (Korrelate des Neurotizismus) zu sein, die in belastenden Situationen immunologisch bedeutsam werden. Neben dem Labilitätsaspekt zeigt sich ebenfalls, daß introvertiertes Verhalten entweder explizit (Totman, 1980) oder indirekt durch Vermeidung sozialer Kontakte mit der Konsequenz verminderter sozialer Unterstützung ebenfalls kein protektives Verhaltenskorrelat darstellt.

Wenn man davon ausgeht, daß das Charakteristikum überdauernder Persönlichkeitsmerkmale dasjenige gleichartiger Verhaltensweisen über verschiedene Situationen darstellt, passen die hier tabellarisch aufgezeigten Befunde sehr gut zu denjenigen, die unter nicht belastenden Situationen für die sIgA-Sekretionsrate nachgewiesen werden konnten.

Auch in unseren Studien zeigen ängstliche, introvertierte und somit lebensunzufriedenere Probanden signifikant niedrigere sIgA-Sekretionraten, was unter Umständen mit einem erhöhten Risiko an Erkrankungen des oberen Respirationstraktes verbunden sein könnte.

Im folgenden wird aus verschiedenen eigenen Studien unter Einbeziehung sehr unterschiedlicher Stressoren die Abhängigkeit der sIgA-Sekretionsraten-veränderung von habituellen Persönlichkeitsfaktoren erläutert. Die Stressoren sind zum Teil bereits in Kapitel 6 beschrieben worden, sollen jedoch um ein Experiment ergänzt werden, in dem psychische und physische Belastung induziert wurde. In dieser Studie wurden je 20 gesunde Probanden entweder einer erniedrigten Raumtemperatur ausgesetzt (Experimentalgruppe; Kälteexposition 5 °C für 20 Minuten) oder bei einer Indifferenztemperatur von 28 °C belassen. Veränderungen der Außentemperatur (Kälte- aber auch Hitzeexposition) führen ebenfalls zu erniedrigten sIgA-Sekretionsraten (Hennig, Rammsayer, Bahner, Brück & Netter, 1991; Hennig, Laschefski, U., Becker, H., Rammsayer, T & Netter, P., 1993).

Die Veränderung der sIgA-Sekretionsrate wurde in allen Studien ermittelt als mittlere Abweichung von Ruhewerten. Konkret bedeutet dies, daß positive Werte eine Zunahme, negative Werte eine Abnahme der sIgA-Sekretionsrate signalisieren. In Hinblick auf die Korrelation mit habituellen Persönlichkeitsmerkmalen indizieren negative Korrelationen, daß negative (Abnahme) Werte der sIgA-Sekretionsrate mit hohen (positiven) Werten auf der jeweiligen Persönlichkeitsdimension verbunden sind. In der folgenden Tabelle werden die signifikanten Korrelationen zwischen habituellen Persönlichkeitsmerkmalen und der Veränderung der sIgA-Sekretionsrate über heterogene Studien mit Belastungsinduktion dargestellt. Die Korrelationskoeffizienten werden getrennt für Experimental- und Kontrollgruppen angegeben. Ferner wird der Unterschied zwischen den gruppenbezogenen Korrelationen auf statistische Signifikanz geprüft.

Tabelle 7.6 Signifikante Korrelationen zwischen habituellen Persönlichkeitsmaßen und sIgA-Sekretionsratenveränderungen unter Verwendung unterschiedlicher Stressoren

Art der Belastung	relevante Persönlichkeitsmerkmale	Korrelation Experimentalgruppe	Korrelation Kontrollgruppe	Vergleich der Korrelation (zweiseitig)
Ekelinduktion (sIgA-Reduktion) N= 16+16	Psychosom. Beschwerden	-.569**	.163	p = .039
	Gesundheitssorgen	-.765**	-.227	p = .048
	Neurotizismus	-.481*	.149	p = .086
Computerspiel (sIgA-Reduktion) N= 20+20	Gesundheitssorgen	-.554*	-.124	p = .143
	Soziale Orientierung	-.445*	-.099	p = .258
	Abenteuerlust	.426(*)	-.094	p = .101
Kälteexposition (sIgA-Reduktion) N= 20+20	Neurotizismus	-.466*	.250	p = .027

** = p < .01
* = p < .05
(*) = p <. 08

Tabelle 7.6 ist zu entnehmen, daß in selbst sehr unterschiedlichen Belastungssituationen mit geringen (Ekelinduktion), mittleren (Computerspiel) und hohen Veränderungen in physiologischen Reaktionen (Kältestreß) sIgA-Sekretionsraten-Veränderungen relativ homogen mit bestimmten Persönlichkeitsfaktoren assoziiert sind. Es wird deutlich, daß ein hohes Ausmaß an Neurotizismus oder auch emotionaler Labilität mit stärkeren Reduktionen der sIgA-Sekretionsrate verbunden ist. Erwartungsgemäß gilt dies auch für Korrelate des Neurotizismus, wie Gesundheitssorgen, soziale Orientierung und psychosomatische Beschwerden.

Bemerkenswert ist aber auch, daß Extraversion beziehungsweise das der Extraversion verwandte Konstrukt "Sensation Seeking" in der Subskala "Thrill and Adventure Seeking" (Abenteuerlust) mit Veränderungen der sIgA-Sekretionsrate assoziiert ist. Im Gegensatz zum Neurotizismus jedoch verbinden sich hohe Werte in dieser Skala mit *Zunahmen* der sIgA-Sekretionsrate unter experimenteller Belastung. Dieser Befund ist stimmig mit den oben beschriebenen deutlicheren immunologischen Veränderungen (im Sinne der Suppression) bei Probanden mit hohen Werten in dem Extraversionskomplementär Introversion.

7.3.2.2 Coping

Die zu Beginn des Kapitels beschriebenen Zusammenhänge zwischen habituellen Persönlichkeitsfaktoren und dem indiviudellen Coping-Verhalten sollen zunächst an den hier vorgestellten Daten korrelativ überprüft werden. Die folgende Tabelle zeigt die ermittelten Korrelationskoeffizienten bei einem Stichprobenumfang von N=156.

Tabelle 7.7 Darstellung der Korrelationskoeffizienten zwischen habituellen Persönlichkeitsfaktoren und Coping-Verhalten in Verlustsituationen (helle Felder enthalten signifikante Korrelationen)

	Bagatellisieren	Ablenken	Bemühen um soziale Zuwendung	Aktive Bewältigung	Aufgeben	Pharmaka-einnahme
Lebenszufriedenheit	.2835 (p<.001)	.1590 (p<.05)	.1150 n.s.	.3189 p<.001	-.4874 p<.001	.1343 n.s.
Soziale Orientierung	-.1012 n.s.	-.0765 n.s.	.2975 p<.001	-.0672 n.s.	.0638 n.s.	.0142 n.s.
Leistungs-orientierung	.0933 n.s.	.2649 p<.001	-.0564 n.s.	.3151 p<.001	-.2475 p<.01	.0179 n.s.
Gehemmtheit	-.1292 n.s.	-.0900 n.s.	-.1953 p<.05	-.3523 p<.001	.4806 p<.001	.1171 n.s.
Erregbarkeit	-.1160 n.s.	-.0134 n.s.	.0468 n.s.	-.1236 n.s.	.3183 p<.001	.1205 n.s.
Aggressivität	-.0448 n.s.	.1345 n.s.	-.0493 n.s.	.0256 n.s.	.0173 n.s.	.1357 n.s.
Beanspruchung	-.1406 n.s.	-.0138 n.s.	-.0644 n.s.	-.1683 p<.05	.3472 p<.001	.0895 n.s.
Körperliche Beschwerden	-.1849 p<.05	-.1918 p<.05	-.1178 n.s.	-.2348 p<.01	.3162 p<.001	.0975 n.s.
Gesundheits-sorgen	.1178 n.s.	-.1266 n.s.	.0213 n.s.	.1225 n.s.	-.0444 n.s.	-.0036 n.s.
Offenheit	-.1541 n.s.	.0019 n.s.	.0780 n.s.	-.1642 p<.05	.2899 p<.001	.1799 p<.05
Extraversion	.1093 n.s.	.2060 p<.01	.1533 n.s.	.2768 p<.001	-.3770 p<.001	-.0305 n.s.
Neurotizismus	-.1759 p<.05	-.1398 n.s.	-.0169 n.s.	-.2619 p<.001	.4259 p<.001	.2199 p<.01
Thrill & Adventure Seeking	.1334 n.s.	.1630 p<.05	.0384 n.s.	.1770 p<.05	-.1927 p<.05	.1040 n.s.
Experience Seeking	-.0222 n.s.	-.0825 n.s.	.0434 n.s.	.0813 n.s.	-.0659 n.s.	.2325 p<.01
Disinhibition	.0920 n.s.	.2040 p<.01	-.1842 p<.05	-.0662 n.s.	.0752 n.s.	.3302 p<.001
Boredom Susceptibility	.0954 n.s.	.1111 n.s.	-.1653 p<.05	.0022 n.s.	-.0073 n.s.	.2826 p<.001

Da die zugrundeliegende Stichprobe ausschließlich aus Männern in einem relativ homogenen Altersbereich (20-35 Jahre) besteht, können die zitierten Zusammenhänge zwischen Geschlecht und Alter mit dem Coping-Verhalten weder bestätigt noch widerlegt werden. Die publizierten Befunde, daß Selbstvertrauen eher mit Annäherungs- als Vermeidungsverhalten assoziiert ist (Fleischman, 1984, Holahan & Moos, 1987), finden hier eine Entsprechung, wenn man davon ausgeht, daß Gehemmtheit negativ mit Selbstvertrauen korreliert ist. Probanden mit einem hohen Score in Gehemmtheit zeigen weniger ausgeprägt das Coping-Verhalten "aktive Bewältigung" und stärker "Aufgeben".

Extraversion geht ebenfalls mit aktiver Streßbewältigung einher, ein Befund, der die Ergebnisse von Parkes (1986) und Feifel et al. (1987) bestätigt.

Die von Bolger (1990), Costa & McCrae (1989) und Endler & Parker (1990) beschriebene Tendenz, bei hoher Ausprägung von Neurotizismus "Vermeidungsverhalten" zu zeigen, findet sich nach den hier beschriebenen Befunden ebenfalls homogen wieder. Neurotizismus verbindet sich in dieser Studie mit den Bewältigungsstrategien "Aufgeben" und "Pharmakaeinnahme", die beide keine problemorientierten Copingstrategien darstellen. Bestätigung dieses Befundes ist die hohe negative Korrelation mit "Aktiver Bewältigung".

An dieser Stelle sollte jedoch noch einmal betont werden, daß die hier aufgestellten Korrelationen den Zusammenhang zwischen habituellen Persönlichkeitsmaßen und der Streßverarbeitungsstrategie in einer *Verlustsituation* darstellen. Ob in anderen belastenden Situationen (Bedrohung oder Herausforderung) vergleichbare Korrelationsmuster erhoben werden können, müssen entsprechende Vergleichstudien zeigen. Die Tatsache, daß sich aber auch das Verhaltensrepertoire je nach Situation quantitativ unterscheidet (s.o.), könnte als Folge einer Varianzreduktion durchaus zu anderen Ergebnissen führen.

Ausgehend von der Arbeitshypothese, daß Coping-Strategien überdauernde Merkmale einer Person sind, müßte aus den bisherigen Befunden erwartet werden, daß sich streßinduzierte Reduktionen der sIgA-Sekretionsrate ebenfalls dann deutlicher abzeichnen, wenn Personen hohe Ausprägungen in den Merkmalen "Aufgeben" und/oder niedrige in "Aktive Bewältigung" aufweisen. Zur Prüfung dieser Hypothese wurden die Daten der Studie, in der ein Computerspiel als Stressor eingesetzt wurde (siehe Kapitel 6), auf diesen Aspekt reanalysiert.

Zur Erfassung der möglichen Mediatorfunktion allgemeiner Streßverabeitungsmuster wurden die Probanden in Abhängigkeit von ihrem jeweiligen Fragebogenwert (SVF) durch Medianbildung in Gruppen hoher versus niedriger Ausprägung des jeweiligen Coping-Stils aufgeteilt.

Da sich nur der Faktor "ansteigende Geschwindigkeit" auf die sIgA-Sekretionsrate ausgewirkt hat, wird im folgenden die Kontrollierbarkeit nicht mit in die Berechnungen einbezogen. Nach der entsprechenden Gruppenbildung wurden erneut Kovarianzanalysen mit Meßwiederholung gerechnet, die den Zeitverlauf, die experimentelle und die auf den Coping-Stil bezogene Gruppeneinteilung berücksichtigten. Aus den berechneten Varianzanalysen für sechs Copingstrategien ergab die Einteilung nach "Bagatellisieren" und "Aktive Bewältigung" signifikante Ergebnisse, die in der folgenden Abbildung aufgezeigt werden.

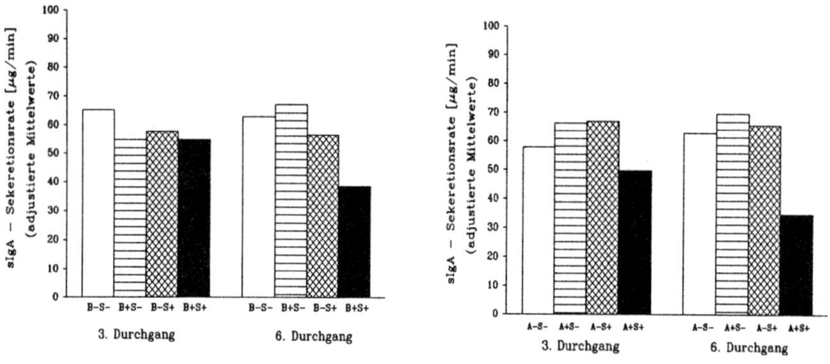

Abbildung 7.3 *Der Einfluß des Copingverhaltens "Bagatellisieren" (links) und "Aktive Bewältigung" (rechts) auf die sIgA-Sekretionsrate nach milder emotionaler Belastung. (B-S- =geringer Wert in Bagatellisieren, kein Stress; B+S+ =hoher Wert in Bagatellisieren, ansteigende Geschwindigkeit; A-/+ =hoher vs. niedriger Wert in aktiver Bewältigung) [Effekt: Coping x Gruppe x Zeit: p<.01]*

Abbildung 7.3 zeigt, daß praktisch nur Probanden mit hoher Ausprägung im Coping-Stil "Bagatellisieren" (B+), die der Gruppe mit ansteigender Geschwindigkeit angehören (B+/S+), die deutlichsten Abfälle der sIgA-Sekretionsrate zum Zeitpunkt nach Abschluß des 6. Versuchsdurchganges zeigen.

Dies läßt sich statistisch mit einer signifikanten dreifach Interaktion zwischen Coping-Stil, Gruppenzugehörigkeit und Zeitverlauf zeigen ($F=5.08$; $df=35$; $p<.05$). Auf der rechten Seite der Abbildung ist der Befund zur Mediatorfunktion des Streßverarbeitungsstils "Aktive Bewältigung" dargestellt. Auch hier zeigt sich, daß Probanden mit einem hohen Wert auf dieser Skala innerhalb der "Streßgruppe" zu *beiden* Zeitpunkten mit verringerter sIgA-Sekretionsrate reagieren. Dies ergibt statistisch eine signifikante Interaktion zwischen Gruppenzugehörigkeit und Streßverarbeitungsmuster ($F=6.31$; $df=35$; $p<.05$).

Die gleichsinnige Veränderung der sIgA-Sekretionsrate in Abhängigkeit beider Coping-Strategien legt den Eindruck nahe, daß die Maße "Bagatellisieren" und "Aktive Bewältigung" korreliert sind, wenn dies auch von der Wortbedeutung vielleicht nicht zu erwarten wäre. Zur Prüfung dieses Zusammenhangs und der Abhängigkeit von anderen Persönlichkeitsdimensionen wurden Korrelationen berechnet, die als Scattergramm in Abbildung 7.4 dargestellt sind, wobei nur diejenigen gezeigt werden, die signifikant ($p<.001$) korreliert sind.

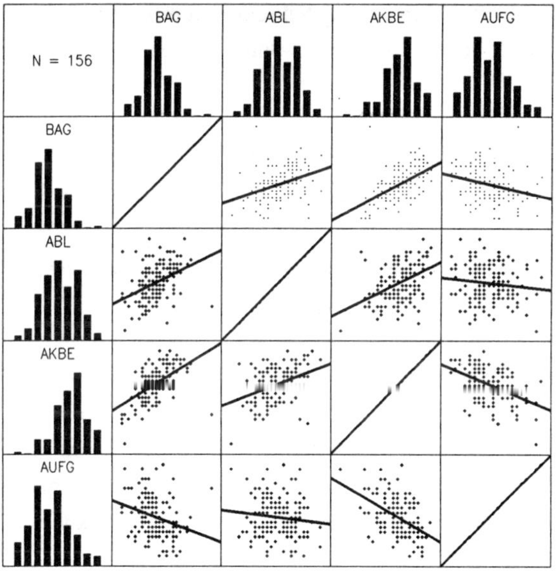

Abbildung 7.4 *Darstellung korrelativer Zusammenhänge zwischen Coping-Strategien sowie deren Verteilungsmuster. BAG = Bagatellisieren; ABL = Ablenken; AKBE = aktive Bewältigung; AUFG = Aufgeben.*

Es wurde aufgezeigt, daß Probanden mit hohen Ausprägungen in den Coping - Dimensionen "bagatellisieren" und "aktive Bewältigung" mit den deutlichsten Reduktionen der sIgA - Sekretionsrate in belastenden Situationen reagieren. Dieses Coping - Verhalten erinnert stark an das von McClelland beschriebene Konstrukt von "need for power", welches weiter oben schon als Typ A - ähnliche Verhaltensweise gekennzeichnet wurde. Aktive Bewältigung und Bagatellisierung wäre in Hinblick auf den Faktorraum der Persönlichkeit mit Extraverion (+) und Neurotizismus (-) zu charakterisieren. Es zeigt sich somit eine Kongruenz zu den Daten von McClelland. Auch hier wurde bei Probanden mit ausgeprägtem Bedürfnis nach Macht und Kontrolle von den deutlichsten sIgA - Reduktionen gesprochen. Ergänzend zu diesen Befunden soll an dieser Stelle auf die Ergebnisse einer anderen Auswertung eingegangen werden.

Extraversion zeigte prinzipiell positive Korrelationen mit aktiver Streßbewältigung. In Situationen, die aktive Bewältigung zulassen, könnte demnach die Hypothese formuliert werden, daß Extravertierte nur sehr geringe subjektive Belastung wahrnehmen und sIgA-Sekretionsratenänderungen relativ gering ausfallen. Anders formuliert - auch im Sinne von McClelland - stellen sich die Fragen:

- Welches Ausmaß an sIgA-Sekretionsratenänderung zeigen Probanden mit hohem Extraversionsscore, die aber *nicht* zu aktiver Bewältigung neigen bzw.

- Welches Ausmaß an sIgA-Sekretionsratenänderungen zeigen introvertierte Probanden mit aktivem Bewältigungsverhalten ?

Zur Beantwortung dieser Fragestellungen sei nocheinmal kurz auf die Studie verwiesen, in der über Kälteexposition kurzfristig Streß induziert wurde. Eine Kombination der Faktoren Extraversion und aktive Bewältigung führt in Verbindung mit den experimentellen Gruppen zu einer signifikanten, 3-fach-Interaktion in Bezug auf die sIgA-Sekretionsratenreduktion. Die folgende Abbildung 7.5 zeigt die Art des Zusammenhangs auf:

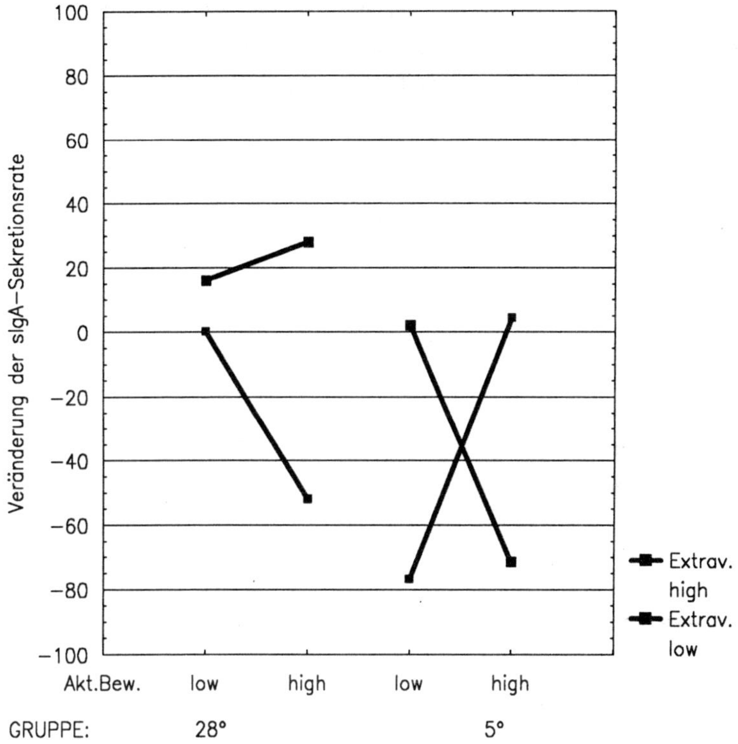

Abbildung 7.5 *Dreifach-Interaktion zwischen Extraversion, aktiver Bewältigung und experimenteller Bedingung in Hinblick auf die sIgA-Sekretionsratenänderung unter Kältestreß ($F=4.23$; $df=1,32$; $p<.05$)*

Insbesondere für die Gruppe unter 5°C läßt sich demonstrieren, daß Extravertierte, die ein passives Bewältigungsmuster bevorzugen (Vermeidung ?), die deutlichsten sIgA-Reduktionen unter Kälte zeigen, während Extravertierte mit aktiver Bewältigung gar keine kältebedingte Reduktion des sIgA aufweisen. In gleichem Maß reagieren Introvertierte bei aktiver Bewältigung mit sIgA-Reduktionen, während Introvertierte mit passiver Bewältigungsstrategie keine substanziellen sIgA-Reduktionen aufweisen. Ebenfalls auffällig ist die starke Reduktion der sIgA-Sekretionsrate bei hoch Extravertierten, die aktive Bewältigung vorziehen, innerhalb der Kontrollgruppe. Dieses Ergebnis könnte Hinweise darauf liefern, daß Personen mit diesen habituellen Ausprägungen in ggfs. "entspannenden" Situationen besonders belastet sind.

Kapitel 8: Immunologische, endokrine und physiologische Korrelate der sIgA-Sekretionsrate

8.1 Theoretischer Hintergrund

Korrelate und Mediatoren der sIgA-Sekretionsrate können auf immunologischer und endokriner Seite erwartet werden (s. Kapitel 2). Darüber hinaus ist aber auch denkbar, daß dem autonomen Nervensystem eine Bedeutung in dieser Funktion zukommt und somit peripher physiologische Maße durchaus auch im Sinne von Mediatoren oder Korrelaten beschrieben werden können.

Wie in Kapitel 2 dargestellt, kann man in verschiedener Hinsicht zwischen lokaler und *systemischer Immunkompetenz* unterscheiden. Die Unabhängigkeit beider System wird besonders eindrücklich in Bezug auf diejenigen Arbeiten, die lokale Immunisierungen durchführten und aufzeigen konnten, daß sich nur in Bezug auf sIgA spezifische Antikörper nachweisen ließen, während IgA oder auch IgG unbeeinflußt blieben.

Dennoch stellt sich auch in genetischer Hinsicht die Frage, ob sIgA - Konzentationen tatsächlich völlig unabhängig von anderen immunologischen Parametern zu sehen sind. So wäre sicherlich eine Konzentrationsabhängigkeit von der Anzahl oder Aktivität von Plasmazellen vorstellbar; auch übergeordnete Maße der Immunkompetenz, wie zum Beispiel das Verhältnis von T-Helfer/T-Suppressor-(CD4/CD8) Zellen, könnten durchaus mit sIgA-Konzentrationen assoziiert sein.

Tatsache ist zumindest, daß sIgA und IgA im Serum keinen nennenswerten Zusammenhang aufweisen, obgleich beide die gleiche schwere α-Kette tragen. Befunde dieser Art sind schon sehr früh und mehrfach gezeigt worden (Tomasi & Bienenstock, 1968a; Wagner & Wagnerova, 1989). In der Arbeit von Wagner und Mitarbeitern wird darüber hinaus festgehalten, daß sIgA im Gegensatz zu IgA nicht altersabhängig ist und Konzentrationen von sIgA nicht als Indikator für die Serumimmunglobuline herangezogen werden können.

Neben der Beobachtung, daß sIgA und IgA keine Korrelation zeigen, ist ein anderer Aspekt bedeutsam. In einer Arbeit an Mäusen konnte gezeigt werden, daß sIgA über eine Bindung am Fc-Rezeptor von Lymphozyten diese Zellen zur antigen-abhängigen Zytotoxizität (ADCC) anregt (Tagliabue et al. 1983). Bemerkenswert ist neben dieser möglichen sIgA-vermittelten Effektorfunktion, daß dies nur für Lymphozyten aus dem Bereich des GALT gilt, während Lymphozyten anderer Lokalisation (Milz, Lymphknoten) offensichtlich durch sIgA nicht zu ADCC differenzieren. Somit könnten auch auf zellulärer Ebene sehr grundsätzliche Unterschiede zwischen dem mukosa-assoziierten und systemischen Immunsystem vorzufinden sein.

Von hochspezifischen Rezeptoren auf Lymphozyten berichtet auch eine andere Arbeit, die zeigte, daß Lymphozyten wahrscheinlich Rezeptoren für die sekretorische Komponente (SC) sowie für die α-2 Domäne (schwere Kette des IgA2) aufweisen (Stafford, Knight & Fanger, 1982).

Klare Zusammenhänge zwischen zellulären Parametern und sIgA-Konzentrationen analysierten Ebersole und Mitarbeiter. In dieser Studie an Ratten ließ sich eine altersabhängige Abnahme von IgA produzierenden B-Zellen und unreifen T-Zellen in Geweben des sekretorischen Immunsystems beobachten. Die Gesamt-T-Zellen zeigten keine Unterschiede, die Fraktion der T-Helfer-Zellen reduzierte sich jedoch im Gewebe der Speicheldrüsen, was zu einer Abnahme des CD4/CD8 führte. Die Autoren gehen davon aus, daß diese altersgebundenen Veränderungen zellulärer Immunparameter im Bereich der Mucosa die *bei Ratten* aufgezeigten Reduktionen der sIgA-Konzentration mit steigendem Alter vermitteln könnten (Ebersole, Steffen & Pappo, 1988).

Auch lösliche Mediatoren des Immunsystems scheinen einen Einfluß auf die sIgA-Konzentrationen auszuüben. Bei Ratten führt eine in vivo Applikation von γ-Interferon zu deutlichen Anstiegen von sIgA und SC (Prabhala & Wira, 1991).

Die Tatsache, daß Blutmonozyten Rezeptoren für sIgA aufweisen und nach Antikörperbindung aktiviert werden, zeigt nicht nur die Interaktionen zwischen beiden Systemen auf, sondern läßt Korrelationen zwischen Markern des systemischen Immunsystems und der sIgA-Sekretionsraten oder -Konzentrationen erwarten.

In Hinblick auf Zusammenhänge zwischen sIgA-Konzentrationen und *Hormonkonzentrationen* liegen nur sehr wenige Befunde aus der Literatur vor. Vereinzelt finden sich Hinweise, daß sIgA-Konzentrationen mit Noradrenalin korreliert sind. Manche der Befunde sind jedoch eingeschränkt interpretierbar, da zum Beispiel in einer Arbeit beide Parameter (Noradrenalin und sIgA) im Speichel gemessen wurden. Die Autoren zeigen zwar eine negative Korrelation, weisen jedoch ergänzend daraufhin, daß Speichel- und Plasmakonzentrationen von Noradrenalin nicht korreliert sind, was die Interpretierbarkeit des Befundes empfindlich einschränkt (Jasnoski & Kugler, 1987).

Dennoch deuten auch andere Arbeiten auf einen möglichen Zusammenhang zwischen sIgA-Konzentrationen und Katecholaminen hin. Noradrenalin und Adrenalin scheinen negativ mit sIgA-Konzentrationen korreliert zu sein (Martin & Dobbin, 1988).

Bezogen auf Geschlechtshormone zeigen frühe Arbeiten von Tomasi auf, daß sIgA-Konzentrationen über den Menstruationszyklus schwanken und Östrogene offensichtlich Einfluß auf diese Variabilität ausüben (Tomasi & Bienenstock, 1968b). Auch an Ratten läßt sich demonstrieren, daß Reproduktionshormone die sIgA-Konzentrationen verändern können. Testosteron wurde als Stimulanz der sIgA-Konzentration beschrieben, während andere Hormone wie Prolaktin, Wachstumshormon und α-Melanozyten stimulierendes Hormon (α-MSH) keinen Einfluß auf die sIgA-Konzentration haben.

Für das Steroidhormon Cortisol gilt offensichtlich das gleiche. In keiner Studie ließen sich bisher Zusammenhänge zwischen Cortisol und sIgA herstellen (Hess, Kugler, Haake & Lamprecht, 1991; Kugler, Hess & Haake, 1992).

Da bezüglich *physiologischer Größen*, wie Herzfrequenz, Muskelaktivität und anderem bislang gar keine Daten vorliegen, die auf einen Zusammenhang mit sIgA-Konzentrationen schließen lassen, soll im folgenden eine Studie beschrieben werden, die unter absolut konstanten äußeren Bedingungen biochemische und physiologische Korrelate der sIgA-Sekretionsrate aufzuzeigen versucht.

8.2 Korrelate der unstimulierten sIgA-Sekretionsrate

8.2.1 Methodik

Insgesamt 60 gesunde männliche Versuchsteilnehmer nahmen an einer Studie teil, die unter Konstanthaltung aller Umgebungsvariablen in der Klimakammer des Physiologischen Instituts der Justus-Liebig-Universität Gießen durchgeführt wurde. Die Probanden waren mit einer Badehose bekleidet und verbrachten die Versuchszeit bei der sogenannten "Invarianztemperatur" von 28°C. Der Begriff Invarianztemperatur bezieht sich auf die Erfahrung, daß dieser Temperaturbereich unter diesen Kleidungsbedingungen üblicherweise von allen Teilnehmern als angenehm empfunden wird.

Zunächst wurden den Probanden Elektroden zur Erfassung der Herzrate und der Muskelaktivität und im Anschluß Thermofühler zur Messung der Hauttemperatur an der Brust, den Ober- und Unterschenkeln angelegt. Die Messung der Tympanaltemperatur erfolgte über einen Thermofühler direkt am Trommelfell, was als akzeptable Methode der Kerntemperaturmessung in der Literatur etabliert ist. Der eingesetzte Thermofühler wurde durch einen leichten Kopfhörer von möglichen Einflüssen der Umgebungstemperatur abgeschirmt.

Nach diesem Arbeitsschritt wurde den Probanden eine venöse Verweilbraunüle gelegt, die, von einer Abdeckung umgeben, den Versuchsteilnehmern nicht ermöglichte, Blutabnahmen visuell wahrzunehmen.

Nach Abschluß der "Eingangsprozedur" folgte eine Ruhephase von 45 Minuten, bevor eine Blutprobe entnommen wurde. Im folgenden sind nach übergreifenden physiologischen Gruppen die Parameter aufgelistet, wobei auf eine detaillierte Methodenbeschreibung auf Grund der Vielfalt der erhobenen Parameter verzichtet werden soll. Die Art des Meßverfahrens wird angegeben und bezieht sich auf Routinemethoden.

Tabelle 8.1 Parameter und Methoden

Parametergruppe	Parameter	Meßverfahren
Physiologisch	Herzrate EMG Hauttemperatur Kerntemperatur Metabolische Rate	Elektrodenableitung dito dito dito Quotient O_2/CO_2
Endokrin	Cortisol (Speichel) Testosteron Prolaktin Adrenalin Noradrenalin	RIA RIA ELISA HPLC HPLC
Neurotransmitter	Serotonin (Vollblut) Serotonin (PRP) Dopamin (PRP) DOPAC	HPLC HPLC HPLC HPLC
Immunologisch	Zellulär: Anzahl T, B, CD4, CD8 aktivierte CD4 und CD8 (CD45R0) IgA, IgG, IgM	Flow-Zytometrie (FACS-Analyse) Nephelometrie
Differentialblutbild	Anzahl Erythrozyten Anzahl Leukozyten Anzahl Thrombozyten Hämatokrit	Coulter - Counter

RIA = Radioimmunoassay
ELISA = Enzyme linked immunosorbant assay
HPLC = High Pressure liquid chromatography
FACS = Flourescent absorption cell sorter

Die aus der Blutprobe bestimmten biologischen Marker wurden zunächst mit den sIgA-Konzentrationen und der sIgA-Sekretionsrate korreliert. Aus der Fülle der ermittelten Korrelationen sind in Tabelle 8.2 diejenigen aufgeführt, die statistische Signifikanz erreichten.

8.2.2 Ergebnisse und Diskussion

Tabelle 8.2 Signifikante Korrelationskoeffizienten zwischen biologischen Markern und Basalwerten der sIgA-Konzentration sowie der sIgA-Sekretionsrate

Unabhängige Variable	sIgA-Konzentration		sIgA-Sekretionsrate		N
	r	p	r	p	
Kerntemperatur	-.4425	<.001	-.3706	<.005	58
EMG (Oberschenkel)	-.2956	<.05	-.2827	<.05	55
IgG	.5401	<.001	.4597	<.001	60
CD8 (Suppressor-Zellen)	.3513	<.01	.3821	<.005	59
CD45R0-Zellen (aktivierte CD8)	.4975	<.005	.4566	<.05	27
CD45R0-Zellen (aktivierte CD4)	.4435	<.05	.5323	<.01	27
CD4/CD8 (Quotient)	.351	<.01	.381	<.01	59
Hämoglobin / dl Blut (MCHC)	-.3237	<.05	-.2765	<.05	56
Größenspanne der Erythrozyten (RDW)	.2017	n.s.	.3080	<.05	58
Speichelvolumen	-.127	n.s.	.3169	<.05	60
Anzahl Lymphozyten (WSCC)	.2809	<.05	.2588	.05	58

Betrachtet man das Korrelationsmuster der in Tabelle 8.2 aufgestellten Parameter, so fällt auf, daß die Korrelationskoeffizienten von sIgA-Konzentration und sIgA-Sekretionsrate bis auf wenige Ausnahmen kaum von einander abweichen. Die Speichelflußbereinigung scheint offensichtlich bei basalen Zusammenhängen von geringerer Bedeutung zu sein. Die negative Korrelation mit der Muskelaktivität vermittelt den Eindruck, daß sIgA offensichtlich mit reduziertem Muskeltonus assoziiert ist. Dieser Befund könnte die Beobachtungen nach Entspannungsübungen (siehe Kapitel 3 und Kapitel 9) mit erklären. In diesem Zusammenhang könnte auch die negative Korrelation zur Kerntemperatur interpretiert werden, da insbesondere in Tierstudien gezeigt werden konnte, daß Anspannung (oder auch Belastung) mit höheren Kerntemperaturwerten assoziiert ist, was zu dem Begriff des "emotional fevers" führte.

In Hinblick auf das Endokrinium ließen sich zu den hier bestimmten Parametern keine signifikante Korrelation auffinden. Mit Einschränkungen bestätigt dieser Befund vorherige Studien aus unserer Gruppe, in denen zumindest für Cortisol keine Korrelationen mit der sIgA-Sekretionsrate auftraten. Dies bezog sich sowohl auf Ausgangs- als auch auf Veränderungswerte. Bei den Katecholaminen Adrenalin und Noradrenalin wurden auch in der Literatur keine Korrelate zu *unstimulierten* sIgA-Sekretionsraten beschrieben. Im Zuge von Belastungsstudien hingegen konnte die Gruppe um McClelland negative Korrelationen zwischen Noradrenalin und sIgA finden, dies zeigte sich aber offensichtlich nicht für die Ausgangswerte vor Streßbelastung (s. Kapitel 3).

Bemerkenswert sind die Korrelationen zwischen sIgA und Parametern des systemischen Immunsystems. Es ist festzuhalten, daß sIgA und IgA keine substanzielle Korrelation aufweisen, was die Befunde in der Literatur bestätigt. Eine sehr hohe Korrelation kann jedoch zum Immunglobulin G (IgG), zu der Gesamtzahl der Lymphozyten und zur Subpopulation der CD8-(Suppressor/zytotoxisch) Lymphozyten und insbesondere den aktivierten CD8 und CD4 Zellen gezeigt werden. Die Korrelation zu Gesamtlymphozyten (Coulter-Counter-Analyse) kann durchaus auf derjenigen zu den CD8-Zellen beruhen. Aufgrund möglicher gleicher Varianzanteile empfiehlt sich die Berechnung von Partialkorrelationen. Bevor die relevanten Korrelate der sIgA-Sekretionsrate in einen biologischen Gesamtzusammenhang gebracht werden sollen, werden zunächst die Ergebnisse einer schrittweisen multiplen Regressionsanalyse dargestellt, um die

Interdependenzen der Korrelationen zu ermitteln und die zentralen Korrelate der sIgA-Sekretionsrate zu isolieren.

Tabelle 8.3 Ergebnisse einer schrittweisen multiplen Regression

Schritt	einbezogene Variablen	beta	R	R^2	ausgeschl. Variablen	Partial-korrelation
0			0	0	Kerntemp.	-.3706
					EMG	-.2198
					IgG	.4596
					Speichelv.	.3169
					CD4/CD8	-.2696
					CD8	.3820
					CD4(akt.)	.5323
					CD8(akt.)	.4566
					MCHC	-.2765
					WSCC	.2587
					RDW	.3079
1	CD4 (aktiviert)	.5323	.5323	.2833	Kerntemp.	-.3437
					EMG	-.1484
					IgG	.5728
					Speichelv.	.2374
					CD4/CD8	-.1352
					CD8	.4212
					CD8(akt.)	.0854
					MCHC	-.4023
					WSCC	.3176
					RDW	.3323
2	CD4 (akt.)	.5549			Kerntemp.	-.1341
	IgG	.4854	.7201	.5185	EMG	.0055
					Speichelv.	.2861
					CD4/CD8	.0475
					CD8	.4205
					CD8(akt.)	-.1308
					MCHC	-.3363
					WSCC	.2415
					RDW	.4178

Fortsetzung Tabelle 8.3

Schritt	einbezogene Variablen	beta	R	R^2	ausgeschl. Variablen	Partial-korrelation
3	CD4 (akt.)	.5386			Kerntemp.	-.0862
	IgG	.4443			EMG	-.0169
	CD8-Zellen	.2950	.7769	.6036	Speichelv.	.1695
					CD4/CD8	.8791
					CD8(akt.)	-.0459
					MCHC	-.2429
					WSCC	.1200
					RDW	.2535
4	CD4 (akt.)	.7792			Kerntemp.	-.5622
	IgG	.6051			EMG	-.2766
	CD8	.9524			Speichelv.	.0870
	CD4/CD8	.8791	.9054	.8198	CD8(akt.)	-.0712
					MCHC	-.8710
					WSCC	-.0030
					RDW	.4169
5	CD4 (akt.)	.8731			Kerntemp.	-.6935
	IgG	.5472			EMG	.1498
	CD8	1.096			Speichelv.	.3479
	CD4/CD8	1.069			CD8(akt.)	.0740
	MCHC	-.3969	.9780	.9565	WSCC	-.1956
					RDW	.6994
6	CD4 (akt.)	.8510			Kerntemp.	-.9536
	IgG	.5464			EMG	.1859
	CD8	1.035			Speichelv.	.4405
	CD4/CD8	1.017			CD8(akt.)	.0678
	MCHC	.1501			WSCC	-.2187
	RDW	.6994	.9888	.9778		
7	CD4 (akt.)	.8370			EMG	.0640
	IgG	.4975			Speichelv.	.0601
	CD8	1.082			CD8(akt.)	.0675
	CD4/CD8	1.092			WSCC	-.0270
	MCHC	-.3411				
	RDW	.1476				
	Kerntemp.	-.1746	.9989	.9979		

Im ersten Schritt der Analyse wird diejenige Variable mit der höchsten Korrelation in die multiple Regression übernommen. Die aktivierten CD4-Zellen korrelieren mit der sIgA-Sekretionsrate (.5323) und tragen zur Gesamtvarianz über 25% bei (R^2). Nach Ausschluß dieser Variablen zeigen die entstandenen Partialkorrelationen, daß insbesondere die Immunglobulinkonzentrationen im Serum einen deutlichen Zuwachs an Prädiktorwert erfahren und zusammen mit den aktivierten T-Helferzellen immerhin zu über 50% die beobachtete Varianz der sIgA-Konzentrationen aufdecken. Dies ist nach Einschluß nur zweier Variablen ein sehr hoher Anteil, auf dessen Bedeutung später näher eingegangen werden soll.

Der Einschluß des Immunglobulin G verändert die Zusammenhänge zwischen den verbleibenden unabhängigen Variablen kaum, was darauf schließen läßt, daß zwischen IgG im Serum und den Restvariablen keine gemeinsamen Varianzanteile bestehen. Demzufolge werden die CD8-Zellen, die grundsätzlich hoch mit sIgA korreliert sind, in die multiple Regressionsgleichung übernommen. Der Anteil erklärter Varianz erhöht sich um ca. 10%, und der Partialkorrelationskoeffizient von dem CD4/CD8 - Quotienten erfährt einen deutlichen Zuwachs. Dies weist darauf hin, daß nach Abzug des Einflusses von CD8-Zellen die CD4-Zellen wiederum an Bedeutung gewinnen - hier offensichtlich aber allgemein und nicht nur in Hinblick auf ihren Aktiviertheitszustand.

Unter Ausschluß der CD4 und CD8 Zellen gewinnt MCHC deutlich an Prädiktorfunktion mit einer negativen Partialkorrelation von -.871. Der Einschluß dieser Variablen bewirkt selbst im 5. Schritt der Analyse noch einen Zuwachs an erklärter Varianz um annähernd 15%. Ganz offensichtlich wird die sIgA-Sekretionsrate nicht nur von immunologischen Variablen bestimmt, sondern auch durch solche des allgemeinen Blutbildes.

Die letzten beiden Schritte tragen aufgrund des schon nach fünf Schritten erreichten multiplen Korrelationskoeffizienten von .97 kaum noch zu einer Verbesserung der Vorhersage bei.

Festgehalten werden muß, daß die sIgA-Sekretionsrate durch die Anzahl peripherer Lymphozyten gut vorhergesagt werden kann, zumindest unter nicht stimulierten Bedingungen. Unter "stimuliert" wird in diesem Zusammenhang sowohl Antigenexposition als auch psychologische Stimulation wie Belastung oder auch Entspannung verstanden.

Der direkte Vergleich der Beta-Gewichte weist die CD8-Zellen sowie den CD4/CD8 - Quotienten als wichtigsten Prädiktor aus.

Die folgende Abbildung faßt den Einfluß der einzelnen Prädiktoren zusammen:

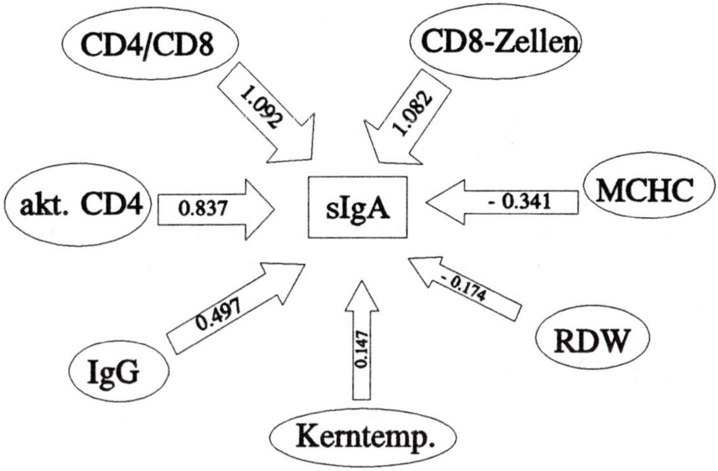

Abbildung 8.1 *Darstellung der unstandardisierten Beta-Gewichte zentraler Korrelate der sIgA-Sekretionsrate nach Abschluß einer schrittweisen multiplen Regressionsanalyse*

Die hier dargestellten Befunde legen die These nahe, daß die basale sIgA-Sekretionsrate stark mit zellulären Parametern des Immunsystems assoziiert ist. Die Literatur gibt hierfür nur begrenzt Erklärungshinweise. Verschiedene Arbeiten weisen darauf hin, daß eine orale Aufnahme von Antigenen, die zu einer lokalen Immunantwort und insbesondere zu einer starken sIgA-Produktion führt, häufig mit einer Reduktion der systemischen Immunantwort verbunden ist. Dieser Befund könnte in Hinblick auf den starken Zusammenhang zwischen sIgA-Konzentrationen und der Anzahl peripherer Suppressorzellen relevant sein, obwohl festgehalten werden muß, daß die Anzahl der Suppressorzellen noch keinen Rückschluß auf deren Aktivität zuläßt. Ferner geht die zitierte Arbeit darauf ein, daß die sIgA-Antwort selbstverständlich von T-Zellsubfraktionen mitausgelöst wird, die ihrerseits jedoch in dem GALT oder den PP zu lokalisieren sind. Darüberhinaus konnte gezeigt werden, daß Subfraktionen von T-Helferzellen über Fc-Rezeptoren in der

Lage sind, sIgA zu binden. Es könnte sich hierbei durchaus um aktivierte T-Helferzellen handeln, die in den hier aufgezeigten Ergebnissen ebenfalls hoch mit absoluten sIgA-Konzentrationen korreliert sind. Interessant ist ebenfalls der Befund, daß diese Zellen einen Fc-Rezeptor spezifisch für die α-Kette von Immunglobulinen sezernieren, die als IgA-binding factor (IBFalpha) charakterisiert werden konnten. Dieses 38000kD schwere Glycoprotein induziert wie das von diesen Zellen sezernierte Interleukin 5 einen selektiven Anstieg der Aktivität IgA-produzierender Zellen (Beagley et al.1989). Die hohe Interkorrelation wäre durchaus durch diese Interaktionen zu erklären. Gegebenenfalls könnte sIgA über den Blutstrom je nach Anforderung auch selbst direkt an der Steuerung von Zellwanderbewegungen beteiligt sein. Die Fähigkeit, am Fc-Rezeptor von T-Helferzellen zu binden, wäre somit ein chemotaktischer Stimulus für die selektive Lokalisation bestimmter Zellen in Mucosabereiche oder auch Speicheldrüsen. In sekretorischen Drüsen von Ratten konnte gezeigt werden, daß der Anteil ansässiger T-Helferzellen denjenigen der Suppressorzellen deutlich übersteigt (Pappo, Ebersole & Taubman, 1988). Dieser Befund wird auch von anderen Gruppen bestätigt, die z.B. nach Appendixresektionen gewebshistologisch weitaus mehr T-Helferzellen als Suppressorzellen auffinden konnten. Darüberhinaus wird auch in dieser Arbeit auf die Bedeutung "autoreaktiver" T-Helfer-Subfraktionen hingewiesen, die maßgeblich an der Aktivierung von sIgA-produzierendenZellen beteiligt sind. Der Begriff "autoreaktiv" setzt eine antigenabhängige Stimulierung nicht unbedingt voraus (Kawanishi, 1987).

Hinweise auf einen korrelativen Zusammenhang zwischen sIgA- und Serum IgG-Korrelationen sind unter anderem deswegen rar, da bei Immunisierungsstudien (z.B. zur Induktion oraler Toleranz) Anstiege der Antikörperkonzentrationen aufgrund der relativen Unabhängigkeit von systemischer und lokaler Immunantwort nicht miteinander korreliert sind. In den meisten Arbeiten sind basale Werte nicht in Zusammenhang gesetzt worden. Dennoch existieren Arbeiten, die bezüglich der Frage nach genetischen Determinanten der Immunantwort im Tiermodell oral stimulierten und zu z.T. bemerkenswerten Befunden führten.

Nach oraler Aufnahme von Choleratoxinen (CT) konnte in unterschiedlichen Inzuchtstämmen gezeigt werden, daß spezifische IgG-CT-Antikörper gut die Konezentrationen von sIgA-CT-Konzentrationen wiederspiegelten. Oder wie die

Autoren selbst beschreiben:

> *"Surprisingly, the sIgA and plasma IgG anti-CT responses in individual mice of the various strains tested showed a highly significant positive correlation. We conclude that both sIgA responses and plasma IgG anti-CT response after CT feeding is controlled by the I-A subregion of H-2."* (Elson & Ealding, 1987).

Diese Befunde könnten Hinweis auf gemeinsame Induktionen von Antikörperreaktionen darstellen. Das Konzept der lokalen Immunantwort muß hiermit nicht in Frage gestellt werden, da ein synergistisches Verhältnis zwischen den beiden Systemen bestehen und dennoch über gemeinsame (genetische) Determinanten vermittelt sein könnte.

Neben den zellulären und humoralen Parametern des Immunsystems korrelieren hämatologische Maße ebenfalls mit der sIgA-Sekretionsrate. Aus der mir zur Verfügung stehenden Literatur sind keine entsprechenden Zusammenhänge bekannt geworden, was weitere Untersuchung unter anderem an klinischen Populationen mit Erythrozytenstörungen oder anderen Beeinträchtigungen des Blutbildes fordern läßt.

Ebenfalls keine direkten Hinweise liegen zum Einfluß der Kerntemperatur auf sIgA-Konzentrationen vor. Es ist jedoch wahrscheinlich, daß es sich hierbei um einen unspezifischen und (siehe Beta-Gewicht) keinen allzu bedeutsamen Zusammenhang handelt. Die Literatur gibt Hinweise, daß bis zu einem gewissen Grad der Kerntemperaturerhöhung immunologische Aktivierungsmarker erhöht sind, was bei sehr hoher Temperatur (Fieber) ins Gegenteil umschlägt.

8.3 Korrelate der sIgA-Sekretionsratenveränderung

Nachdem dargestellt wurde, welche physiologischen, endokrinen und immunologischen Marker mit der sIgA-Sekretionsrate unter nicht-stimulierten Bedingungen korreliert sind, soll im folgenden beschrieben werden, welche Maße mit der *Veränderung* der sIgA-Sekretionsrat assoziiert sind. Zur Erfassung dieser Veränderungen wurde eine Studie durchgeführt, die nachweislich zu physiologischen, endokrinen und immunologischen Veränderungen führt. Es handelt sich um die bereits kurz erwähnte Studie zum Einfluß von kurzzeitiger Kälteexposition auf psychobiologische Marker. An dieser Stelle soll die Studie etwas genauer beschrieben werden.

8.3.1 Methodik

Insgesamt 40 gesunde männliche Versuchspersonen wurden randomisiert auf zwei Versuchsgruppen aufgeteilt. Die Studie wurde in der Klimakammer des Instituts für Physiologie der JLU Giessen (Fachbereich Humanmedizin) durchgeführt. In der einen Gruppe befanden sich die Versuchsteilnehmer über einen Untersuchungszeitraum von 90 Minuten innerhalb einer konstanten Kammertemperatur von 28°C (Kontrollgruppe), während für die Experimentalgruppe die Kammertemperatur für 20 Minuten auf 5°C abgesenkt wurde. Vor Beginn der Untersuchungen wurden den Probanden Elektroden zur Erfassung der Herzfrequenz, Hauttemperatur und Muskelaktivität (Oberschenkel) angelegt. Ferner wurde ein Temperaturfühler zur Erfassung der Kerntemperatur in den äußeren Gehörgang eingeführt und mit einem Kopfhörer gegen Außentemperatureinflüsse abgeschirmt (Tympanale Temperaturmeßmethode). Zur Erfassung der metabolischen Rate (MR) wurde den Versuchsteilnehmern eine Haube über den Kopf gesetzt, mit deren Hilfe über eine zentrale Recheneinheit die O_2 -Aufnahme und die CO_2 - Abgabe zur MR verrechnet wurde.

Zu insgesamt vier Meßzeitpunkten wurde den Probanden über eine zuvor gelegte Venenbraunüle Blut entnommen; Speichelproben zur Erfassung von sIgA- und Cortisolkonzentrationen wurden zu insgesamt 13 Meßzeitpunkten erhoben. Während der Phase der Speichelprobengewinnung füllten die Probanden Fragebögen zur situativen Befindlichkeit aus. Die folgende Abbildung gibt den Untersuchungsablauf wieder.

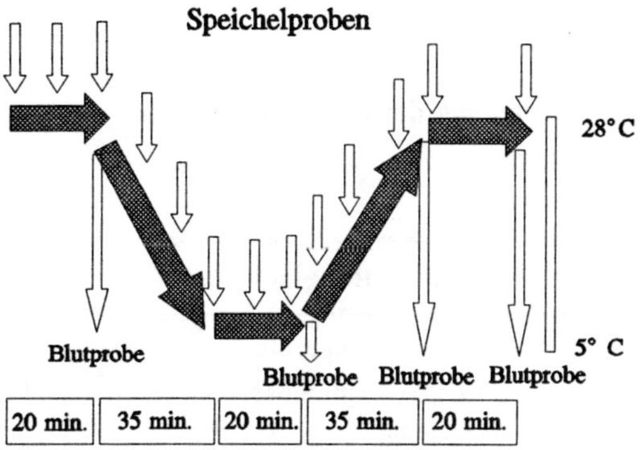

Abbildung 8.2 *Darstellung des Versuchsdesigns zur Erfassung von Kältestreß-induzierter sIgA-Sekretionsratenänderung*

Die physiologischen Parameter wurden über einen Analog-Digital-Wandler online in einen IBM-kompatiblen Personalcomputer in 10 Sekunden Meßintervallen eingespeist. Nach Abschluß der Datenerhebung, erfuhren die physiologischen Meßwerte mittels der Methode der gleitenden Mediane (über 90 Meßwerte) eine notwendige Glättung, da durch Bewegung oder andere Störquellen Meßartefakte eliminiert werden sollten. Im Anschluß wurden Mittelwerte der Parameter in Abhängigkeit zu den folgenden definierten experimentellen Phasen gebildet:

1. Meßwert vor Abkühlung (Baseline)
2. Meßwert nach Abkühlung
3. Meßwert nach Abschluß der Kälteexposition
4. Meßwert nach Wiedererreichen der Ausgangstemperatur (28 °C)
5. Meßwert nach Ruhephase von 20 Minuten

Entsprechende Phasen wurden ebenfalls für Cortisol und sIgA gebildet.

In Abhängigkeit des Zeitverlaufs liegen entsprechende Phasendefinitionen für die Kontrollgruppe vor.

Tabelle 8.4 gibt eine Aufstellung der erhobenen physiologische, endokrinen und immunologischen Parameter

Physiologisch
Hauttemperatur Körperkerntemperatur Muskelaktivität (EMG) Metabolische Rate Herzrate
Endokrin
Cortisol (Speichel) Testosteron Prolaktin
Immunologisch
sIgA (Speichel) IgA (Serum) IgG (Serum) IgM (Serum) CD4+ (T-Helfer-Zellen) CD8+ (T-Suppressor-/zytotoxische Zellen) Gesamt-T-Zellen Gesamt-B-Zellen

Da die den erhobenen Parametern zugrundliegenden Systeme mit unterschiedlichen Latenzen auf belastende Situationen reagieren (man bedenke z.B., daß Cortisol im Speichel die Blutwerte mit einer zeitlichen Verzögerung von annähernd 20 Minuten reflektiert), wurde die Definition von Veränderungswerten psychobiologischer Marker wie folgt vorgenommen:

1. Es mußte ein signifikanter Unterschied des Parameters zwischen Experimental- und Kontrollgruppe aufgezeigt werden können (Hauptgruppeneffekt oder Interaktion zwischen Gruppe und Zeitverlauf bzw. Phase des Experiments). Zur Ermittlung des Unterschieds wurden Kovarianzanalysen mit Meßwiederholung (Phasen des Experiments) berechnet.

2. Bei Vorliegen signifikanter Gruppeneffekte oder Interaktionen wurden post-hoc-Tests (Tukey) gerechnet, und die Abweichung der Meßwerte zwischen Experimental- und Kontrollgruppe mit der deutlichsten Signifikanz (bezogen auf die Phasen des Experiments) wurde als Reaktionswert definiert.

3. Der Veränderungswert war definiert als maximale prozentuale Abweichung:

$$\frac{\textit{Reaktionswert} - \textit{Baseline}}{\textit{Baseline}} * 100$$

8.3.2 Ergebnisse und Diskussion

Die folgende Tabelle zeigt die Ergebnisse der Varianzanalysen und die den Phasen zugeordneten Mittelwerte.

	Baseline		nach Abkühlung		Abschluß Kälte		Erreichen 28°		nachher		Gruppe		Phase		G x P	
	EX	KO	EX	KO	EX	KO	EX	KO	EX	KO	F	p	F	p	F	p
Hauttemp.	34.3	34.4	28.1	34.3	25.7	34.2	30.5	34.3	32.1	34.3	162.5	<.0001	303.8	<.0001	286.1	<.0001
Kerntemp.	36.7	36.7	36.6	36.7	36.4	36.6	36.1	36.5	36.2	36.5	1.85	n.s.	58.68	<.0001	9.05	<.0001
MR	126	121	149	115	173	115	121	111	120	115	6.6	<.05	33.25	<.0001	34.3	<.0001
EMG	137	139	205	134	282	137	149	118	161	154	3.07	n.s.	15.41	<.0001	14.8	<.0001
Herzfreq.	70.4	68.8	66.1	64.0	68.3	63.6	60.7	65.3	63.1	65.4	0.005	n.s.	5.26	<.001	2.80	<.05
Cortisol	.90	.95	1.29	.73	.78	.87	.98	.58	.73	.56	2.03	n.s.	2.44	<.05	2.47	<.05
Testosteron	20.7	19.2			20.9	20.9	20.0	24.2	21.6	21.7	0.05	n.s.	1.43	n.s.	2.55	=.058
Prolaktin	10.1	10.4			8.65	9.85	9.10	9.81	8.64	9.55	0.56	n.s.	1.79	n.s.	0.64	n.s.
sIgA	14.7	10.4	13.6	13.9	13.1	10.5	11.3	14.2	10.8	13.5	0.10	n.s.	1.06	n.s.	3.82	<.01
IgA	2.85	2.82			3.30	2.91	3.48	2.74	3.34	2.43	0.76	n.s.	1.06	n.s.	2.81	<.05
IgG	13.3	13.5			14.8	14.3	13.6	13.1	15.1	12.5	0.46	n.s.	1.97	n.s.	2.17	n.s.
IgM	1.11	1.10			1.30	1.15	1.42	1.03	1.41	0.96	1.28	n.s.	1.03	n.s.	3.33	<.05
CD4+	46.0	47.5			40.6	47.6	44.1	48.4	44.2	49.5	2.37	n.s.	3.96	<.01	3.07	<.05
CD8+	33.1	29.8			34.4	31.1	35.0	30.3	33.4	31.1	0.41	n.s.	0.19	n.s.	1.05	n.s.
T-Zellen	79.2	76.9			75.6	74.6	76.5	76.6	77.3	76.5	0.07	n.s.	2.06	n.s.	0.31	n.s.
B-Zellen	8.66	8.12			9.14	7.88	8.97	6.98	9.69	7.45	0.51	n.s.	1.15	n.s.	2.36	n.s.

Der Tabelle 8.5 ist zu entnehmen, daß physiologische, endokrine und immunologische Parameter z.T. sehr deutlich durch Kälteexposition verändert werden. Um also psychobiologische Korrelate der sIgA-Sekretionsratenveränderung zu ermitteln, scheint Kälteexposition eine geeignete Operationalisierung darzustellen. Das Ausmaß der Veränderungen ist jedoch sehr unterschiedlich. Um Vergleiche des Ausmaßes der Unterschiede zu ermöglichen, wurden die Veränderungswerte als prozentuale Veränderung berechnet. Tabelle 8.6 gibt für diejenigen Parameter, die signifikante Gruppenunterschiede oder Interaktionseffekte aufweisen, die prozentuale Veränderung wieder.

Tabelle 8.6 *Minimale, maximale und mittelere prozentuale Veränderung physiologischer, endokriner und immunologischer Parameter nach Kältestreß*

Variable	minimale Veränderung (%)	maximale Veränderung (%)	mittelere Veränderung (%)
Hauttemperatur	-14.40	-37.02	-24.92
Kerntemperatur	-0.24	-2.87	-1.39
Metabolische Rate	7.66	88.61	36.51
Herzrate	7.80	-18.36	-6.91
Muskelaktivität	22.70	337.60	108.27
Cortisol	-86.12	337.60	11.32
Testosteron	81.10	-34.68	-5.50
sIgA	173.60	-317.98	-35.59
IgA (Serum)	-100.00	117.00	16.30
IgM (Serum)	-100.00	105.90	20.61
CD4+ (Helfer-Zellen)	-0.45	-50.80	-11.50

Um die Korrelate einer sIgA-Sekretionsratenveränderung zu indentifizieren, wurde eine schrittweise multiple Regressionsanalyse durchgeführt, da, wie Tabelle 8.7 zeigt, viele der Veränderungswerte interkorreliert sind.

Tabelle 8.7 Interkorrelationen zwischen physiologischen, endokrinen und immunologischen Veränderungswerten nach Kältestreß (mittlere prozentuale Veränderung; N=20)

	T_H	T_K	HR	EMG	MR	Cort.	Test.	sIgA	IgA	IgM	CD4+
T_H											
T_K	-.07										
HR	.54*	.30									
EMG	.28	.04	.49*								
MR	.37	.23	.67**	.23							
Cort.	-.05	-.18	.01	.74**	.03						
Test.	-.09	-.47*	-.27	.17	.03	.06					
sIgA	.50*	.01	.57**	.15	.37	-.18	.11				
IgA	-.23	-.01	-.28	.23	-.31	.06	-.26	-.59**			
IgM	.12	.17	.34	.21	.08	.22	-.39#	-.24	.60**		
CD4+	-.41#	-.32	-.83**	-.30	-.47#	.04	.24	.38#	.18	-.37	

T_H = Hauttemperatur
T_K = Kerntemperatur
\# $p<.10$
* $p<.05$
** $p<.01$

Die Korrelationsmatrix in Tabelle 8.7 zeigt, daß die Veränderung der sIgA-Sekretionsrate positiv mit Veränderungen der Herzrate, der Hauttemperatur und der peripheren T-Helfer-Zellen (CD4+) korreliert ist. Die höchste beobachtete Korrelation findet sich mit der Veränderung von IgA im Serum. Der negative Zusammenhang indiziert, daß Abnahmen der sIgA-Sekretionrate mit Zunahmen der Immunglobulinkonzentration im Serum verbunden sind. Aufgrund der Interkorrelationen zwischen Parametern, die gemeinsame Varianz mit

Veränderungen der sIgA-Sekretionsrate aufweisen, wurde eine schrittweise Regressionsanalyse durchgeführt.

Als Ergebnis kann festgehalten werden, daß alleine durch Einbeziehung der Variablen "Veränderung der Hauttemperatur" und "Veränderung der IgA-Konzentration im Serum" annähernd 50% der Varianz der sIgA-Sekretionsratenänderung aufgedeckt werden können. Tabelle 8.8 zeigt das Ergebnis der multiplen Korrelation.

Tabelle 8.8 *Ergebnis einer multiplen Korrelationsanalyse zwischen physiologischen, endokrinen und immunologischen Veränderungswerten und der sIgA-Sekretionsratenänderung*

Einbezogen	r	R	R^2	F	df	n. einbezogen	Partialkorr.
IgA (Serum)	.598	.598	.35	8.36	1,15	T_H	.47
						T_K	.005
						HR	.14
						MR	.24
						EMG	.01
						Cort.	-.18
						Test.	-.05
						IgM	.17
						CD4+	.34
IgA (Serum)	.598	.598	.35	7.01	2.14	T_K	.03
T_H	.478	.707	.50			MR	.10
						HR	-.02
						EMG	-.09
						Cort.	-.18
						Test.	.02
						IgM	.01
						CD4+	.20

Im ersten Schritt der multiplen Regression wird der Veränderungswert von IgA im Serum mit einer Korrelation von .59 einbezogen. Diese eine Variable erklärt bereits 35% der beobachteten Varianz der sIgA-Sekretionsratenänderung.

In einem zweiten Schritt wird die multiple Regression entscheidend verbessert (siehe F-Wert und Signifikanz von R^2), der Anteil der zusätzlich erklärten Varianz beläuft sich auf 15%. Nach Einbeziehung dieser beiden Variablen korreliert kein weiteres Veränderungsmaß signifikant mit der abhängigen Variablen. Die folgende Abbildung zeigt auf, daß unter Berücksichtigung der Maße "IgA-Serum" und "Hauttemperatur" eine gute Schätzung auf sIgA-Sekretionsratenänderung unter Kältebelastung möglich ist.

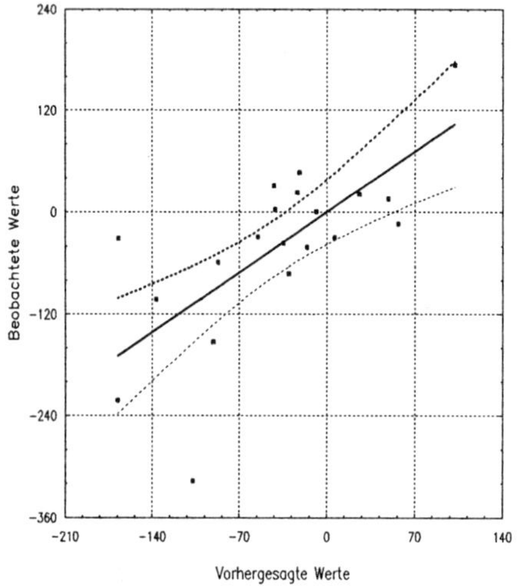

Abbildung 8.3 ***Darstellung vorhergesagter vs. beobachteter Werte der sIgA-Sekretionsratenveränderung nach Kältebelastung, basierend auf einer multiplen Korrelation mit Veränderungen von IgA im Serum und Hauttemperaturveränderungen (einbezogene Variablen siehe Tabelle 8.8)***

Die Beobachtung, daß nach Streß sIgA- und IgA-Veränderungen negativ korreliert sind, ist bislang nicht beschrieben worden. Es liegen zwar zur Zeit verschiedene Arbeiten zum Einfluß von Belastung vor, keine hat sich jedoch zuvor mit der Frage beschäftigt, *wie* reduzierte Konzentrationen zustande kommen. Hierfür gibt es verschiedene Erklärungsmöglichkeiten, die alle basierend auf hormonellen oder nervalen Einflüssen

1. eine Reduktion von Plasmazellaktivität
2. einen Einfluß auf Epithelgewebe bzw. die sekretorische Komponente
3. ein "Isotyp-Switching" zur IgA-Produktion

als Ursprung aufweisen können.

Die Korrelation mit der Veränderungen der Hauttemperatur läßt sich als Hinweis auf einen das Epithelgewebe betreffenden Mechanismus interpretieren. Die Absenkung der Hauttemperatur kann im Epithelgewebe der oralen Mucosa zu Vasokonstriktionen und somit indirekt auf mechanischem Wege die Verbindung des dimeren IgA mit der sekretorischen Komponente beeinflussen und somit die Passage des sIgA in das Lumen erschweren. Neben der Möglichkeit einer mechanischen Beeinflussung kann aber auch hypothetisiert werden, daß humoral Mechanismen die sekretorische Komponente direkt beeinflußt haben könnten, da gezeigt werden konnte, daß die Produktion der SC in vitro durch VIP, Isoproterenol (ß-adrenerger Agonist), Prostaglandin E_2, IL1,TNF und Charbachol (einem choliniergen Agonisten) verändert wird (Kelleher, Hann, Edwards & Sullivan, 1991).

Verschiedene Arbeiten haben darüber hinaus darauf hingewiesen, daß bestimmte Faktoren ein sogenanntes "Isotyp-Switching" auslösen können. Ursprünglich versteht man unter "Isotyp-Switch" das Phanomen, daß IgM-Antikörper im Zuge der Sekundärantwort von IgG - Antikörpern mit gleicher Antigenspezifität ersetzt werden. Aufgrund der fundamentalen Unterschiede zwischen IgA und sIgA soll - wenn auch nicht ganz präzise - dennoch vom *Iso*-Type switch gesprochen werden. Hiermit ist gemeint, daß Plasmazellen, die ursprünglich sIgA-produzierende Zellen sind, später, nach entsprechender Stimulation zu z.B. IgA - produzierenden Zellen "switchen".

> *"In T-cell regulation of IgA synthesis, various cytokines (e.g. TGF-ß, IL-2, IL-5, and IL-6) which are secretet by CD4+ cells, play important roles for the induction and regulation of IgA isotype switching and terminal differentation of sIgA+ B- cells to become IgA producing cells"* (Mega, Fujihashi & Kiyono, 1992).

Die entscheidende Rolle der genannten Interleukine sowie des Transformation growth factors (TGF) an dem Isotyp switching wird auch von anderen Autoren bestätigt (van Vlasselaer, Punnonen & De Vries, 1992; Defrance, Vanbervliet, Briere, Durand, Rousset & Banchereau, 1992; Sonoda, Hitoshi, Yamaguchi, Ishii, Tominaga, Araki & Takatsu, 1992).

Die Erklärungsmöglichkeit des Isotyp-Switching ist denkbar, da nach Kälteexposition sowohl CD4+Zellen als auch sIgA und IgA beeinflußt werden. Die in der Literatur beschriebenen Phänomene des Switching sind immer nach antigener Stimulation beobachtet worden. Aus diesem Grund ging man bislang immer davon aus, daß ein solches Isotyp Switching nach mehreren Stunden bis Tagen beobachtet werden könnte. Die Veränderung des sIgA und IgA sind jedoch nach Kälteexposition bereits schon nach 2-3 Stunden statistisch signifikant. Diese vordergründige Diskrepanz erfordert weitere Studien zur notwendigen Dauer eines Isotyp-Switching mit der Konsequenz meßbarer Immunglobulinkonzentrationsänderungen.

Kapitel 9: Der Einfluß von Entspannung und Imagination auf die sIgA-Sekretionsrate

9.1 Theoretischer Hintergrund

Sowohl in Kapitel 1 als auch in Kapitel 3 wurde auf die Möglichkeit hingewiesen, immunologische Parameter mittels verschiedener Entspannungs- und Imaginationsverfahren zu verändern. Üblicherweise wird mit solchen Techniken die Hoffnung verbunden, immunologische Prozesse "positiv" zu beeinflussen, wobei unter Berücksichtigung des derzeitigen Wissensstandes über die klinische Bedeutung einer Stimulation bestimmter Immunparameter die Bezeichnung "positiv" im Sinne von "Anstieg" und nicht von "Begünstigung des Organismus" zu verstehen ist. Aus diesem Grund soll auch im folgenden über die klinische Nutzbarmachung derartiger Effekte nicht berichtet werden, sondern -wie am Beispiel der streßinduzierten Veränderungen- der Einsatz von Entspannungsverfahren als *Strategie* zur Identifikation von ZNS - Immunsystem - Interaktionen betrachtet werden. Auf Arbeiten, die explizit auf die klinische Bedeutung eingehen, sei an dieser Stelle nur verwiesen (Borysenko, 1982; la-Greca, 1985; Kent, Coates, Pelletier & O'Regan, 1989; Halley, 1991; Teshima, Sogawa, Mizobe, Kuroki & Nakagawa, 1991).

In einer Studie mit geriatrischen Patienten, die entweder einer Relaxationsgruppe (Progressive Muskelrelaxation), einer Gruppe allgemeiner und unspezifischer sozialer Kontakte oder keiner von beiden zugeordnet wurden, zeigte sich, daß die Entspannungsgruppe nach Abschluß der Intervention signifikante Anstiege der Natürlichen Killerzellaktivität und Abnahmen des Herpes Simplex Antikörpertiters im Vergleich zu den anderen beiden Gruppen aufwies (Kiecolt-Glaser & et-al, 1985). Ebenfalls wurden Anstiege der Mitogenstimulierbarkeit von T-Zellen beobachtet, was zusammengefaßt als Beeinflussung zellulärer Immunparameter nach Entspannung deuten läßt. Dieser Befund ist sicherlich nicht altersspezifisch oder im Sinne eines Ausgangswertgesetzes zu interpretieren, da auch an jüngeren Probanden sehr vergleichbare Befunde aufgezeigt werden konnten (Zachariae et al.1990)

Eine andere Arbeit prüfte, ob eine streßbedingte Reduktion von Makrophagenaktivität durch biofeedback-unterstützte Relaxation aufgehoben werden kann. An dieser Studie nahmen Examenskandidaten teil, bei denen zunächst gezeigt werden konnte, daß stark gestreßte Studenten die niedrigste Makrophagenaktivität aufwiesen. Im Anschluß wurde diese Gruppe entweder der Relaxationsbedingung oder einer Kontrollgruppe zugeordnet. Die Ergebnisse zeigen, daß Biofeedback-unterstützte Relaxation zu einer deutlichen Steigerung der Makrophagenaktivität, einer Zunahme an aktivem Coping-Verhalten und einer Reduktion von Angst führt (Peavey, Lawlis & Goven, 1985). Daß es sich hierbei um Aktivitätssteigerungen einzelner Zellen handelt, legen die Befunde nahe, da die Zellzahlen im peripheren Blut unverändert blieben.

In neueren Arbeiten wird darüber hinaus versucht, Relaxationstechniken als Mediatoren des Krankheitsverlaufes einzusetzen. Eine Gruppe von Patienten mit rezidivierender Stomatitis aphthosa, einer virusbedingten Mundschleimhautentzündung, wurde einer Relaxationsübung mit Hypnose-Elementen unterzogen. Die im Vordergrund stehenden Variablen waren die Häufigkeit von wiederkehrenden Ulcera, der Einfluß von psychischem Streß, Einschätzungen des Schmerzes und die Suggestibilität der Patienten. Die Ergebnisse verdeutlichten, daß die Relaxationsübungen bei allen Patienten mit einer signifikanten Abnahme der Ulcera verbunden war. Dieser Befund war unabhängig von allgemeinem Streß, und auch der Suggestibilität kam nur geringe Bedeutung zu (Andrews & Hall, 1990).

Nicht nur zelluläre sondern auch humorale Immunparameter konnten mit Relaxtionstechniken beeinflußt werden. Dies gilt sowohl für sIgA-Konzentrationen (s. Kapitel 3) als auch für Serumimmunglobuline. Die Arbeit von Green und Mitarbeitern zeigte, daß nach Abschluß eines 3-wöchigen Trainings in Relaxationsübungen IgA, IgG und IgM im Serum signifikant angestiegen waren (Green, Green & Santorom, 1988).

Gerade der zuletzt aufgeführte Untersuchungsbefund einer Veränderung *aller* Immunglobulinkonzentrationen wirft die Frage nach der Spezifität der Effekte auf. Darüber hinaus liegen bislang weder Daten über die Reproduzierbarkeit entspannungsinduzierter Immunglobulin-Konzentrationsveränderungen noch über Mediatoren der "Stimulierbarkeit" von Personen vor. Aus diesem Grunde werden im folgenden drei Studien beschrieben, denen folgende Fragestellungen zugrunde liegen:

1. Handelt es sich bei den entspannungsinduzierten Veränderungen der sIgA-Sekretionrate um ein *immunologisches* Phänomen oder um eine eher unspezifische Stimulation der Proteinsynthese, die *auch* die sIgA-Konzentrationen umfaßt (Studie I) ?

2. Ist nach wiederholter Absolvierung einer Entspannungsübung mit unveränderter Stimulation zu rechnen, oder führen Prozesse wie Habituation zu Instabilitäten (Studie II) ?

3. Gibt es Personenmerkmale, die das Ausmaß von Veränderungen definieren oder beeinflußen (Studie II) ?

4. Wird die sIgA-Sekretionsrate durch spezifische, auf immunologisches Geschehen konzentrierte Imagination deutlicher als auf unspezifische Vorstellungen verändert (Studie III) ?

9.2 Untersuchung zur immunologischen Spezifität

9.2.1 Methodik

An dieser Studie zur Prüfung der immunologischen Spezifität von entspannungsinduzierten sIgA-Sekretionsratenveränderungen nahmen insgesamt 24 gesunde Versuchsteilnehmer (13 ♀; 11 ♂) im Alter zwischen 30 und 52 Jahren teil. Die Teilnehmer wurden zunächst mit Hilfe eines Filmbeitrages auf die Sekretionsmodalitäten des sIgA hingewiesen. Dieser Film zeigt schematisch die grundlegenden Funktionsweisen von Plasmazellen und die Mechanismen der Antikörperproduktion.

Im Anschluß an diesen Informationsteil wurden die Probanden nach Abschluß einer einstündigen Pause randomisiert auf zwei Versuchsbedingungen verteilt, wovon die eine als Experimentalgruppe, die andere als Kontrollgruppe diente.

Beide Gruppen wurden zunächst gebeten, einen Fragebogen zur aktuellen Befindlichkeit auszufüllen und anschließend eine Speichelprobe abzugeben, die als Baseline herangezogen wurden. Danach erhielt die Experimentalgruppe eine Entspannungsinstruktion in Verbindung mit der Anleitung, sich eine lokale sIgA-Produktion vorzustellen. Im gleichen Raum befand sich die Kontrollgruppe, die einen Sachtext über die Möglichkeiten einer entspannungs- und/oder imaginationsinduzierten sIgA-Konzentrationsbeeinflussung zu lesen bekam. Die Instruktion für die Experimentalgruppe und die ersten Sätze des Sachtextes für die Kontrollgruppe sollen verkürzt wiedergegeben werden:

Experimentalgruppe	Kontrollgruppe
Ich habe die Aufgabe verstanden und sitze nun entspannt auf meinem Stuhl. Ich bemerke, daß die Laute um mich leiser werden und fühle ein nahendes Gefühl der Entspannung.... Jetzt, da ich mich schon sehr entspannt fühle, stelle ich mir vor, wie in der Mundschleimhaut lokale Plasmazellen damit beginnen, IgA zu produzieren. Ich fühle daß IgA jetzt über die sekretorische Komponente zusammengebaut und in den Mundraum transportiert wird. Die Plasmazellen produzieren weiterhin IgA und ich glaube den Zuwachs zu empfinden.	Daß dies (gemeint ist die Beeinflussung von Körperfunktionen durch Gedanken) auch bei gesunden Probanden funktioniert, haben jetzt Wissenschaftler der Universität Los Angeles beweisen können. Sie forderten Schauspieler auf, in einem Experiment jeweils eine depressive und glückliche Stimmung auszudrücken und solch einen Menschen in dieser Gemütsverfassung durch Monologe und Gesten auf der Bühne zu spielen. Die Teilungsrate von Immunzellen nach der Stimulation mit PHA stieg nach der Darstellung der glücklichen Stimmung sofort an, während sie bei der negativen Stimmung sofort sank. Je stärker sich ein Schauspieler in die Rolle hineinsteigerte, desto deutlicher waren die Unterschiede. (....)

Die Imaginationsübung und das Lesen des Sachtextes dauerten genau 10 Minuten. Direkt im Anschluß gaben die Probanden erneut eine Speichelprobe ab und füllten einen Fragebogen zur situativen Befindlichkeit aus. Der Fragebogen bezieht sich in erster Linie auf den Bereich der Lebenszufriedenheit und psychisch-körperliches Wohlbefinden (Frank, 1991).

Im Speichel wurden dann unter Verwendung der bisher beschriebenen Methoden sIgA und Cortisol bestimmt. Der Aspekt der immunologischen Spezifität sollte nicht nur unter Einbeziehung einer Hormonmessung sondern insbesondere der eines unspezifischen Proteins geprüft werden. Hierzu bietet sich Albumin an, welches mittels der beschriebenen lasernephelometrischen Methode ebenfalls gut im Speichel zu messen ist und - was noch wichtiger ist - über passiven Transport

(Leakage) in den Speichel gelangt. Im Gegensatz zu sIgA entstammt Albumin im Speichel zu annähernd 100% dem Serum. Dies wurde besonders eindrücklich durch radioaktive Markierungsversuche demonstriert (Strober & Waldmann, 1970). Albumin im Speichel kann somit als "Referenzprotein" zur Prüfung immunologischer Spezifität eingesetzt werden.

9.2.2 Ergebnisse und Diskussion

In Tabelle 9.1 sind zunächst die Gruppenunterschiede in Veränderungen emotionaler Befindlichkeit aufgestellt, die kovarianzanalytisch ermittelt wurden.

Tabelle 9.1 Ergebnisse covarianzanalytischer Prüfung von Gruppenunterschieden nach Imagination oder einer Kontrollbedingung

Dimension	Imagination	Kontrolle	F (df=1)	p
Allgemeine Stimmung	5.64	5.27	6.29	.021
Gefühl von Ruhe und Muße	23.5	18.92	9.14	.006
Vitalität / Lebensfreude	17.00	13.42	3.54	.074
Genußfreudigkeit	16.55	12.75	7.43	.013
Zufriedenheit mit eigenem Körper	18.75	16.83	.49	n.s.
Konzentration / Reaktionsfähigkeit	26.17	23.50	2.022	n.s.
Speichelflußrate (ml/min)	6.9	6.5	.14	n.s.

Tabelle 9.1 zeigt, daß sich die allgemeine Stimmung, Gefühle von Ruhe und Muße, Lebensfreude und Genußfreudigkeit als Indikatoren körperlich-seelischen Wohlbefindens signifikant nach Absolvierung der Imaginationsaufgabe verbessern. Keine Gruppenunterschiede zeigen sich in Hinblick auf Konzentrationsfähigkeit und Zufriedenheit mit dem eigenen Körper. Ersteres läßt darauf schließen, daß die Einschätzung kognitiver Funktionen nicht beeinflußt wird, und letzteres legt den Eindruck nahe, daß im Vergleich zu den signifikanten Unterschieden dieser Aspekt der Zufriedenheit zu global gefaßt sein könnte. Unterschiede in der Speichelflußrate ergeben sich ebenfalls nicht.

Die biochemischen Parameter ergibt verdeutlichen das in Abbildung 9.1 gezeigte Bild. Die Veränderungen der sIgA-, Albumin- und Cortisolkonzentrationen wurden ebenfalls kovarianzanalytisch getestet. Um jedoch einen Vergleich der Veränderungen zu erleichtern, sind prozentuale Veränderungen aufgetragen.

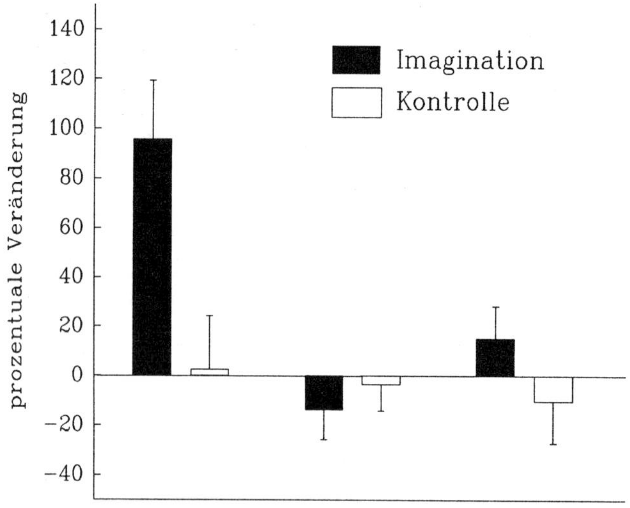

Abbildung 9.1: *Mittelwert und Standardfehler prozentualer Veränderungen von sIgA- (links), Albumin-(rechts) und Cortisolkonzentrationen (Mitte) in Abhängigkeit von der Gruppenzugehörigkeit*

Die Frage nach der biologischen Spezifität entspannungsinduzierter sIgA-Veränderungen läßt sich mit den in Abbildung 9.1 dargestellten Befunden beantworten. Während Cortisol und Albumin im Speichel keine substantiellen Veränderungen in Abhängigkeit von der Gruppenzugehörigkeit zeigen, erfährt sIgA einen mittleren Anstieg von fast 100% ($p<.01$). Die Tatsache, daß Albumin als Referenzprotein keine Veränderungen aufweist, zeigt, daß ein Anstieg der sIgA-Konzentration nicht mit unspezifischen Einflüssen auf die Proteinsynthese erklärt werden kann. Offensichtlich handelt es sich hierbei um ein spezifisches, die lokale Immunantwort betreffendes Phänomen. In weiteren Studien wäre zu prüfen, ob es sich bei diesen Konzentrationsanstiegen um biologisch relevante Veränderungen handelt, und ob diese gegebenenfalls klinisch nutzbar gemacht werden können.

9.3 Untersuchung zur Wiederholbarkeit

In der zweiten Studie, die zum Einfluß auf Entspannungsverfahren auf die sIgA-Sekretionsrate durchgeführt wurde, stand insbesondere die Frage nach der Wiederholbarkeit entspannungsinduzierter Veränderungen im Vordergrund. Zusätzlich ist von Interesse, ob bei klinischen Populationen diagnoseabhängige Unterschiede in der Entspannungsfähigkeit oder "Stimulierbarkeit" von sIgA-Sekretionsraten aufzuzeigen sind. Die Operationalisierung dieser Fragestellung führte zu einer Studie an Patienten in einer Rehabilitationsklinik.

9.3.1 Methodik

Insgesamt 106 Patienten (71♂; 35♀) wurden in der Bergfried-Klinik in Nidda untersucht. Bei diesen Patienten handelt es sich in den meisten Fällen nicht um Akutpatienten sondern um solche, die Rehabilitationsmaßnahmen oder

Kuraufenthalte absolvierten. Ziel der Untersuchung war die Vermittlung von Entspannungsverfahren und Prüfung von möglichen sIgA-Veränderungen nach einem zweiten, 14 Tage später stattfindenden Durchgang. Darüber hinaus sollten Faktoren wie Vorerfahrung mit Entspannungsverfahren und die situative Befindlichkeit (psychisch und physisch) als mögliche Mediatoren der Entspannungs*fähigkeit* erfaßt werden.

Ferner wurden die Patienten nach Diagnosegruppen eingeteilt, die ebenfalls in Hinblick auf die Art der (Vor)erkrankung als unabhängige Variable mit einbezogen wurden. Abbildung 9.2 zeigt die Verteilung der Patienten auf die vier Hauptdiagnosegruppen.

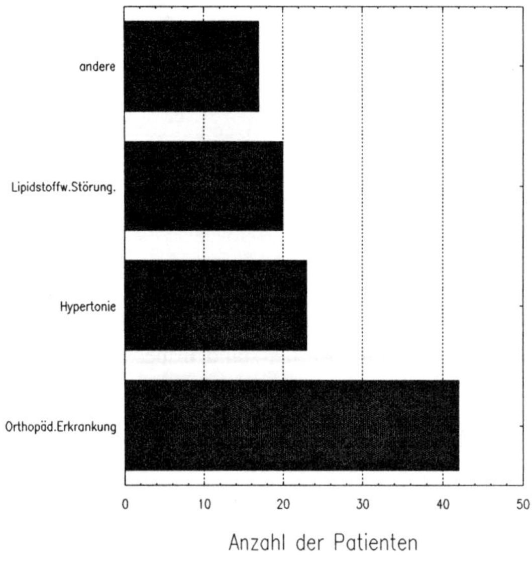

Abbildung 9.2 *Häufigkeitsverteilung der untersuchten Patienten nach Hauptdiagnosegruppen*

In der Kategorie "andere" befinden sich Patienten mit Tumorerkrankungen, chronischer Bronchitis, Lebererkrankungen und chronischen Magen-Darmerkrankungen. Der Ablauf der Untersuchung ist in Tabelle 9.2 wiedergegeben.

Tabelle 9.2 Ablauf der Untersuchung zu sIgA-Konzentrationsänderungen bei wiederholter Entspannung

Zeitpunkt	Inhalt
Tag 1	Vermittlung der Entspannungstechnik (Autogenes Training) Fragebogen zur Entspannung
Tag 3	1. Entspannungssitzung a) Messung situativer Befindlichkeit und körperlicher Symptome b) Speichelprobe 1a c) Durchführung der Entspannung d) Messung situativer Befindlichkeit und körperlicher Symptome e) Speichelprobe 1b f) Fragebogen zur Entspannung
	Pause (keine Entspannungsverfahren)
Tag 14	Wiederholung der Entspannungstechnik Fragebogen zur Entspannung
Tag 17	2. Entspannungssitzung a) Messung situativer Befindlichkeit und körperlicher Symptome b) Speichelprobe 2a c) Durchführung der Entspannung d) Messung situativer Befindlichkeit und körperlicher Symptome e) Speichelprobe 2b f) Fragebogen zur Entspannung

9.3.2 Ergebnisse und Diskussion

Zunächst seien die Veränderungen situativer Befindlichkeit und körperlicher Symptome unter Berücksichtigung der vier Hauptdiagnosegruppen nach Abschluß der ersten Entspannungssitzung dargestellt.

Tabelle 9.3 Ergebnisse von Varianzanalysen für wiederholte Messungen in Abhängigkeit von der Diagnosengruppe für die Veränderung situativer Befindlichkeit und Symptomwahrnehmung nach der 1. Entspannungssitzung

abh.V.	Richtung der Veänderung	Gruppe (df=3)		Zeit (df=1)		Gruppe x Zeit (df=3)	
1. Durchgang (vor / nach Entspannung)		F	p	F	p	F	p
Gliederschmerzen	Abnahme	.30	n.s.	44.34	<.001	2.11	n.s.
Kopfschmerzen	Abnahme	.82	n.s.	5.05	<.05	1.19	n.s.
Schwitzen	Abnahme	1.38	n.s.	10.35	<.01	1.32	n.s.
Magenbeschwerden	Abnahme	.32	n.s.	9.07	<.01	.36	n.s.
Herzbeschwerden	Abnahme	.40	n.s.	9.58	<.01	.72	n.s.
Verkrampfungen	Abnahme	.01	n.s.	8.17	<.01	1.27	n.s.
Ärger	Abnahme	.44	n.s.	12.05	<.01	.24	n.s.
Angst	Abnahme	.22	n.s.	9.87	<.01	.29	n.s.
Depression	Abnahme	.41	n.s.	10.63	<.01	.16	n.s.
Enttäuschung	Abnahme	1.25	n.s.	20.57	<.001	1.05	n.s.

Die Tabelle 9.3 zeigt auf, daß die Wahrnehmung körperlicher Symptome durch ein 15-minütiges Entspannungsverfahren deutlich reduziert werden kann (Faktor: Zeit). Dies bezieht sich auf orthopädische, kardiologische und andere Symptombereiche. Desweitern indizieren hoch signifikante Abnahmen von Ärger, Angst, Depression und Enttäuschung eine allgemeine Stimmungsverbesserung nach Abschluß der Entspannung. An dieser Stelle sollte darüber hinaus festgehalten werden, daß sich keine signifikanten Interaktionen zwischen Diagnosegruppenzugehörigkeit und Zeitverlauf ergaben. Dieser Befund läßt darauf schließen, daß die einzelnen Gruppen in gleichem Ausmaß von Entspannung profitierten.

Bezogen auf die sIgA-Konzentrationen fällt auf, daß auch in dieser Studie an klinischen Populationen entspannungsinduzierte Konzentrationserhöhungen erzielt werden können. Im Gegensatz zu den Reduktionen von Symptomwahrnehmung und den zuvor beschriebenen Stimmungsverbesserungen zeigen sich in Bezug auf die sIgA-Konzentration differenzierte, von der Diagnosegruppe abhängige Veränderungen.

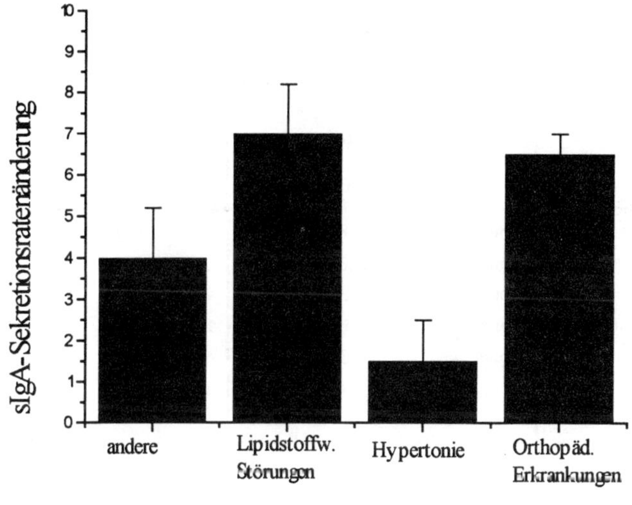

Abbildung 9.3 *Veränderungen der sIgA-Konzentrationen (absolute Veränderungen) nach Abschluß der ersten Entspannungsübung in Abhängigkeit von den Diagnosegruppen*

Die in Abbildung 9.3 gezeigten Veränderungen verdeutlichen, daß alle Patienten nach Abschluß der Entspannung mit deutlichen sIgA-Konzentrationsanstiegen reagieren. Bemerkenswert ist jedoch, daß die Gruppe der Hypertoniker den geringsten Anstieg zeigt, was varianzanalytisch mit einer Signifikanz von $p < .05$ abgesichert werden kann.

Ziel der hier durchgeführten Studie war in erster Linie die Prüfung der Wiederholbarkeit entspannungsinduzierter sIgA-Konzentrationserhöhungen. Zu diesem Zweck schloß sich eine zweite Sitzung an. In der folgenden Tabelle sind Veränderungen der Symptomwahrnehmung und der Einschätzung der subjektiven Befindlichkeit wiedergegeben.

Tabelle 9.4 *Veränderungen der Symptomwahrnehmung und der subjektiven Befindlichkeit nach Abschluß der zweiten Entspannungsübung in Abhängigkeit von den Diagnosegruppen*

abh.V.	Richtung der Veänderung	Gruppe (df=3)		Zeit (df=1)		Gruppe x Zeit (df=3)	
2. Durchgang (vor / nach Entspannung)		F	p	F	p	F	p
Gliederschmerzen	Abnahme	.86	n.s.	6.70	<.05	.27	n.s.
Schwitzen	Abnahme	.83	n.s.	6.02	<.05	.83	n.s.
Magenbeschwerden	Abnahme	.32	n.s.	9.07	<.01	.36	n.s.
Herzbeschwerden	Abnahme	1.14	n.s.	1.29	n.s.	2.31	.08
Angst	Abnahme	.34	n.s.	4.14	<.05	.89	n.s.
Depression	Abnahme	.11	n.s.	4.07	<.05	.16	n.s.
Enttäuschung	Abnahme	.61	n.s.	4.36	<.05	.82	n.s.

Die Tabelle 9.4 zeigt deutlich, daß auch nach Abschluß der zweiten Sitzung Symptomwahrnehmungen und situative Befindlichkeit positiv beeinflußt werden konnten. Festgehalten werden muß jedoch, daß die Effektstärke im Vergleich zur ersten Messung deutlich nachgelassen hat. Die meisten Unterschiede erreichen nur noch eine statistische Signifikanz von .05.

Noch bedeutsamer ist die zumindest annähernd signifikante Interaktion zwischen Gruppe und Veränderung der Wahrnehmung von Herzbeschwerden; ein Befund der, kurz näher beschrieben werden soll.

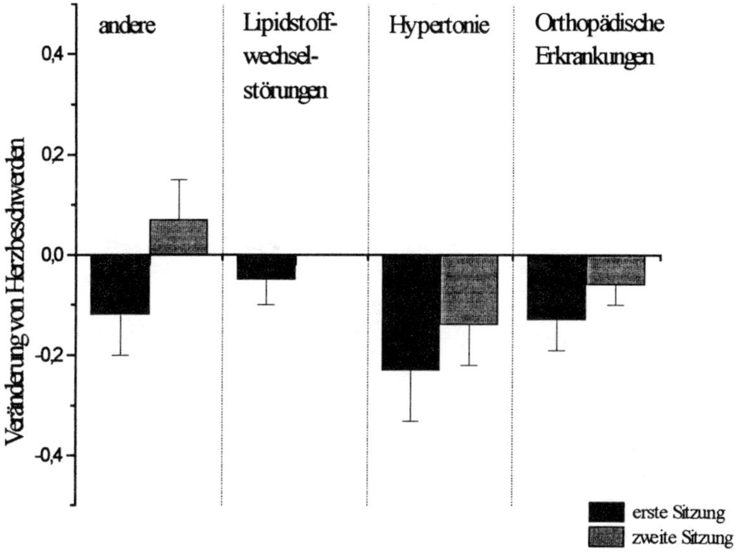

Abbildung 9.4 *Vergleich der Veränderungen in Herzbeschwerden nach erster und zweiter Entspannungsübung in Abhängigkeit von den Diagnosegruppen*

Wie Abbildung 9.4 zeigt, ist die Veränderung der Wahrnehmung von Herzbeschwerden zwar auch nach der ersten Entspannung bei Hypertonikern etwas ausgeprägter als bei den anderen Gruppen, die Differenz ist jedoch bei weitem nicht signifikant ($p = .54$). Im Gegensatz dazu liegt zumindest in der Tendenz ($p = .08$) ein signifikanter Gruppenunterschied nach Absolvierung der zweiten Entspannungsübung vor. Offensichtlich scheinen Patienten in unterschiedlichem Maße von der Wiederholung solcher Entspannungsverfahren zu profitieren. Unter dieser Voraussetzung wäre zu erwarten, daß auch in Bezug auf die sIgA-Konzentration keine substantiellen Korrelationen zwischen den Veränderungswerten der ersten und zweiten Messung zu ermitteln sind. In Abbildung 9.5 wird dagegen gezeigt, daß die Veränderungen der sIgA-Konzentration nicht signifikant miteinander in Beziehung stehen.

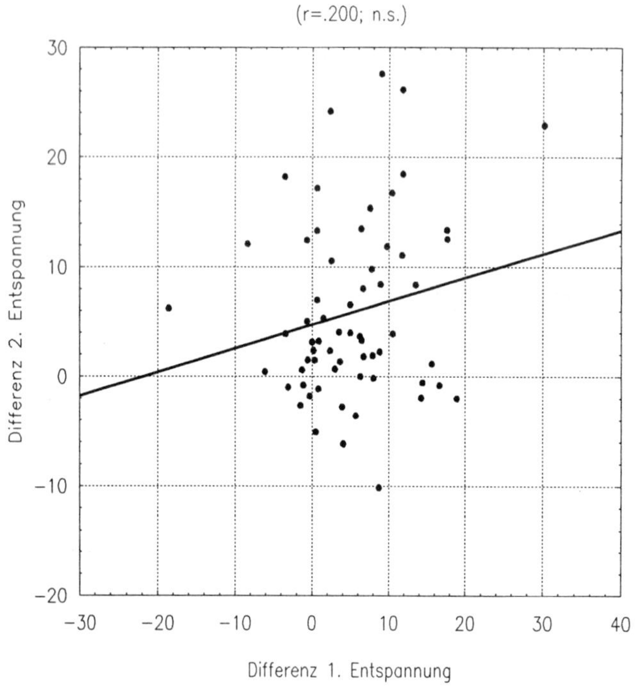

Abbildung 9.5 ***Korrelation zwischen sIgA-Konzentrationveränderungen nach der ersten und zweiten Entspannungsübung***

Das offensichtliche Fehlen einer Korrelation scheint auch hier Indikator für einen, bezogen auf die Diagnosegruppen, unterschiedlichen Einfluß wiederholter Entspannung auf die sIgA-Konzentration darzustellen.

Auch in dieser Hinsicht erweist sich die Gruppe der Hypertoniker insofern als auffällig, da nach der ersten Entspannung signifikante Unterschiede im Anstieg der sIgA-Konzentrationen zu beobachten sind, die nach der zweiten Sitzung nicht mehr zu ermitteln sind. Abbildung 9.6 verdeutlicht, daß auch in Bezug auf die sIgA-Konzentrationen die Gruppe der Hypertoniker diejenige mit dem stärksten sIgA-Anstieg nach wiederholter Entspannung ist.

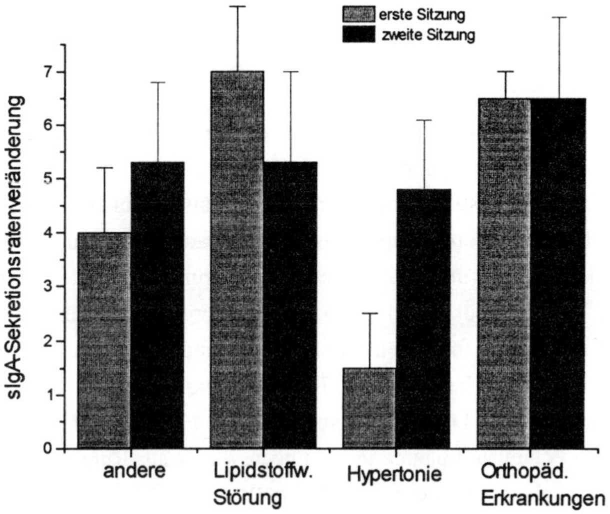

Abbildung 9.6 *Veränderungen der sIgA-Konzentration nach erster (links: F=2.78;df=3;p<.05) und zweiter Entspannungsübung (rechts: F=.14;df=3,p=.93) in Abhängigkeit von den Diagnosegruppen*

Nach Abschluß der ersten Entspannung zeigen die Hypertoniker signifikant niedrigere Zuwächse ($p<.05$) als nach der zweiten Sitzung. Diese Patienten profitieren offensichtlich am deutlichsten von wiederholten Entspannungen.

9.4 Untersuchung zum Einfluß der Imaginationsinhalte

Neben der Frage nach immunologischer Spezifität und der nach dem Einfluß bestimmter Personmerkmale stellt sich die Frage, ob eine Imaginationsübung, die spezifisch auf sIgA-Produktionen focussiert, höhere Zuwächse der sIgA-Sekretionsrate aufweist als solche Verfahren, die im Zuge der Entspannung Vorstellungsbilder einbeziehen, die *nicht* auf sIgA bezogen sind.

9.4.1 Methodik

Zur Prüfung dieser Fragestellung erfolgte eine weitere Studie, in der lediglich die Art der Imagination variiert wurde.

Je zehn Versuchsteilnehmer wurden randomisiert auf zwei Versuchsgruppen aufgeteilt. In der Gruppe "spezifische Imagination (SI)" und "unspezifische Imagination (UI)" wurden die Teilnehmer zunächst mittels Übungen des Autogenen Trainings für 10 Minuten in einen Entspannungzustand geführt. Im Anschluß daran folgte für SI eine Imaginationsübung, die als "Reise durch den eigenen Körper" mögliche Wege der sIgA-Produktion und Abgabe in den Speichel zum Gegenstand hatte. Diese Phase von ebenfalls 10 Minuten fand in der Gruppe UI eine Entsprechung in Imaginationsübungen, wie sie als "Ruhebilder" beschrieben sind (Berglandschaft, Seen, etc.) (Vaitl, 1992).

Vor Beginn der Übung und direkt im Anschluß gaben die Versuchsteilnehmer Speichelproben ab, die auf sIgA-Konzentrationen bestimmt wurden. Darüberhinaus wurden Einschätzungen der Befindlichkeit vorher und nachher erhoben und nach Abschluß der Übung Fragebögen zur Einschätzung subjektiven Erlebens der Entspannungs- und Imaginationsübung eingesetzt.

Die Effekte der Entspannungübung wurden mittels t-Test für abhängige Stichproben ermittelt, Gruppenunterschiede beziehen sich auf t-Tests für unabhängige Stichproben unter Einbeziehung des prozentualen Unterschieds (nachher - vorher) als abhängige Variable.

9.4.2 Ergebnisse und Diskussion

Zunächst seien die Veränderungen der emotionalen Befindlichkeit, des Speichelvolumens, der sIgA-Konzentrationen sowie der sIgA-Sekretionsraten in Tabelle 9.5 dargestellt.

Tabelle 9.5 Veränderungen emotionaler Befindlichkeit und sIgA-Konzentrationen in den Gruppen SI und UI nach 20 minütiger Entspannung und Imagination (N=10 pro Gruppe)

Abhängige Variable	Mittelwert vorher	Mittelwert nachher	t-Wert	p
erregt	2.55	0.76	4.409	.0010
neugierig	6.25	3.83	3.736	.0019
ausgeruht	4.34	5.78	-2.219	.0423
ausgeglichen	5.91	6.81	2.750	.0148
nervös	2.68	1.39	-1.920	.0739
entspannt	4.25	7.01	-4.556	.0003
gestreßt	2.75	1.48	3.287	.0049
Speichelvolumen (ml)	2.06	2.03	0.320	.7533
sIgA-Konzentration (mg/dl)	11.37	17.55	-3.462	.0034
sIgA-Sekretionsrate (μg/min)	75.27	116.71	-3.662	.0023

Tabelle 9.5 zeigt deutlich, daß sich die emotionale Befindlichkeit verbessert, was sich in Zunahmen der Ruheempfindung und Entspannung und deutlichen Reduktionen in Nervösität, Erregung und des allgemeinen Gefühls von Anspannung (gestreßt) äußert. Darüber hinaus ist festzuhalten, daß sich die sIgA-Konzentrationen erhöhen. Dieser Effekt gilt in gleichem Maße für die sIgA-Sekretionsrate, während die Speichelflußrate unverändert bleibt.

Auch in dieser Studie ist der überaus deutliche Effekt auf die sIgA-Sekretionsrate zu replizieren.

Bezogen auf die eingangs formulierte Fragestellung nach dem Einfluß der Imaginationsspezifität sind in Tabelle 9.6 Gruppenunterschiede der prozentualen Veränderungen emotionaler Befindlichkeit und der sIgA-Sekretionsrate aufgestellt.

Tabelle 9.6 Prozentuale Veränderungen emotionaler Befindlichkeit und sIgA-Konzentrationen in Abhängigkeit von den Gruppen "Spezifische Imagination" und "unspezifische Imagination"

Abhängige Variable	Mittelwert der Gruppen Entspannung und Imagination		t-Wert	p
	unspezifisch	spezifisch		
erregt	-61.27	-71.28	.563	n.s.
neugierig	-57.16	-14.59	-2.364	.033
ausgeruht	23.94	31.94	-.286	n.s.
nervös	-14.10	-52.84	1.604	n.s.
entspannt	100.62	166.91	-.853	n.s.
gestreßt	-23.87	-46.44	1-141	n.s.
Speichelvolumen (ml)	9.21	-10.80	2.55	.023
sIgA-Konzentration (mg/dl)	88.76	96.81	-.134	n.s.
sIgA-Sekretionsrate (μg/min)	107.18	64.39	.698	n.s.
Abschlußeinschätzung (Rohwerte)				
ich...				
fand die Übung einfach	6.366	6.157	.178	n.s.
habe Erfahrung mit Entsp.	5.177	4.900	.194	n.s.
mag solche Übungen	6.835	6.500	.370	n.s.
bin mit meiner E. zufrieden	5.255	7.657	-2.662	.019
ich konnte ausblenden:				
Geräusche	1.844	7.014	-4.389	.001
Gedanken	3.544	7.542	-3.305	.005
Körperliches Empfinden	4.855	8.100	-2.575	.022
mir ..				
gelang die Imagination	3.377	5.800	-2.277	.039
machte die Übung Spaß	5.488	7.871	-2.492	.011

Tabelle 9.6 belegt, daß sich weder die vorher-nachher Einschätzungen der emotionalen Qualitäten (mit Ausnahme der Neugierde) noch die sIgA-Parameter zwischen den Gruppen unterscheiden. Unspezifische Imagination und sIgA-

Produktions-spezifische gedankliche Vorstellungen beeinflussen die sIgA-Anstiege *nicht* unterschiedlich. Dies überrascht insofern, als in den Abschlußeinschätzungen sehr deutliche Gruppenunterschiede aufzuzeigen sind. Nicht nur Aspekte der Zufriedenheit mit der Übung, sondern auch gewisse "Leistungsaspekte" wie Vorstellungskraft und Ausblenden von Störungen weisen signifikante Gruppenunterschiede auf. Dennoch haben diese Unterschiede offensichtlich keinen Einfluß auf die Veränderung der sIgA-Sekretionsrate, was den klaren Rückschluß zuläßt, daß sIgA-Konzentrationsunterschiede zwar deutlich durch Entspannung zu erhöhen sind, die Spezifität der Imaginationsinhalte jedoch keine Rolle spielt.

9.5 Zusammenfassung der Befunde

Die vorliegenden Ergebnisse verdeutlichen, daß sIgA-Konzentrationen durch Entspannungsverfahren und Imagination deutlich angehoben werden können. In der ersten Studie wurden Anstiege um annähernd 100% gemessen, während zum Beispiel die Konzentrationen des Nebennierenrindenhormons Cortisol ebenso unbeeinflußt waren wie das als Referenzprotein eingesetzte Albumin. Diese Befunde zeigen erstmals, daß entspannungsinduzierte sIgA-Konzentrationanstiege nach Entspannung *spezifische* und offensichtlich immunologische Phänomene darstellen.

In der zweiten Studie konnte darüber hinaus demonstriert werden, daß es durchaus Probandenmerkmale gibt, die mit unterschiedlich ausgeprägten Effekten von Entspannungsverfahren in Bezug auf sIgA assoziiert sind. Die Kenntnis solcher Personenmerkmale könnte für klinische Fragestellungen von großer Bedeutung sein. Die hier beschriebene Studie gibt Hinweise, daß gerade bei der Patientenpopulation "Hypertonie und kardiovaskuläre Störungen" mehrfaches Training von besonderem Wert zu sein scheint.

Die in der dritten Studie erhobenen Daten zeigen, daß die Art der Entspannung bzw. die Inhalte der Imagination nicht von zentraler Bedeutung sind. Sowohl unspezifische (Ruhebilder) als auch spezifische (IgA-Produktion) Vorstellungsinhalte beeinflussen die sIgA-Sekretionsrate in gleichem Maße. Dies verbindet sich mit Vor- und Nachteilen. Ein Nachteil ist sicherlich darin zu sehen, daß aufgrund von unspezifischen Einflüssen auf die sIgA-Sekretionsrate die Mechanismenfrage kaum zu beantworten ist. Ein Vorteil verbindet sich hingegen damit, daß gerade für Patienten ein geeignetes Training besser zu vermitteln ist, da spezifische Imaginationsinhalte (z.B. über Funktionsweisen des Immunsystems oder des kardiovaskulären Systems) Grundkenntnisse voraussetzen, die konkret in Vorstellungen umgesetzt werden müssen.

Über die Nutzbarmachung entspannungsinduzierter sIgA-Konzentrationserhöhungen liegen bis dato keine konkreten Studien vor. Basierend auf der Bedeutung des sIgA (siehe Kapitel 2) ist jedoch vorstellbar, daß regelmäßiges Ausüben von Entspannungsverfahren ggfs. die Anfälligkeit gegenüber Erkrankungen des oberen Respirationstraktes reduziert. Diese Überlegung erhält Unterstützung, wenn man bedenkt, daß Personen mit niedrigen sIgA-Konzentrationen tatsächlich häufiger über Erkrankungen berichten (Smith & Taubman, 1992). Aber auch hier ist einschränkend hinzuzufügen, daß häufiges Äußern von Krankheiten oder Beschwerden ein Korrelat des Neurotizismus ist, der sich, wie bereits gezeigt wurde, generell mit niedrigen sIgA-Konzentrationen verbindet.

Vielleicht sind diejenigen Befunde entscheidender, die auf die Bedeutung von sIgA-Anstiegen im Zuge akuter Infektionen hinweisen. Bei Influenza-infizierten Patienten bildet sich dann keine Erkrankung aus, wenn sIgA-Konzentrationen ansteigen. Bleiben die Konzentrationen jedoch gering, entwickeln sich Erkrankungen des oberen Respirationstraktes. Auf diesen Befunden basierend ist es vorstellbar, durch regelmäßige Entspannung diesem Erkrankungsrisiko etwas vorzubeugen.

Kapitel 10: Zusammenfassende Bewertung

Sekretorisches Immunglobulin A im Speichel erfüllt sehr wichtige Funktionen innerhalb der lokalen Immunantwort und kann mit Recht als "first line of defence" bezeichnet werden. Die immunologisch orientierten Arbeiten haben darüber hinaus wertvolle Hinweise auf die partielle Unabhängigkeit des sIgA vom systemischen Immunsystem erbracht, so daß Einigkeit darüber besteht, daß Antikörpern in den Sekreten ein zentraler Stellenwert zukommt. Bedeutsam sind sicherlich auch diejenigen Arbeiten, die auf die mögliche Beteiligung des sIgA an HIV-Infektionen hinweisen, oder diejenigen, die eine orale Desensibilisierung bei allergischen Krankheitsformen in Erwägung ziehen.

Weniger eindeutig ist die Frage der psychobiologischen Relevanz dieses Antikörpers beantwortet. In Kapitel 3 ist bereits auf die Problematik eingegangen worden. Diese Situation veranlaßte zur Durchführung der hier beschriebenen Studien insbesondere unter Berücksichtigung einer durchgängigen Methodik, die sich auf lasernephelometrische IgA-Analysen einerseits und die stringente Verwendung speichelflußbereinigter IgA-Konzentrationen andererseits bezog. Die somit erfaßte sIgA-Sekretionsrate vereinheitlicht das bislang diffuse Bild und erleichtert die Beantwortung der dieser Arbeit zugrunde liegenden Fragestellungen.

Die Frage nach der psychobiologischen Bedeutung läßt sich auf verschiedenen Ebenen diskutieren. Mit "Bedeutung" verbindet sich in diesem Zusammenhang nicht die Forderung nach therapeutisch relevanten Strategien zur Vermeidung von Infektionskrankheiten z.B. Karies. Die Arbeit soll zwar zu Überlegungen dieser Art anregen, berücksichtigt aber in erster Linie folgende grundlagenwissenschaftliche Aspekte: die der *Sensitivität* und *Spezifität*.

10.1 Überlegungen zum Komplex "Sensitivität von sIgA-Veränderungen"

Die in dieser Arbeit dargestellten Befunde zum Einfluß von Belastungssituationen zeigten zunächst, daß eine längerfristige Belastung (Schichtarbeit) zu Reduktionen der sIgA-Sekretionsrate führt. Insbesondere in der dritten Nacht zeigen Bedienstete im Schichtdienst die niedrigsten Konzentrationen, wobei Geschlechtsunterschiede nicht aufzufinden sind.

Je nach Belastungsinduktion lassen sich sIgA-Sekretionsratenunterschiede sehr schnell induzieren. So konnten nach kurzfristiger mentaler Beeinträchtigung (Induktion einer Ekelempfindung) ebenso wie nach kurzfristiger milder emotionaler Belastung unter deutlicher physiologischer Beteiligung des kardiovaskulären Systems (Computer-Spiel) und kurzfristiger Exposition in eine kalte Umgebung *generell* Reduktionen der sIgA-Sekretionsrate demonstriert werden. Diese Veränderungen traten sehr schnell nach experimenteller Streßinduktion auf. Die Latenz und auch die Dauer der Veränderungen weisen die lokale Antikörperproduktion als ausgeprochen reagibles System aus. Physiologisch ist dies von großer Bedeutung, da gerade das lokale Immunsystem in weitaus stärkerem Maße Umwelteinflüssen ausgesetzt ist als das systemische.

Nicht nur für Belastungsstudien sondern auch für entspannungsinduzierte sIgA-Konzentrationszunahmen gilt eine hohe und schnelle Reagibilität. Bereits ca. 10 Minuten nach Entspannung findet man Konzentrationsanstiege bis über 100%. Dies gilt nicht nur für alle hier durchgeführten Studien, sondern auch für die in der Literatur beschriebenen. Die Mechanismen dieser Reagibilität sind bislang nicht aufgedeckt worden. Es könnte jedoch sein, daß entweder über eine direkte sympathische Innervation lymphoider Aggregate in der Submucosa oder über hormonelle Einflüsse entweder eine Stimulation ausgelöst oder eine Hemmung unterbunden wird. Beides könnte die Befunde nach Entspannung erklären. Gerade für die immunologische Aktivität ist ein Konzept der "Aufhebung von Hemmung" nicht unwahrscheinlich, da das Immunsystem in präsziser Weise ein homöostatisches Gleichgewicht aufrechtzuerhalten versucht, was im Fall von Dysregulationen zu Autoimmunprozessen führen kann. Weitere Studien sind notwendig, diese Mechanismen aufzudecken.

Festgehalten werden kann in Hinblick auf alle durchgeführten Studien, daß sIgA ein überaus sensibler Marker sowohl für Belastungs- als auch Entspannungsinduktionen ist.

10.2 Überlegungen zum Komplex "Spezifität von sIgA-Veränderungen"

10.2.1 Situationsspezifität

Die hier zu diskutierende Frage nach der Spezifität von sIgA-Veränderungen soll unter Einbeziehung der Aspekte *Situationsspezifität*, *Emotionsspezifität* und *Personspezifität* behandelt werden.

Im Zuge der Fragestellungen (s. Kapitel 4) war von besonderem Interesse, ob die systematische Variation verschiedener Aspekte einer Belastungssituation (Dauer, Qualität, Kontrollierbarkeit) Hinweise auf eine mögliche *Situationsspezifität* der sIgA-Reduktionen liefern könnte. Zur Prüfung dieser zentralen Fragestellung wurde in allen durchgeführten Studien zum Einfluß von Belastung der maximale Reaktionswert von sIgA (innerhalb der Belastungsgruppen) als Abweichung vom Ausgangswert berechnet und einer Inter-Studien-Varianzanalyse unterzogen. Da in allen Studien die sIgA-Ausgangswerte nicht signifikant voneinander abweichen, können für alle Untersuchungen Veränderungswerte als Rohwertdifferenzen in sIgA-Sekretionsraten angegeben werden. Der statistische Vergleich dieser sIgA-Veränderungswerte in den verschiedenen Studien (Schichtdienst (N=17), Ekelinduktion (N=16), Computerstreß (N=20), Hitze- (N=20) und Kältebelastung (N=20)) wurde mittels Varianzanalysen durchgeführt. Abbildung 10.1 gibt die Mittelwerte und Standardabweichungen für die verschiedenen Abweichungswerte an.

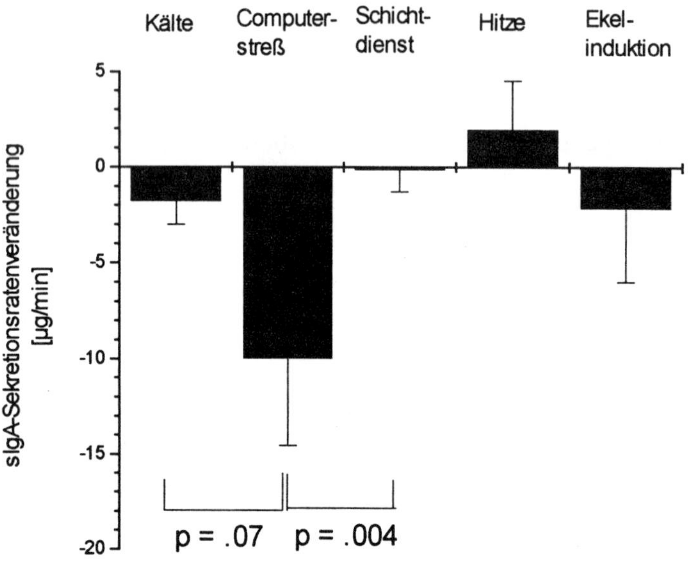

Abbildung 10.1 *Darstellung von Mittelwerten und Standardabweichungen der sIgA-Sekretionsratenänderung nach verschiedenen Belastungssituationen. Die Lokalisation der Signifikanz geschah mittels Tukey - Test für ungleiche Stichprobenumfänge (Spjotvoll & Stoline Test)*

Zunächst ist auffällig, daß nach Hitzeexposition die sIgA-Sekretionsraten ansteigen. Dies steht nur vordergründig im Widerspruch zu den in Kapitel 7 angedeuteten, in denen eine Abnahme im Vergleich zur *Kontrollgruppe* beschrieben war, die ihrerseits einen deutlichen Anstieg der sIgA-Sekretionsraten verzeichnete.

Ferner stellt dieser Befund eine Ergänzung zu dem Zusammenhang zwischen Körperkerntemperatur und sIgA-Sekretionsrate dar (Kapitel 8.1). Nach Abschluß der in Kapitel 8 durchgeführten multiplen Regressionen zeigte sich u.a. ein positves beta-Gewicht zwischen Kerntemperatur und sIgA-Sekretionsrate. Die Tatsache, daß sich die sIgA-Sekretionsrate nach Hitzestreß leicht erhöht, ist kein Hinweis auf mangelnde Responsivität, sondern eher Indikator für überlagerte Effekte. Die Interdependenz von Kerntemperatur und sIgA-Sekretionsrate zeigt sich darüber hinaus auch in klinischen Studien. Patienten mit rheumatischem Fieber haben signifikant höhere sIgA-Spiegel als gesunde Probanden (Briko, Shmidt, Grushchinskaia & Shikhman, 1989).

Für die zugrundeliegende Fragestellung nach der *Situationsspezifität* ist folgender Befund wichtiger: Die deutlichsten Reduktionen von sIgA finden sich nach Absolvierung einer Computeraufgabe mit steigender Geschwindigkeit. Die post-hoc Analyse weist diesen Effekt als signifikant aus, zumindest im direkten Vergleich mit Hitzestreß und tendenzweise mit Schichtarbeit. Die mögliche Erklärung für den Anstieg nach Hitzebelastung ist bereits diskutiert worden. Bezogen auf den relativ schwachen Effekt des Schichtdienstes kann zum einen die die in Kapitel 6 diskutierte Problematik der hoch selektiven Stichprobe (diejenigen Arbeitnehmer, die stark durch Schichtdienst beeinträchtigt *werden*, sind wahrscheinlich nicht mehr in der Stichprobe enthalten), zum anderen aber auch die Situationscharakteristik zur Erklärung herangezogen werden. Offenbar hat längerfristige Belastung einen weniger starken Einfluß auf die sIgA-Sekretionsrate als kurzfristige. Wenn auch eine statistische Signifikanz verfehlt wird, scheinen doch Ekelinduktion und Kälteexposition ebenfalls einen stärkeren Einfluß auf die sIgA-Sekretionsrate auszuüben, was den Eindruck einer höheren Responsivität auf kurzfristige Einflußfaktoren nahelegt. In Analogie zum psychologischen Streßbegriff nannte Blalock eine antigene Stimulation des Immunsystems "non-cognitive stress" (persönliche Mitteilung, Sienna, 1991). Bezogen auf die ständige "Bedrohung" einer antigenen Stimulation über den Mund-Rachenraum oder Respirationstrakt könnte vom lokalen Immunsystem bzw. dem sIgA ebenfalls eine "schnelle" Responsivität erwartet werden. Hinweise auf diese Vorstellung liegen aus der immunologischen Literatur vielfältig vor (siehe Kap. 2). Zusammengefaßt zeigen die hier durchgeführten Studien zum Einfluß verschiedener Belastungsstudien auf sIgA-Sekretionsraten, daß kurzfristiger psychologischer Streß deutlichere sIgA - Reduktionen auslöst als längerfristige Belastung.

Es muß natürlich die bei der Erforschung der Stimulusspezifität immer gegebene Konfundierung zwischen Stressorqualität und -intensität beachtet werden. Der zur Verfügung stehenden Literatur sind keine Hinweise auf unterschiedliche sIgA-Sekretionsratenänderungen in Abhängigkeit der Stressorintensität zu entnehmen. In der Studie zum Einfluß subjektiver Kontrollierbarkeit, in der ein Computerspiel eingesetzt wurde, liegt zwar eine Variation der Stressorintensität dadurch vor, daß verschiedenen Geschwindigkeitsstufen des Spiels zu bewältigen waren, eine streßintensitätsabhängige Variation der dazugehörigen sIgA-Veränderungswerte erreichte jedoch keine Signifikanz im Sinne einer "Dosis-Wirkungs"- Beziehung. Dies legt nahe, daß es vielleicht eher der qualitative Aspekt dieses mentalen Stressors als seine Intensität war, die diese starke Auslenkung bewirkt haben könnte.

10.2.2 Emotionsspezifität

Die Frage nach der *Emotionsspezifität* hingegen erfordert die Aufstellung korrelativer Zusammenhänge zwischen Emotionen und sIgA-Sekretionsraten(änderungen).

Aus den verschiedenen im Rahmen dieser Arbeit durchgeführten Studien geht hervor, daß die sIgA-Sekretionsrate in erster Linie positive Korrelationen mit Maßen der als angenehm erlebten Aktiviertheit aufweist. So konnten zum Beispiel innerhalb der Studie an Schichtpersonal positive Korrelationen mit Aufregung und durchweg negative Korrelationen mit Müdigkeit und Emfpindung der Dauer Dienstes aufgezeigt werden.

In der Studie, die einen sIgA-modifizierenden Einfluß der Emotion "Ekel" aufzuzeigen versuchte, fanden sich nur tendentiell Zusammenhänge zwischen der sIgA-Sekretionsrate und der intendierten Emotion. Es lag zwar eine fast signifikante negative Korrelation zwischen dem Ausmaß empfundenen Ekels und der sIgA-Sekretionsrate vor, die Tatsache, daß die als Ekel-induzierend gedachten Sequenzen aber auch sexuelle Erregung auslösten (auf die mehrfach beschriebene Ambivalenz zwischen Ekel und sexueller Erregung sei hier nicht näher eingegangen, man bedenke nur die große interindividuelle Varianz in der Beurteilung sexueller Praktiken auf diesen beiden Dimensionen), erschwert die Interpretation in Hinblick auf Emotionsspezifität, da sexuelle Erregung positiv mit sIgA-Sekretionsratenänderungen korreliert war. Auch mit der durch das Computerspiel induzierten Erregung korrelierte die sIgA-Änderung negativ.

Bezogen auf die durchgeführten Studien zum Einfluß von Belastung läßt sich festhalten, daß sIgA-Sekretionsratenveränderungen zwar hypothesenkonform in Experimentalgruppen reduziert sind, daß die Korrelate dieser Veränderungen aber eher unspezifische Dimensionen wie Aktiviertheit, Müdigkeit, Erregung darstellen.

Im Gegensatz zum Nachweis der immunologischen Spezifität entspannungsinduzierter sIgA-Sekretionsratenänderungen, fällt die Darstellung einer Emotionsspezifität entspannungsinduzierter sIgA-Sekretionsratenveränderungen ebenfalls schwer. Darüber hinaus zeigt sich z.B. in der Darstellung der Befunde zum Einfluß der Imaginationsinhalte, daß es ohne Einfluß ist, ob allgemeine (z.B. Ruhebilder) oder spezifische, das Immunsystem betreffende Imaginationsinhalte gewählt werden. Dies hat keinen unterschiedlichen Einfluß auf die reliablen Anstiege der sIgA-Sekretionsratenveränderungen. Desgleichen, dies sei hier ergänzend erwähnt, lassen sich keine signifikanten Korrelationen zwischen Veränderungswerten der Befindlichkeit und denen der sIgA-Sekretionsrate nach Abschluß einer Entspannungsübung ermitteln.

10.2.3 Individualspezifität

In Bezug auf die Frage nach der *Individualspezifität* konnte gezeigt werden, daß die sIgA - Sekretionsrate sehr deutliche und stabile Zusammenhänge mit Persönlichkeitsmaßen aufweist. Die in Kapitel 7 dargestellten Befunde belegen, daß eine niedrige sIgA-Sekretionsrate mit erhöhten Werten auf der Persönlichkeitsdimension *"Neurotizismus"* und niedrigen Werten in Extraversion verbunden ist. Negative Korrelationen mit Angst, die auch in der Literatur beschrieben sind, passen sehr gut in dieses Bild, da habituelle Angst und Neurotizismus hoch interkorreliert sind. Eine mögliche Erklärung dieses Befundes könnte darin zu sehen sein, daß sich Personen mit hoher Ausprägung in diesem Merkmal gewissermaßen "chronisch" belastet fühlen, was dann über die oben beschriebene Sensitivität von sIgA-Veränderungen unter Belastung zu einer ebenfalls chronischen Reduktion der Konzentrationen führen könnte. Auf der anderen Seite zeigen positive Korrelationen der sIgA-Sekretionsrate mit Lebenszufriedenheit, Leistungsorientierung und Extraversion (die positiv interkorreliert sind), daß sIgA durchaus ein biologischer Marker ist, der in Kombination mit anderen Maßen eine Differenzierung zwischen Neurotizismus und Extraversion präzisieren könnte.

In diesem Zusammenhang sind diejenigen Befunde der Arbeit bedeutsam, die Persönlichkeitsmaße mit *Veränderungen* der sIgA-Sekretionsrate unter Belastungen in Beziehung setzen. Äußerst unterschiedliche Stressoren wie Ekelinduktion, Computer - Streß oder auch Kälteexposition zeigen ein homogenes Bild: sIgA-Reduktionen sind immer mit dem Ausmaß an Neurotizismus korreliert. Je höher dessen Ausprägung, desto höher die Reduktionen streßinduzierter sIgA-Veränderungen.

Mit dem Merkmal Extraversion scheinen sich aber auch Abnahmen der sIgA-Sekretionsrate unter Belastung zu verbinden. Dieser Befund ist jedoch keineswegs so eindeutig wie die Beziehung zum Neurotizismus, sondern erhält erst Substanz unter Einbeziehung Extraversions-assoziierter Coping-Mechanismen. In besonderem Maß reagieren diejenigen extravertierten Probanden mit belastungsinduzierten sIgA-Sekretionsratenreduktionen, die "Extraversions-fremdes" Bewältigungsverhalten (z.B. passive Bewältigung) zeigen. Sekretorisches IgA im Speichel zeigt unter diesem Aspekt in Bezug auf habituelle Persönlichkeitsmaße durchaus eine beachtenswerte Spezifität, die unter Umständen geeignet ist, den Zusammenhang zwischen Persönlichkeitsmaßen und Coping-Verhalten etwas differenzierter zu beschreiben. Die Kombination aus Extraversion und passivem Bewältigungs-verhalten erinnert an dieser Stelle an die von McClelland beschriebenen Befunde vom Einfluß des "inhibited power motivation syndrome". Der Bedeutung des sIgA als biologischem Marker persönlichkeitsspezifischer Streßverarbeitungsstrategien sollte in folgenden Studien unter Berücksichtigung entsprechender mehrfaktorieller Versuchspläne und großem Stichprobenumfang mehr Aufmerksamkeit geschenkt werden.

Fazit und Ausblick

Die grundlegende Frage nach der psychobiologischen Relevanz von sekretorsichem sIgA läßt sich nach Abschluß der hier durchgeführten Studien weitgehend beantworten. SIgA ist ein sensibler Parameter für Streß- und Entspannungsstudien, zeigt deutliche Zusammenhänge mit Maßen der Persönlichkeit und Streßverarbeitungsstrategien, weist aber sowohl in Streßstudien als auch Entspannungstudien eine geringe Situations- und Instruktionsspezifität auf.

Unter Berücksichtigung dieses Fazits erscheint sIgA in grundlagenwissenschaftlichen Arbeiten als biologischer Marker der Persönlichkeit hilfreich und kann insbesondere in Streß- und Entspannungsstudien wichtige Implikationen für interindividuell unterschiedliches Verhalten und Empfinden liefern. So wäre zu Beispiel an die Messung von sIgA als Indikator für Entspannungsfähigkeit und -tiefe zu denken. Desweiteren könnten Langzeitstudien unter Einbeziehung von sIgA sowohl bei Streß- als auch bei Entspannungsstudien zentrale Hinweise auf Veränderungsprozesse (Habituation, Zuwachs) liefern. Die zuletzt diskutierte Frage nach dem Zusammenhang zwischen Persönlichkeitsmaßen und Coping-Strategien, könnte unter Einbeziehung von sIgA ebenfalls zu differenzierten Befunden führen.

Zusammengefaßt zeigt die sIgA-Sekretionsrate einen deutlichen Zusammenhang mit dem Persönlichkeitsmerkmal Neurotizismus. Hiermit könnte ein biologischer Marker für diesen Trait gefunden worden sein, der bislang ohne Erfolg gesucht wurde. Auf der anderen Seite ließ sich jedoch auch für Extraversion verdeutlichen, daß insbesondere in Verbindung mit passiver Streßbewältigung, *belastungsinduzierte* sIgA Reduktionen besonders deutlich ausfallen. Es handelt sich hiermit nicht nur um eine Replikation der Ergebnisse zum "inhibited power motive syndrom" sondern auch um eine Konkretisierung unter Einbeziehung von habitueller Streßbewältigung. Die offensichtliche Analogie zum Typ-A Verhalten - oder präzisiert formuliert - zum Typ-A Verhalten ohne Handlungsspielraum, könnte in Zukunft diese psychosomatische Forschungsrichtung um einen biologischen Marker bereichern. In diesem Zusammenhang ist auch der Befund bedeutsam, daß die Gruppe der kardiologischen Patienten in unterschiedlichem Ausmaß von Entspannungsübungen profitiert. Es wurde aufgezeigt, daß diese Patientengruppe erst nach der zweiten Entspannungssitzung vergleichbare sIgA-

Anstiege zu den anderen Patientengruppen aufweist. Generell ist demnach der Frage nachzugehen, ob Streßbelastung in dieser Gruppe nicht ggfs. mit einer Form von "immunologischer" Entspannungs*unfähigkeit* einhergeht. Auch für diesen Aspekt kann die sIgA-Sekretionsrate hilfreich in der Entspannungsforschung eingesetzt werden.

Unter klinischer Sicht erscheint es sehr sinnvoll, psychoneuroimmunologische Befunde zum sIgA therapeutisch oder prophylaktisch zu integrieren. Patienten mit einer erhöhten Kariesinzidenz oder rezidivierenden Infekten des oberen Respirationstraktes könnten an Entspannungsverfahren herangeführt werden, um später regelmäßig entspannungsinduzierte sIgA-Anstiege zu induzieren. Die in dieser Arbeit skizzierte Methode der sIgA-Bestimmung unter Verwendung der Salivetten könnte ebenfalls geeignet sein, in Langzeitstudien Patienten aufzufordern, selbst Speichelproben zu entnehmen, die erst später analysiert werden. Die Analysen zur Haltbarkeit und Aufbewahrungsform liefern hierfür hilfreiche Hinweise.

Zum Abschluß sei auf die biochemischen Korrelate der sIgA-Veränderung verwiesen. Die Studien demonstrierten, daß eine Reduktion von sIgA unter Kältestreß hoch korreliert ist mit Zunahmen des IgA im Serum, das normalerweise unabhängig von sIgA variiert und auch unter unstimulierten Bedingungen nicht mit sIgA korreliert ist. Dieses Phänomen, das in Kapitel 2 und 8 unter dem Begriff des "Isotyp-switching" beschrieben ist, gibt Hinweise auf die Existenz viel schneller ablaufender Prozesse, als dies von Immunisierungsstudien bekannt ist. Wenngleich auch der Mechanismus und der mögliche Zusammenhang keineswegs im Zuge dieser Arbeit geklärt werden konnten, ist doch zu bedenken, daß die Verlagerung von dimerem zu monomerem IgA klinisch äußerst relevant und z.B. als immunologisches Charakteristikum bei Patienten mit Multipler Sklerose beschrieben ist (Coyle, Sibony & Johnson, 1987).

Zukünftige Arbeiten sollten unter Berücksichtigung der aufgezeigten Merkmale der Persönlichkeit, die immunologische und immunpathogenetische Relevanz streßinduzierter sIgA-Reduktionen berücksichtigen und unter Einbeziehung der Ergebnisse aus Entspannungsverfahren geeignete ggfs. kompensatorische Interventionsmöglichkeiten entwickeln.

Literatur

Ackerman, K.D., Felten, S.Y., Bellinger, D.L., Livnat, S. & Felten, D.L. (1986). Noradrenergic sympathetic innervation of spleen and lymph nodes in relation to specific cellular components. In: Cinader, B., Miller, R.G. (eds.): *Progress in Immunology IV.* Orlando, Academic Press, pp. 588-600.

Ader, R. (1981). A historical account of conditioned immunebiologic responses. In: Ader, R. (ed.): *Psychoneuroimmunology*. New York, Academic Press, pp 321-352.

Ader, R. (1981). *Psychoneuroimmunology*, New York, Academic Press.

Ader, R., Felten, D.L. & Cohen, N. (1991). *Psychoneuroimmunology*, San Diego, Academic Press, 2nd edition.

Aguirre, A., Levine, M.J., Cohen, R.E. & Tabak, L.A. (1987). Immunochemical quantitation of alpha-amylase and secretory IgA in parotid saliva from people of various ages. *Archives of Oral Biology*, *32*, 297-301.

Akerstedt, T. & Torsvall, L. (1978). Experimental changes in shift schedules: Their effects on well- being. *Ergonomics*, *21*, 849-856.

Aldred, M.J., Vaughan, A.G., Yuill, S.J., Wade, W.G. & Walker, D.M. (1986) Persistence of IgA in neonatal saliva following breast feeding. *Early Human Development*, *14*, 273-276.

Andrews, V.H. & Hall, H.R. (1990). The effects of relaxation/imagery training on recurrent aphthous stomatitis: a preliminary study. *Psychosomatic Medicine*, *52*, 526-535.

Antoni, M.H. (1987). Neuroendocrine influences in psychoimmunology and neoplasia: A review. *Psychology and Health*, *1*, 3-24

Aufricht, C., Tenner, W., Salzer, H.R., Khoss, A.E., Wurst, E. & Herkner, K. (1992). Salivary IgA concentration is influenced by the saliva collection method. *European Journal of Clinical Chemistry and Clinical Biochemistry*, *30*, 81-83.

Baker, G.H.B., Byrom, N.A., Irani, M.S., Brewerton, D.A., Hobbs, J.R., Wood, R.J. & Nagvekar, N.M. (1984). Stress, cortisol and lymphocyte subpopulations. *Lancet*, *10*, 547.

Bandura, A. (1989). Self-regulation of motivation and action through internal standards and goal systems. In: Pervin, L.A. (ed.): *Goal concepts in personality and social psychology*. Erlbaum, Hillsdale.

Bartrop, R.W., Lockhurst, E., Lazarus, L., Kiloh, L.G. & Penny, R. (1977). Depressed lymphocyte function after bereavement. *Lancet*, *1*, 834-836.

Baum, B. (1981). Evaluation of stimulated parotid saliva flow rate in different age groups. *Journal of Dental Research*, *12*, 311-316.

Beagley, K.W., Fujihashi, K., Aicher, W., Xu, J., Kiyono, H., Eldridge, J.H., Bruce, M.G., Taguchi, T., Green, D.R., Singh, B. & et al, (1989). Mucosal homeostasis: role of interleukins, isotype-specific factors and contrasuppression in the IgA response. *Immunological Investigations*, *18*, 77-89.

Benveniste, E.N. (1992). Cytokines: influence on glial cell gene expression and function. *Chemical Immunology*, *52*, 106-153.

Berczi, I. & Nagy, E. (1991). Effects of hypophysectomy on immune function. In: Ader, R., Felten, D.L. & Cohen, N. (eds.): *Psychoneuroimmunology*. San Diego, Academic Press, pp 339-376.

Bergmann, K-C. & Waldman, R.H. (1988). Stimulation of secretory antibody after following oral administration of antigen. *Reviews of Infectious Diseases*, *10*, 939-950.

Bernton, E.W., Bryant, H.U. & Holaday, J.W. (1991). Prolactin and immune function. In: Ader, R., Felten, D.L. & Cohen, N. (eds.): *Psychoneuroimmunology.* San Diego, Academic Press, pp 403-428.

Besedovsky, H., del Rey, A., Sorkin, E., Da Prada, M., Burri, R. & Honegger, C. (1985). Immune-Neuroendocrine Interactions. *Journal of Immunology*, *135*, 750-754.

Besedovsky, H.O., del Rey, A. & Sorkin, E. (1977). Hypothalamus changes during the immune response. *European Journal of Immunology*, *7*, 323-325.

Bienenstock, J. & Befus, A.D. (1980). Review: Mucosal immunology. *Immunology*, *41*, 249-270.

Bienenstock, J., Befus, A.D., McDermott, M, Mirski, S., Rosenthal, K. & Tagliabue, A. (1983). The mucosal immunological network: compartimentalization of lymphocytes, natural killer cells, and mast cells. *Annals of the New York Academy of Sciences*, *409*, 164-170.

Bienenstock, J., Croitoru, K., Ernst, P.B., Stead, R.H. & Stanisz, A. (1989). Neuroendocrine regulation of mucosal immunity. *Immunological Investigations*, *18*, 69-76.

Blalock, J.E. (1984). The immune systems as sensory organ. *Journal of Immunology*, *132*, 1067-1070.

Blalock, J.E. (1992). Production of peptide hormones and neurotransmitters by the immune system. *Chemical Immunology*, *52*, 1-24.

Blalock, J.E. & Smith, E.M. (1985). The immune system: our mobile brain ? *Immunology Today*, *6*, 115-117.

Blatteis, C.M. (1988). Neural mechanisms in the pyrogenic and acute-phase responses to interleukin-1. *International Journal of Neuroscience*, *38*, 223-232.

Bohle, A., Oliveira de Cavalcanti, V. & Laberke, H.G. (1988). Is there any tubular secretion of protein? *Clinical Nephrology*, *29*, 28-34.

Bolger, N. (1990). Coping as a personality process: A prospective study. *Journal of Personality and Social Psychology*, *59*, 525-537.

Bond, M., Perry, C., Gautier, M., Goldenberg, M., Oppenheimer, J. & Simand, J. (1989). Validating the self-report of defence styles. *Journal of Personality Disorders*, *3*, 101-112.

Borysenko, J.Z. (1982). Behavioral-physiological factors in the development and management of cancer. *General Hospital Psychiatry*, *4*, 69-74.

Boyce, W.T., Jensen, E.W., Cassel, J.C., Collier, A.M., Smith, A.H. & Ramey, C.T. (1977). Influence of life events and family routines on childhood respiratory tract illness. *Pediatrics*, *60*, 609-615.

Brandtzaeg, P (1971). Human secretory immunglobulins - VII: Concentrations of parotid IgA and other secretory proteins in relation to the rate of flow and duration of secretory stimulus. *Archives in Oral Biology*, *16*, 1295-1310.

Brandtzaeg, P., Sollid, L.M., Thrane, P.S., Kvale, D., Bjerke, K., Scott, H., Kett, K. & Rognum, T.O. (1988). Lymphoepithelial interactions in the mucosal immune system. *Gut*, *29*, 1116-1130.

Brandtzaeg, P. (1992). Humoral immune response patterns of human mucosae: induction and relation to bacterial respiratory tract infections. *Journal of Infectious Diseases*, *165 Suppl 1*, S167-S176.

Briko, N.I., Shmidt, E.I., Grushchinskaia, I.A. & Shikhman, A.R. (1989). The secretory and systemic humoral immune response to polysaccharide A in patients with rheumatism. *Vestnik Akademii Meditsinskikh Nauk SSSR.* 37-38.

Brosschot, J.F., Benschop, R.J., Godaert, G.L., de Smet, M.B., Olff, M., Heijnen, C.J. & Ballieux, R.E. (1992). Effects of experimental psychological stress on distribution and function of peripheral blood cells. *Psychosomatic Medicine*, *54*, 394-406.

Bueb, J.L. & Landry, Y. (1990). [Oxatomide and calcium: mechanisms involved in the secretion of mast cell mediators]. *Annales de Dermatologie et de Venereologie*, *117 Suppl 1*, 5-9.

Bull, C.G. & McKee, C.M. (1929). Respiratory immunity in rabbits: VII: Resistance to intranasal infection in the absence of demonstrable antibodies. *American Journal of Hygiene*, *9*, 490-499.

Burrows, W. & Havens, I. (1948). Studies of immunity of Asiatic cholera. V. The absorption of immune globulin from the bowel and its execretion in the urine and feces of experimental animals and human volunteers. *Journal of Infectious Diseases*, *82*, 231.

Calvo, M., Grob, K., Marin, F., Bertoglio, J., Neira, J., Arellano, P. & Anido, M. (1988). Evaluation of secretory IgA childhood respiratory diseases. *Allergologia et Immunopathologia (Madrid)*, *16*, 157-161.

Camling, E., Gahnberg, L. & Krasse, B. (1987). The relationship between IgA antibodies to Streptococcus mutans antigens in human saliva and breast milk and the numbers of indigenous oral Streptococcus mutans. *Archives in Oral Biology*, 32, 21-25

Cannon, W.B. (1926). The emergency function of the adrenal medulla in pain and major emotions. *Journal of Physiology*, *33*, 356-372.

Carroll, A.M., Palladino, M.A., Ottgen, H.F. & deSousa, M. (1982). *Federation Proceedings*, *41*, 303.

Carver, C.S., Scheier, M.F. & Weintraub, J.K. (1989). Assessing coping strategies: A theoretically based approach. *Journal of Personality and Social Psychology*, *56*, 267-283.

Cattell, R.B. & Scheier, I.H. (1961). *The meaning and measurement of neuroticism and anxienty*, New York, Ronald Press.

Chandra, R.K. (1983). Mucosal immune responses in malnutrition. *Annals of the New York Academy of Sciences*, *409*, 345-352.

Cohen, S. & Milstein, C. (1965). Structure and biological properties of immunoglobulins. *Advances in Immunology*, *7*, 1.

Colligan, M.J., Smith, M.J., Hurrell, J.J. & Tasto, D.L. (1979). Shiftwork: A record study approach. *Behavior Research Methods & Instrumentation*, *11*, 5-8.

Cooke, H.J. (1986). Neurobiology of the intestinal mucosa. *Gastroenterology*, *90*, 1057-1081.

Cornes, J.S. (1965). Number, size, and distribution of Peyer's patches in the human small intestine. II. The effect of age on peyers patches. *Gut*, *6*, 230.

Costa, P.T.,Jr. & McCrae, R.R. (1989). Personality, stress, and Coping: Some Lessons from a Decade of Research. In: Markidesk, K.S. & Cooper, C.L. (eds.): *Aging, stress, and health*. Chichester, New York, Brisbane, Toronto, Singapore, John Wiley & Sons Ltd., pp 269-286.

Costa, P.T.,Jr., Zonderman, A.B. & McCrae, R.R. (1991). Personality, defense, coping and adaptation in older adulthood. In: Cummuings, E.M., Greene, A.L. & Karraker, K.K. (eds.): *Life span developmental psychology: Perspective on stress and coping*. Hillsdale,NJ, Erlbaum.

Coyle, P.K., Sibony, P.A. & Johnson, C. (1987). Increased monomeric IgA in multiple sclerosis tears. *Neurology*, *21*, 211-214.

Crabbe, P.A. (1969). Antibodies of the IgA type in intestinal plasma cells of germfree mice after oral and parenteral immunization with ferritin. *Journal of Experimental Medicine*, *130*, 723-744.

Craig, S.W. & Cebra, J.J. (1971). Peyers patches: An enriched source of precursors for IgA- producing immunocytes in the rabbit. *Journal of Experimental Medicine*, *134*, 188-200.

Crawford, J.M., Taubman, M.A. & Smith, D.J. (1975). Minor salivary glands as a major source of secretory immunoglobulin A in the human oral cavity. *Science*, *190*, 1206-1209.

Croitoru, K., Ernst, P.B., Stanisz, A.M., Stead, R.H. & Bienenstock, J. (1989). Neuroendocine regulation of the mucosal immune system. In: Targan, S. & Shanahan, F. (eds.): *Immunology and immunopathology of the liver and gastrointestinal tract*. New York, Igaku-Shoin, pp 183-201.

Czerkinsky, C., Prince, S.J., Michalek, S.M., Jackson, S., Moldoveanu, Z., Russell, M.W., McGhee, J.R. & Mestecky, J. (1987). Oral immunization with bacterial antigen induces IgA-secreting cells in peripheral blood in humans. *Advances in Experimental Medicine and Biology*, *216B*, 1709-1719.

Czerkinsky, C., Prince, S.J., Michalek, S.M., Jackson, S., Russell, M.W., Moldoveanu, Z., McGhee, J.R. & Mestecky, J. (1987). IgA antibody-producing cells in peripheral blood after antigen ingestion: evidence for a common mucosal immune system in humans. *Proceedings of the National Academy of Sciences*, *84*, 2449-2453.

D'Amelio, R., Palmisano, L., Le Moli, S., Seminara, R. & Aiuti, F. (1982). Serum and salivary IgA levels in normal subjects: comparison between tonsillectomized and non-tonsillectomized subjects. *International Archives of Allergy and Applied Immunology*, *68*, 256-259.

Danzer, R. (1989). Neuroendocrine correlates of control and coping. In: Steptoe, A. & Appels, A. (eds.): *Stress,personal control and health.* Chichester, New York, Brisbane, Toronto, Singapore, John Wiley & Sons, pp 277-294.

Davies, A. (1922). An investigation into the serological properties of dysentery stools. *Lancet*, *2*, 1009.

Davin, J.C., Dechenne, C. & Mahieu, P.R. (1989). [Acute experimental glomerulonephritis induced by the glomerular deposition of circulating polymeric IgA-concanavalin A complexes]. *Nephrologie*, *10*, 151-155.

Defrance, T., Vanbervliet, B., Briere, F., Durand, I., Rousset, F. & Banchereau, J. (1992). Interleukin 10 and transforming growth factor beta cooperate to induce anti-CD40-activated naive human B cells to secrete immunoglobulin A. *Journal of Experimental Medicine*, *175*, 671-682.

Dillon, K.M., Minchoff, B. & Baker, K.H. (1985). Positive emotional states and enhancement of the immune system. *International Journal of Psychiatry in Medicine*, *15*, 13-18.

Dorian, B. & Garfinkel, P.E. (1987). Stress, immunity and illness - a review. *Psychological Medicine*, *17*, 393-407.

Dukes, C. & Bussey, H.J.R. (1926). The number of lymphoid follicles of the human large intestine. *Journal of Pathology and Bacteriology*, *29*, 111-116.

Ebersole, J.L., Steffen, M.J. & Pappo, J. (1988). Secretory immune responses in ageing rats. II. Phenotype distribution of lymphocytes in secretory and lymphoid tissues. *Immunology*, *64*, 289-294.

Ekman, P. (1964). Body position, facial expression, and verbal behavior during interviews. *Journal of Abnormal and Social Psychology*, *68*, 295-301.

Elson, C.O. & Ealding, W. (1987). Ir gene control of the murine secretory IgA response to cholera toxin. *European Journal of Immunology*, *17*, 425-428.

Endler, N.S. & Parker, J.D.A. (1990). Multidimensional assessment of coping: A critical evaluation. *Journal of Personality and Social Psychology*, *58*, 844-854.

Engel, G.L. (1977). The need for a new medical model: A challenge for biomedicine. *Science*, *196*, 129-136.

Fahrenberg, J., Hampel, R., Selg, H. (1984). Das Freiburger Persönlichkeitsinventar, 4. revidierte Auflage, Hogrefe, Göttingen.

Fanger, M.W., Goldstine, S.N. & Shen, L. (1983). The properties and role of receptors for IgA on human leukocytes. *Annals of the New York Academy of Sciences*, *409*, 552-562.

Fazekas de St.Groth, S. (1951). Studies on experimental immunology of influenza. IV. The protective value of active immunization. *Australian Journal of Experimental Biology and Medical Sciences*, *29*, 335-339.

Feifel, H., Strack, S. & Nagy, V.T. (1987). Coping strategies and associated features of medically ill patients. *Psychosomatic Medicine*, *49*, 616-625.

Felten, S.Y. & Felten, D.L. Innervation of lymphoid tissue; in Ader R., Felten, D.L. & Cohen, N. (eds.): *Psychoneuroimmunology*. San Diego, Academic Press, 1991, pp 27-70.

Felton, B. & Revenson, T.A. (1987). Age differences in coping with chronic illness. *Psychology and Ageing*, *2*, 164-170.

Felton, B.J., Revenson, T.A. & Hinrichsen, G.A. (1984). Stress and coping in the explanation of psychological adjustment among chronically ill adults. *Social Science and Medicine*, *18*, 889-898.

Finkelstein, M.S., Tanner, M. & Freedman, M.L. (1984). Salivary and serum IgA levels in a geriatric outpatient population. *Journal of Clinical Immunology*, *4*, 85-91.

Fisher, E. (1984). Beta - endorphin modulates immune functions. A review. *Psychotherapy and Psychosomatics*, *42*, 195-204.

Fleischman, J.A. (1984). Personality characteristics and coping patterns. *Journal of Health and Social Behavior*, *25*, 229-244.

Fox, B.H., Temoshok, L. & Dreher, H. (1988). Mind-body and behavior in cancer incidence. *Advances*, *5*, 41-56.

Fox, P.C., Heft, M.W., Herrera, M., Bowers, M.R., Mandel, I.D. & Baum, B.J. (1987). Secretion of antimicrobial proteins from the parotid glands of different aged healthy persons. *Journal of Gerontology*, *42*, 466-469.

Frank, R. (1991). Körperliches Wohlbefinden. In: Abele, A. & Becker, P. (Hrsg.) *Wohlbefinden. Theorie - Empirie - Diagnostik*, Weinheim, Juventa

Freier, S., Eran, M. & Faber, J. (1987). Effect of cholecystokinin and of its antagonists, of atropine and of food on the release of immunoglobulin A and immunoglobulin G specific antibodies in the rat intestine. *Gastroenterology*, *93*, 1242-1246.

Friedman, M. & Rosenman, R.H. (1974). *Type A behavior and your heart*. New York, Knopf.

Friedman, S.B., Ader, R. & Glasgow, L.A. (1965). Effects of psychologcial stress on adult mice inoculated with Coxsackie B virus. *Psychosomatic Medicine*, *27*, 361-386.

Fujiwara, S. (1992). Studies on fatigue and shift work in nurses. [Japanese]. *Sangyo Igaku - Japanese Journal of Industrial Health*, *34*, 225-235.

Ghanta, V.K., Hiramoto, R.N., Solvason, B.H. & Spector, N.H. (1988). Augmentation of natural immunity and regulation of tumor growth by conditioning. *Annals of the New York Academy of Sciences*, *521*, 29-42.

Gharavi, A.E., Skopouli, F.N., Patel, B.M., Hughes, G.R. & Moutsopoulos, H.M. (1986). Rheumatoid factors in Ro (SSA) positive and Ro (SSA) negative rheumatoid arthritis patients. *Rheumatology International*, *6*, 61-62.

Glaser, R., Kiecold-Glaser, J.K., Speicher, C.E. & Holliday, J.E. (1985). Stress, loneliness, and changes in herpesvirus latency. *Journal of Behavioral Medicine*, *8*, 249-260.

Goldman, R. (1979). Decline of organ function with aging. In: Rossman, I. (ed): *Cinical Geriatrics*. Philadelphia, J.B. Lippincott & Co, pp 23-52.

Goldstine, S.N., Tsai, A. & Kemp, C.J. (1983). Role of IgA antibody in phagocytosis by human polymorphonuclear leukocytes. *Annals of the New York Academy of Sciences*, *409*, 824.

Goodkin, K., Fuchs, I., Feaster, D., Leeka, J. & Rishel, D.D. (1992). Life stressors and coping style are associated with immune measures in HIV-1 infection--a preliminary report. *International Journal of Psychiatry in Medicine*, *22*, 155-172.

Gottschalk, L.A. (1985). Hope and other deterrents to illness. Annual Meeting of the American Psychiatric Association (1984, Los Angeles, California). *American Journal of Psychotherapy*, *39*, 515-524.

Graham, N.M., Bartholomeusz, R.C., Taboonpong, N. & La-Brooy, J.T. (1988). Does anxiety reduce the secretion rate of secretory IgA in saliva? *Medical Journal of Australia*, *148*, 131-132.

Green, M.L., Green, R.G. & Santorom, W. (1988). Daily relaxation modifies serum and salivary immunoglobulins and psychophysiologic symptom severity. *Biofeedback and Self Regulation*, *13*, 187-199.

Green, R.G. & Green, M.L. (1987). Relaxation increases salivary immunoglobulin A. *Psychological Reports*, *61*, 623-629.

Greene, W.A., Betts, R.F., Ochitill, H.N., Iker, H.P. & Douglas, R.G. (1978). Psychosocial factors and immunity: Preliminary report. *Psychosomatic Medicine*, *40*, 87.

Gregory, R.L. & Allansmith, M.R. (1986). Naturally occurring IgA antibodies to ocular and oral microorganisms in tears saliva and colostrum: evidence for a common mucosal immune system and local immune response. *Experimental Eye Research*, *43*, 739-749.

Gregory, R.L. & Filler, S.J. (1987). Protective secretory immunoglobulin A antibodies in humans following oral immunization with Streptococcus mutans. *Infection and Immunity*, *55*, 2409-2415.

Gregory, R.L., Filler, S.J., Michalek, S.M. & McGhee, J.R. (1986). Salivary immunoglobulin A and serum antibodies to Streptococcus mutans ribosomal preparations in dental caries-free and caries- susceptible human subjects. *Infection and Immunity*, *51*, 348-351.

Gronblad, E.A. & Lindholm, K. (1987). Salivary immunoglobulin concentrations in predentate and edentulous mouths. *Scandinavian Journal of Dental Reserach*, *95*, 27-31.

Hall, N.R.S & O'Grady, M. (1991). Psychosocial interventions and immune function. In: Ader, R., Felten, D.L. & Cohen, N. (eds): *Psychoneuroimmunology.* San Diego, Academic Press, pp 1067-1080.

Halley, F.M. (1991). Self-regulation of the immune system through biobehavioral strategies. *Biofeedback and Self Regulation*, *16*, 55-74.

Hamm, A. (1992). Progessive Muskelentspannung. In: Vaitl, D. & Petermann, F. (Hrsg.) *Handbuch der Entspannungsverfahren*. Weinheim, Beltz, S. 245-271.

Hanson, L.A., Ahlstedt, S., Anderson, B., Carlsson, B., Cole, M.F., Cruz, J.R., Dahlgren, U., Ericsson, T.H., Jalil, F., Khan, S.R., Mellander, L., Schneerson, R., Eden, C.S., Soderstrom, T. & Wadsworth, C. (1983). Mucosal immunity. *Annals of the New York Acadamy of Sciences*, *409*, 1-21.

Hanson, L.A., Anderson, B., Carlsson, B., Cruz, J.R., Dahlgren, U., Mattsby, B.I. & Svanberg, E.C. (1980). The secretory IgA system and mucosal defence. *Scandinavian Journal of Infectious Diseases*, *24*, 13-21.

Heijnen, C.J., Kavelaars, A. & Ballieux, R.E. (1991a) Corticotropin-releasing hormone and proopiomelanocortin-derived peptides in the modulation of immune function. In: Ader, R., Felten, D.L. & Cohen, N. (eds.): *Psychoneuroimmunology*. San Diego, Academic Press, pp 429-446.

Heijnen, C.J., Kavelaars, A. & Ballieux, R.E. (1991b). Beta-endorphin: cytokine and neuropeptide. *Immunological Reviews*, *119*, 41-63.

Hennig, J., Laschefski, U., Becker, H., Rammsayer, T. & Netter, P. (1993). Immune cell and cortisol responses to physically and pharmacologically induced lowering of body core temperature. *Neuropsychobiology*, 28, 82-86

Hennig, J., Rammsayer, T., Bahner, E., Brück, K. & Netter, P. (1991). Heat induced changes in salivary cortisol, secretory immunoglobulin A, and discomfort, *Neuroendocrinology Letters*, *13*, 21.

Henry, J.P. & Stephens, P.M. *Stress, health, and the social environment*, Berlin, Springer, 1977.

Hess, M., Kugler, J., Haake, D. & Lamprecht, J. (1991). Reduced concentration of secretory IgA indicates changes of local immunity in children with adenoid hyperplasia and secretory otitis media. *ORL, Journal of Oto-Rhino-Laryngology and its Related Specialities*, *53*, 339-341.

Holahan, C.J. & Moos, R. (1987). Personal and contextual determinants of coping strategies. *Journal of Personality and Social Psychology*, *52*, 946-955.

Holmgren, J., Czerkinsky, C., Lycke, N. & Svennerholm, A.M. (1992). Mucosal immunity: implications for vaccine development. *Immunobiology, 184*, 157-179.

Irvin, M., Daniels, M., Bloom, E.T. & Weiner, H. (1986). Life events, depression, and natural killer cell activity. *Psychopharmacologcial Bulletin*, *22*, 1093-1096.

Irvin, M., Daniels, M. & Weiner, H. (1987). Immune and neuroendocrine changes during bereavement. *Psychiatry Clinic in North America, 10*, 449-465.

Irvin, M., Daniels, M., Weiner, H. & Bloom, E.T. (1986). Depression and changes in T cell subpopulations. *Psychosomatic Medicine*, *48*, 303.

Ishigami, T. (1919). The influence of psychic acts on the progress of pulmonary tuberculosis. *American Review of Tuberculosis*, *2*, 470-487

Izard, C.E. (1991). *The psychology of emotions*, New York, London, Plenum Press.

Izutsu, K.T., Sullivan, K.M. & Schubert, M.M. (1983). Disordered salivary immunoglobulin secretion and sodium transport in human graft-versus-host disease. *Transplantation*, *35*, 441-446.

Jackson, D.E., Lally, E.T., Nakamura, M.C. & Montgomery, P.C. (1981). Migration of IgA-bearing lymphocytes into salivary glands. *Cellular Immunology*, *63*, 203.

Janke, W., Erdmann, G. & Kallus, W. (1985). *Der Streßverarbeitungsfragebogen*. Hogrefe, Göttingen.

Jasnoski, M.L. & Kugler, J. (1987). Relaxation, imagery, and neuroimmunomodulation. *Annals of the New York Academy of Sciences*, *496*, 722-730.

Jemmott, J.B., Borysenko, J.Z., Borysenko, M., McClelland, D.C., Chapman, R., Meyer, D. & Benson, H. (1983). Academic stress, power motivation, and decrease in secretion rate of salivary secretory immunoglobulin A. *Lancet*, *1*, 1400-1402.

Jemmott, J.B. & Locke, S.E. (1984). Psychosocial factors, immunologic mediation, and human susceptibility to infectious diseases: how much do we know ? *Psychological Bulletin*, *95*, 78-108.

Jemmott, J.B. & Magloire, K. (1988). Academic stress, social support, and secretory immunoglobulin A. *Journal of Personality and Social Psychology*, *55*, 803-810.

Jemmott, J.B. & McClelland, D.C. (1989). Secretory IgA as a measure of resistance to infectious disease: Comments on Stone, Cox, Valdimarsdottir, and Neale. *Behavioral Medicine*, *15*, 63-71.

Jertborn, M., Svennerholm, A.M. & Holmgren, J. (1986). Saliva, breast milk, and serum antibody responses as indirect measures of intestinal immunity after oral cholera vaccination or natural disease. *Journal of Clinical Microbiology*, *24*, 203-209.

Kanner, A.D., Coyne, J.D., Schaefer, C. & Lazarus, R.S. (1980). Comparison of two models of stress measurement: Daily hassles and uplifts versus major life events. *Journal of Medicine*, *4*, 1-39.

Katcher, A.H., Brightman, V., Luborsky, L. & Ship, I. (1973). Prediction of the incidence of recurrent herpes labialis and systemic illness from psychosocial measurements. *Journal of Dental Research*, *52*, 49-58.

Kaufman, H.S. & Hobbs, J.R. (1970). Ig deficiency in an atopic population. *Lancet*, *21*, 1061-1063.

Kawanishi, H. (1987). Immunocompetence of normal human appendiceal lymphoid cells: in vitro studies. *Immunology*, *60*, 19-28.

Kawanishi, H. & Strober, W. (1983). Regulatory T-cells in murine peyers'patches directing IgA - specific isotype switching. *Annals of the New York Academy of Sciences*, *409*, 243-255.

Kelleher, R.S., Hann, L.E., Edwards, J.A. & Sullivan, D.A. (1991). Endocrine, neural, and immune control of secretory component output by lacrimal gland acinar cells. *Journal of Immunology*, *146*, 3405-3412.

Kelly, K.W. (1991). Growth hormone and immunbiology. In: Ader, R., Felten D.L. & Cohen, N. (eds.): *Psychoneuroimmunology*. San Diego, Academic Press, pp 377-402.

Kemeny, M.E., Cohen, F., Zegans, L.S. & Connant, M.A. (1989). Psychological and immunological predictors of genital herpes recurrence. *Psychosomatic Medicine*, *51*, 195-208.

Kent, J., Coates, T.J., Pelletier, K.R. & O'Regan, B. (1989). Unexpected recoveries: Spontaneous remission and immune functioning. *Advances*, *6*, 66-73.

Keren, D.F., Scott, P.J., McDonnald, R.A. & Kern, S.E. (1983). Local IgA - memory response to bacterial antigens. *Annals of the New York Academy of Sciences*, *409*, 734-743.

Kiecold-Glaser, J.K., Garner, W., Speicher, C., Penn, G.M., Holliday, J. & Glaser, R. (1984). Psychosocial modifiers of immunocompetence in medical students. *Psychosomatic Medicine*, *46*, 7-14.

Kiecolt-Glaser, J.K. & Glaser, R. (1992). Psychoneuroimmunology: can psychological interventions modulate immunity? *Journal of Consulting and Clinical Psychology*, *60*, 569-575.

Kiecolt-Glaser, J.K. (1985). Psychosocial enhancement of immunocompetence in a geriatric population. *Health Psychology*, *4*, 25-41

Kirschbaum, C., Jabaaij, L., Buske-Kirschbaum, A., Hennig, J., Dorst, K.G., Bauch, J., DiPauli, R., Schmitz, G., Ballieux, R. & Hellhammer, D. (1992). Conditioning of drug induced immunomodulation in human volunteers. An european collaborative study. *British Journal of Clinical Psychology* 31,459-472.

Knorring, L., Knorring, A.L., Moernstad, H. & Nordlund, A. (1987). The risk of dental caries in extraverts. *Personality and Individual Differences*, *8*, 343-346.

Kogi, K. (1971). Social aspects of shift work in Japan. *International Labour Reviews*, *104*, 415-433.

Koller, M., Kundi, M. & Cervinka, R. (1978). Field studies of shift work at an Austrian oil refinery, I: Health and psychological wellbeing of workers who drop out of shiftwork. *Ergonomics*, *21*, 835-847.

Koolhaas, J. & Bohus, B. (1989). Social control in relation to neuroendocrine and immunological responses. In: Steptoe, A. & Appels, A. (eds.): *Stress,personal control and health*. Chichester, New York, Brisbane, Toronto, Singapore, John Wiley & Sons, pp 295-306.

Krueger, J.M., Obal, F., Opp, M.T.J, Cady, A.B., Unkeless, J.C., Fleit, H. & Mellman, I.S. (1990). Somnogenic cytokines and models concerning their effects on sleep. *Yale Journal of Biology and Medicine*, *63*, 157-172.

Kubitz, K.A., Peavey, B.S. & Moore, B.S. (1986). The effect of daily hassles of humoral immunity: An interaction moderated by locus of control. *Biofeedback and Self Regulation*, *11*, 115-123.

Kuehn, L.C. & Kraehenbuhl, J.-P. (1983). Monoclonal antibodies recognizing the secreted and membrane domains of the IgA dimer receptor. *Annals of the New York Academy of Sciences*, *409*, 751-757.

Kugler, J., Hess, M. & Haake, D. (1992). Secretion of salivary immunoglobulin A in relation to age, saliva flow, mood states, secretion of albumin, cortisol, and catecholamines in saliva. *Journal of Clinical Immunology*, *12*, 45-49.

Kundi, M., Koller, M., Cervinka, R. & Haider, M. (1979). Consequences of shiftwork as a function of age and years on shift. *Chronobiologica*, *6*, 123.

La-Greca, A.J. (1985). The psycho-social factors in surviving stress. Special Issue: Survivorship: The other side of death and dying. *Death Studies*, *9*, 23-36.

Lamm, M.E. (1976). Cellular aspects of immunoglobulin A. *Advances in Immunology*, *22*, 223-290.

Laudenslager, M.L., Ryan, S.M, Drugan, R.C., Hyson, R.L. & Maier, S.F. (1983). Coping and immunosuppression: Inescapable but not escapable shock suppresses lymphocyte proliferation. *Science*, *221*, 568-570.

Laudenslager, M.L. & Reite, M.L. (1984). Losses and separations: Immunological consequences and health implications. *Reviews of Personality and Social Psychology*, *5*, 285-312.

Lazarus, R.S. and Folkman, S. *Stress, Appraisal, and Coping*, New York, Springer, 1984.

Lazzell, V., Waldman, R.H., Rose, C., Khakoo, R., Jacknowitz, A. & Howard, S. (1984). Immunization against influenza in humans using an oral enteric-coated killed virus vaccine. *Journal of Biological Standards*, *12*, 315-321.

Leff, A.R., Stimler, N.P., Munoz, N.M., Shioya, T., Tallet, J. & Dame, C. (1986). Augmentation fo respiratory mast cell secretion of histamine caused by vagus nerve stimulation during antigen challenge. *Journal of Immunology*, *136*, 1066-1073.

Lehner, T., Cardwell, J.E. & Clarry, E.D. (1967). Immunoglobulins in saliva and serum in dental caries. *Lancet*, *17*, 1294-1297.

Levy, S.M., Herberman, R.B., Whiteside, T., Sanzo, K., Lee, J. & Kirkwood, J. (1990). Perceived social support and tumor estrogen/progesterone receptor status as predictors of natural killer cell activity in breast cancer patients. *Psychosomatic Medicine*, *52*, 73-85.

Linn, B.S., Linn, M.W. & Jensen, J. (1982). Degree of depression and immune responsiveness. *Psychosomatic Medicine*, *44*, 128-129.

Mackinnon, L.T., Chick, T.W., van As, A. & Tomasi, T.B. (1987). The effect of exercise on secretory and natural immunity. *Advances in Experimental Medicine and Biology*, *216A*, 869-876.

MacQueen, G., Marshall, J., Perdue, M., Siegel, S. & Bienenstock, J. (1989). Pavlovian Conditioning of Rat mucosal mast cells to secrete rat mast cell protease II. *Science*, *243*, 83-85.

Madden, K.S., Livnat, S. (1991). Catecholamine Action and immunologic reactivity. In: Ader, R., Felten, D.L. & Cohen, N. (eds.): *Psychoneuroimmunology*. San Diego, Academic Press, pp 283-310.

Maestroni, G.J.M. & Conti, A. (1991). Role of pineal neurohormone melatonin in the psycho-neuroendocrine-immune network. In: Ader R., Felten, D.L. & Cohen, N. (eds.): *Psychoneuroimmunology*. San Diego, Academic Press, pp 495-514.

Maier, H., Born, I.A. & Adler, D. (1986). Limited function of the large salivary glands of the head. A new aspect for the etiopathogenesis of cancers of the oral cavity, oropharynx and hypopharynx. *Laryngology, Rhinology and Otology Stuttgart*, *65*, 195-200.

Mancini, G., Carbonara, A.O. & Heremans, J.F. (1965). Immunochemical quantification of antigens by single radial immunodiffusion. *Immunochemistry*, *2*, 235-254.

Mandel, I.D. & Khurana, H.S. (1969). The relation of human salivary gamma-A globulin and albumin to flow rate. *Archives in Oral Biology*, *14*, 1433-1435.

Mandler, G. (1975). *Mind and emotions*, New York, Wiley

Martin, R.A. & Dobbin, J.P. (1988). Sense of humor, hassles, and immunoglobulin A: Evidence for a stress-moderating effect of humor. *International Journal of Psychiatry in Medicine*, *18*, 93-105.

Marx, J.L. (1985). The immune system "belongs in the body". *Science*, *227*, 1190-1192.

McCarty, K.S.J., Sasso, R., Budwit, D., Georgiade, G.S. & Seigler, H.F. (1982). Immunoglobulin localization in the normal human mammary gland: variation with the menstrual cycle. *American Journal of Pathology*, *107*, 322-326.

McClelland, D.C. (1979). Inhibited power motivation and high blood pressure in men. *Journal of Abnormal Psychology*, *88*, 182-190.

McClelland, D.C., Alexander, C. & Marks, E. (1982). The need for power, stress, immune functions, and illness among male prisoners. *Journal of Abnormal Psychology*, *91*, 61-70.

McClelland, D.C., Davidson, R.J. & Saron, C. (1985). Stressed power motivation, sympathetic activation, immune function, and illness. *Advances*, *2*, 42-52.

McClelland, D.C. & Krishnit, C. (1988). The effect of motivational arousal through films on salivary immunoglobulin A. *Psychology and Health*, *2*, 31-52.

McClelland, D.C., Ross, G. & Patel, V. (1985). The effect of an academic examination on salivary norepinephrine and immunoglobulin levels. *Journal of Human Stress*, *11*, 52-59.

McCrae, R.R. (1984). Situational determinations of coping processes: loss, threat, and challenge. *Journal of Personality and Social Psychology*, *46*, 919-928.

McCrae, R.R. (1989). Age differences and changes in the use of coping mechanisms. *Journal of Gerontology*, *44*, 161-169.

McCrae, R.R. (1982c). Age differences in the use of coping mechanisms. *Journal of Gerontology*, *37*, 454-460.

McCrae, R.R. & Costa, P.T.,Jr. (1986). Personality, coping, and coping effectiveness in an adult sample. *Journal of Personality*, *54*, 385-405.

McCruden, A.B. & Stimson, W.H. (1991). Sex hormones and immune function. In: Ader, R., Felten, D.L. & Cohen, N. (eds.): *Psychoneuroimmunology*. San Diego, Academic Press, pp 475-494.

Mega, J., Fujihashi, K. & Kiyono, H. (1992). Regulation of mucosal immune responses by T lymphocytes: the effect of chronic CD4+ T cell deficiency on IgA synthesis. *Regional Immunology*, *4*, 70-78.

Mellander, L., Carlsson, B. & Hanson, L.A. (1986). Secretory IgA and IgM antibodies to E. coli O and poliovirus type I antigens occur in amniotic fluid, meconium and saliva from newborns. A neonatal immune response without antigenic exposure: a result of anti-idiotypic induction? *Clinical and Experimental Immunology*, *63*, 555-561.

Melnechuk, T. (1985). Why has psychoneuroimmunology been controversial ? Proponents and sceptics at a scientific conference. *Advances*, *2*, 22-38.

Mestecky, J., Kutteh, W.H., Brown, T.A., Russel, M.W., Phillips, J.O., Moldoveanu, Z., Moro, I. & Crago, S.S. (1983). Function and Biosynthesis of Polymeric IgA. *Annals of the New York Academy of Sciences*, *409*, 292-306.

Metal'nikov, S. & Chorine, V. (1926). Role des réflexes conditionnels dans l'immuninté. *Annales de l'Institute Pasteur*, *40*, 893-900.

Metal'nikov, S. & Chorine, V. (1928). Role des réflexes conditionnels dans la formation des anticorps. *Comptes Rendus des Seances de la Societe de Biologie et de Ses Filiales*, *102*, 133-134.

Meyer, R.J. & Haggerty, R.J. (1962). Streptococcal infections in families. *Pediatrics*, *29*, 539-549.

Miller, S.M. (1975). Controllability and human stress: Method, evidence, and theory. *Behavior Research and Therapy*, *17*, 287-306.

Moldofski, H. (1986). The relationship of interleukin-1 and immune functions to sleep in humans. *Psychosomatic Medicine*, *48*, 309-318.

Mormede, P., Dantzer, R., Michaud, B., Kelley, K.W. & Le Moal, M. (1988). Influence of stressor predictability and behavioral control on lymphocyte reactivity, antibody responses and neuroendocrine activation in rats. *Physiology and Behavior*, *43*, 577-583.

Mosso, U. (1887). Recherches sur l'inversion des oscillations diurnes de la température che l'homme normal. *Archives Italiennes des Biology*, *8*, 177-185.

Motohashi, Y. (1992). Alteration of circadian rhythm in shift-working ambulance personnel. Monitoring of salivary cortisol rhythm. *Ergonomics*, *35*, 1331-1340.

Mouton, C., Fillion, L., Tawadros, E., Tessier, R., Morley, J.E. & Kay, N. (1989). Salivary IgA is a weak stress marker. *Behavioral Medicine*, *15*, 179-185.

Munck, A. & Guyre, P.M. (1991). Glucocorticoids and immune function. In: Ader R., Felten, D.L. & Cohen, N. (eds.): *Psychoneuroimmunology*. San Diego, Academic Press, pp 447-494.

Naor, S., Assael, M., Pecht, M., Traninin, N. & Samuel, D. (1983). Correlation between emotional reaction to loss of unborn child and lymphocyte response to mitogenic stimulation in women. *Israel Journal of Psychiatry and Related Sciences*, *20*, 231-239.

Norrby, R. (1993). Clinical aspects on bacterial infections in the upper respiratory tract. *Scandinavian Journal of Infectious Diseases. Supplementum*, *39*, 14-18.

Öhman, A Bohlin, G. (1989). The role of controllability in caridiovascular activation and caridiovascular disease: help or hindrance. In: Steptoe, A. & Appels, A. (eds.): *Stress,Personal Control and Health*. Chichester, New York, Brisbane, Toronto, Singapore, John Wiley & Sons, pp 257-276.

O'Leary, A. (1990). Stress, emotion, and human immune function. *Psychological Bulletin, 108,* 363-382.

Olsson, J. & Svanberg, M. (1991). Oral implantation in man of Streptococcus mutans in relation to salivary IgA activity. *Scandinavian Journal of Dental Research*, *99*, 489-497.

Oudghiri, M., Seguin, J. & Deslauriers, N. (1986). The cellular basis of salivary immunity in the mouse: incidence and distribution of B cells, T cells and macrophages in single- cell suspensions of the major salivary glands. *European Journal of Immunology*, *16*, 281-285.

Paar, G.H., Schaefer, A. & Drexler, W. (1987). Über das Mitwirken psychosozialer Faktoren bei Ausbruch und Verlauf der akuten Virushepatitis - Bericht über eine Pilotstudie. *Psychotherapie Psychosomatik Medizinische Psychologie*, *37*, 23-30.

Padeh, S., Jaffe, C.L. & Passwell, J.H. (1991). Activation of human monocytes via their sIgA receptors. *Immunology*, *72*, 188-193.

Pappo, J., Ebersole, J.L. & Taubman, M.A. (1988). Phenotype of mononuclear leucocytes resident in rat major salivary and lacrimal glands. *Immunology*, *64*, 295-300.

Parkes, K.R. (1984). Laws of control, cognitive appraisal, and coping in stressful situations. *Journal of Personality and Social Psychology*, *46*, 655-668.

Parkes, K.R. (1986). Coping in stressful episodes: the role of individual differences, environmental factors, and situational characteristics. *Journal of Personality and Social Psychology*, *51*, 1277-1292.

Passali, D., Bellussi, L. & Lauriello, M. (1990). [Cyclic activity of the nasal mucosa: relationship between muco- ciliary transport and local production of secretory immunoglobulin]. *Acta Otorhinolaryngologica Italica*, *10*, 161-171.

Peavey, B.S., Lawlis, G. & Goven, A. (1985). Biofeedback-assisted relaxation: Effects on phagocytic capacity. *Biofeedback and Self Regulation*, *10*, 33-47.

Phillips, K. (1989). Psychophysiological consequences of behavioral choice in aversive situations. In: Steptoe, A. & Appels, A. (eds.): *Stress, Personal Control and Health*. Chichester, New York, Brisbane, Toronto, Singapore, John Wiley & Sons, pp 239-256.

Phillips-Quagliata, J.M., Roux, M.E., Arny, M., Kelly-Hatfield, P., McWilliams, M. & Lamm, M.E. (1983). Migration and regulation of B-cells in the mucosal immune system. *Annals of the New York Academy of Sciences*, *409*, 194-203.

Plata Salaman, C.R. (1989). Immunomodulators and feeding regulation: a humoral link between the immune and nervous systems. *Brain, Behaviour, and Immunity*, *3*, 193-213.

Prabhala, R.H. & Wira, C.R. (1991). Cytokine regulation of the mucosal immune system: in vivo stimulation by interferon-gamma of secretory component and immunoglobulin A in uterine secretions and proliferation of lymphocytes from spleen. *Endocrinology*, *129*, 2915-2923.

Quayhagen, M.P. & Quayhagen, M. (1982). Coping with conflict: measurement of age-related patterns. *Research on Aging*, *4*, 364-377.

Rajaraman, S., Goldblum, R.M. & Cavallo, T. (1986). IgA-associated glomerulonephritides: a study with monoclonal antibodies. *Clinical Immunology and Immunopathology*, *39*, 514-522.

Reinberg, A., Vieux, N., Ghata, J., Chaumont, A.J. & Laporte, A. (1978). Ciracadian rhythm amplitude and individual ability to adjust to shift work. *Ergonomics*, *21*, 763-766.

Riley, V. (1975). Mouse mammary tumors: Alteration of incidence as an apparent function of stress. *Science*, *189*, 465-468.

Riley, V. (1981). Psychoneuroendocrine influences on immunocompetence and neoplasia. *Science*, *212*, 1100-1109.

Rim, Y. (1986). Ways of coping, personality, age, sex, and family structure variables. *Personality and Individual Differences*, *7*, 113-116.

Roitt, I.M. & Lehner, T. (1980). *Immunology of Oral Diseases*. Oxford, London, Edingburgh, Melbrourne: Blackwell Scientific Publications

Roseman, J.M & Buckley, C.E. (1975). Inverse relationship between serum IgG concentrations and measures of intelligence in elderly persons. *Nature*, *254*, 55-56.

Roszman, T.L. & Brooks, W.H. (1985). Neural modulation of immune function. *Journal of Neuroimmunology*, *10*, 59-69.

Ruan, M.S. (1990). [The relation of secretory IgA and caries]. *Chung Hua Kou Chiang Hsueh Tsa Chih*, *25*, 158-60, Abstract, 190

Rudney, J.D., Kajander, K.C. & Smith, Q.T. (1985). Correlations between human salivary levels of lysozyme, lactoferrin, salivary peroxidase and secretory immunoglobulin A with different stimulatory states and over time. *Archives in Oral Biology*, *30*, 765-771.

Rudney, J.D. & Smith, Q.T. (1985). Relationships between levels of lysozyme, lactoferrin, salivary peroxidase, and secretory immunoglobulin A in stimulated parotid saliva. *Infection and Immunity*, *49*, 469-475.

Russel, M., Dark, K.A., Cummins, R.W., Ellman, G., Callaway, E. & Peeke, H.V.S. (1984). Learned histamine release. *Science*, *225*, 733-734.

Russel, J.A. (1980). A circumplex model of affect. *Journal of Personality and Social Psychology*, *39*, 1161-1178.

Rutenfranz, J., Colquhoun, W.P., Knauth, P. & Gatha, J.N. (1977). Biomedical and psychological aspects of shift work. *Scandinavian Journal of Work Environment and Health*, *3*, 165-182.

Sato, K. (1991). Enzyme-linked immunosorbent assay of SIgA in whole saliva of healthy subjects and patients with oral diseases. *Bulletin of Tokyo Medical and Dental University*, *38*, 9-18.

Scheier, M.F. & Carver, C.S. (1987). Dispositional optimism and physical well-being: The influence of generalized outcome expectancies on health. Special Issue: Personality and physical health. *Journal of Personality*, *55*, 169-210.

Schleifer, S.J., Keller, S.E., Meyerson, A.T., Raskin, M.J., Davis, K.L. & Stein, M. (1984). Lymphocyte function in major depressive disorder. *Archives of General Psychiatry*, *41*, 484-486.

Schlosberg, H.S. (1952). A sclale for the judgement of facial expressions in terms of two dimensions. *Journal of Experimental Psychology*, *44*, 229-237.

Schlosberg, H.S. (1954). Three dimensions of emotion. *Psychological Review*, *61*, 81-88.

Schouten, W.J., Verschuur, R. & Kemper, H.C. (1988). Habitual physical activity, strenuous exercise, and salivary immunoglobulin A levels in young adults: the Amsterdam Growth and Health Study. *International Journal of Sports Medicine*, *9*, 289-293.

Schubert, O. (1938). *Travaux*, *2*, 45.

Schultze, H.E. & Heremans, J.F. (1986). *Molecular Biology of Human Proteins*, New York, Elsevier

Scicchitano, R., Dazin, P., Bienenstock, J., Payan, D.G. & Stanisz, A.M. (1987). Distribution of somatostatin receptors on murine spleen and Peyer's patch T and B lymphocytes. *Brain, Behavior, and Immunity*, *1*, 173-184.

Seboun, E., Joshi, N. & Hauser, S.L. (1992). Haplotypic origin of beta-chain genes expressed by human T-cell clones. *Immunogenetics*, *36*, 363-368.

Seligman, M.E.P., Maier, S.F. & Solomon, R.L. (1971). Unpredictable and uncontrollable aversive events. In: Brush, F.R. (ed.): *Aversive conditioning and learning*. New York, Academic Press

Sieber, W.J., Rodin, J., Larson, L., Ortega, S., Cummings, N., Levy, S., Whiteside, T. & Herberman, R. (1992). Modulation of human natural killer cell activity by exposure to uncontrollable stress. *Brain, Behavior, and Immunity*, *6*, 141-156.

Simon, H.B. (1991). Exercise and human immune function. In: Ader, R., Felten, D.L. & Cohen, N. (eds). *Psychoneuroimmunology*, San Diego, Academic Press, pp 869-896.

Smith, D.J., Gahnberg, L., Taubman, M.A. & Ebersole, J.L. (1986). Salivary antibody responses to oral and parenteral vaccines in children. *Journal of Clinical Immunology*, *6*, 13-19.

Smith, D.J. & Taubman, M.A. (1992). Ontogeny of immunity to oral microbiota in humans. *Critical Reviews in Oral Biology and Medicine*, *3*, 109-133.

Solomon, G.F. & Moos, R.H. (1964). Emotions, immunity and disease: A speculative theoretical integration. *Archives of General Psychiatry*, *11*, 657-674.

Solomon, G.F. (1986). "Brain neocortex lateralized control of immune recognition": Commentary. *Integrative Psychiatry*, *4*, 38-40.

Solomon, K.E. & Annis, H.M. (1990). Outcome and efficacy expectancy in the prediction of posttreatment drinking behavior. *British Journal of Addiction, 85*, 659-665.

Sonoda, E., Hitoshi, Y., Yamaguchi, N., Ishii, T., Tominaga, A., Araki, S. & Takatsu, K. (1992). Differential regulation of IgA production by TGF-beta and IL-5: TGF-beta induces surface IgA-positive cells bearing IL-5 receptor, whereas IL-5 promotes their survival and maturation into IgA- secreting cells. *Cellular Immunology, 140*, 158-172.

South, M.A., Cooper, M.D., Wollheim, F.A., Hong, R. & Good, R.A. (1966). The IgA system. I. Studies of the transport and immunochemistry of IgA in the saliva. *Journal of Experimental Medicine, 123*, 615-627.

Spielberger, C.D. (1966). *Anxiety and behavior*, New York, Academic Press

Spratt, M.L. & Denney, D.R. (1991). Immune variables, depression, and plasma cortisol over time in suddendly bereaved parents. *Journal of Neuropsychiatry and Clinical Neuroscience, 3*, 299-306.

Stafford, H.A., Knight, K.L. & Fanger, M.W. (1982). Receptors for IgA on rabbit lymphocytes. II. Characterization of their binding parameters for IgA. *Journal of Immunology, 128*, 2201-2205.

Stead, R.H., Bienenstock, J. & Stanisz, A.M. (1987). Neuropeptide regulation of mucosal immunity. *Immunological Reviews, 100*, 333-359.

Stead, R.H., Perdue, M.H., Blennerhassett, M.G., Kakuta, Y., Sestini, P. & Bienenstock, J. The innervation of mast cells. In: Freier, S. (ed.): *The neuroendocrine immune network.* Boca Raton, CRC Press, pp 19-37.

Stead, R.H., Tomioka, M., Pezzati, P. (1991). Interaction of the mucosal immune system and peripheral nervous system. In: Ader R., Felten D.L. & Cohen, N. (eds.): *Psychoneuroimmunology.* San Diego, Academic Press, pp 177-207.

Stead, R.H., Tomioka, M., Riddell, R.H. & Bienenstock, J. (1988). Substance P and/or calcitonin gene related peptide are present in in sub-epithelial enteric nerves apposed to intestinal mucosal mast cells. In: MacDermott R.P. (ed.): *Inflammatory bowel disease: Current status and future approach.* Amsterdam, Elsevier, pp 43-48.

Steiner, J.E. (1979). *Human facial expressions in response to taste and smell stimulation*, New York, Academic Press

Stephens, S. (1986). Development of secretory immunity in breast fed and bottle fed infants. *Archives of Disease in Childhood*, *61*, 263-269.

Stern, J.E., Gardner, S., Quirk, D. & Wira, C.R. (1992). Secretory immune system of the male reproductive tract: effects of dihydrotestosterone and estradiol on IgA and secretory component levels. *Journal of Reproductive Immunology*, *22*, 73-85.

Stone, A.A., Cox, D.S., Valdimarsdottir, H., Jandorf, L. & et-al, (1987). Evidence that secretory IgA antibody is associated with daily mood. *Journal of Personality and Social Psychology*, *52*, 988-993.

Stone, A.A., Cox, D.S., Valdimarsdottir, H. & Neale, J.M. (1987). Secretory IgA as a measure of immunocompetence. *Journal of Human Stress*, *13*, 136-140.

Straus, B. (1979). Disorders in the digestive system. In: Rossman, I. (ed.): *Clinical Geriatrics.* Philadelphia, Lippincott, J.B. & Co, pp 266-289.

Strack, S., Caver, C.S. & Blaney, P.H. (1987). Predicting successful completion of an aftercare program following treatment for alcoholism: the role of dispositional optimism. *The Journal of Personality and Social Psychology*, *53*, 579-584.

Streit, W.J., Graeber, M.B. & Kreutzberg, G.W. (1988). Functional plasticity of microglia: a review. *GLIA*, *1*, 301-307.

Strober, W.B & Waldmann, T.A. (1970). The origin of salivary IgA. *Journal of Laboratory and Clinical Medicine*, *75*, 856-862.

Sullivan, D.A. & Allansmith, M.R. (1985). Hormonal influence on the secretory immune system of the eye: androgen modulation of IgA levels in tears of rats. *Journal of Immunology*, *134*, 2978-2982.

Sullivan, D.A. & Allansmith, M.R. (1987). Hormonal influence on the secretory immune system of the eye: endocrine interactions in the control of IgA and secretory component levels in tears of rats. *Immunology*, *60*, 337-343.

Sullivan, D.A., Richardson, G.S., MacLaughlin, D.T. & Wira, C.R. (1984). Variations in the levels of secretory component in human uterine fluid during the menstrual cycle. *Journal of Steroid Biochemistry*, *20*, 509-513.

Szabo, S., Szava-Szabo, A., Nagy, V. & Vargancsik-Mosoni, M. (1988). Serum and salivary proteins in dysmature infants. *Physiology*, *25*, 169-176.

Szewczuk, M.R. & Wade, A.W. (1983). Aging and the mucosal - associated lymphoid system. *Annals of the New York Academy of Sciences*, *409*, 333-344.

Tagliabue, A., Nencioni, L., Villa, L., Keren, D.F., Lowell, G.H. & Boraschi, D. (1983). Antibody-dependent cell-mediated antibacterial activity of intestinal lymphocytes with secretory IgA. *Nature*, *306*, 184-186.

Taubman, M.A., Ebersole, J.L., Smith, D.J. & Stack, W. (1983). Adjuvants for secretory immune responses. *Annals of the New York Academy of Sciences*, *409*, 637-649.

Taylor, P.J., Pockock, S.J. & Sergean, R. (1972). Absenteeism of shift work and day workers: A study of six types of shift systems in 29 organizations. *British Journal of Industrial Medicine*, *29*, 201-207.

Tenovuo, J., Lehtonen, O.P., Viikari, J., Larjava, H., Vilja, P. & Tuohimaa, P. (1986). Immunoglobulins and innate antimicrobial factors in whole saliva of patients with insulin-dependent diabetes mellitus. *Journal of Dental Research*, *65*, 62-66.

Teshima, H., Sogawa, H., Mizobe, K., Kuroki, N. & Nakagawa, T. (1991). Application of psychoimmunotherapy in patients with alopecia universalis. *Psychotherapy and Psychosomatics*, *56*, 235-241.

Thompson, S.C. (1981). Will it hurt less if I can control it ? A complex answer to a simple question. *Psychological Bulletin*, *90*, 89-101.

Thrane, P.S., Sollid, L.M., Haanes, H.R. & Brandtzaeg, P. (1992). Clustering of IgA-producing immunocytes related to HLA-DR- positive ducts in normal and inflamed salivary glands. *Scandinavian Journal of Immunology*, *35*, 43-51.

Tomasi, T.B. (1972). Secretory Immunoglobulins. *New England Journal of Medicine*, *7*, 500-506

Tomasi, T.B. & Bienenstock, J. (1968). Secretory Immunoglobulins. *Advances in Immunology*, *9*, 1-96.

Totman, R., Kiff, J., Reed, S.E. & Craig, J.W. (1980). Predicting experimental colds in volunteers from different measures of recent life stress. *Journal of Psychosomatic Research*, *24*, 155-163.

Totman, R.G. & Kiff, J. (1979). Life stress and susceptibility to colds. In: Oborne, D.J., Gruneberg, M.M. & Eiser J.R. (eds.): *Research in psychology and medicine*. New York, Academic Press

Touitou, Y., Motohashi, Y., Reinberg, A., Touitou, C., Bourdeleau, P., Bogdan, A. & Auzeby, A. (1990). Effect of shift work on the night-time secretory patterns of melatonin, prolactin, cortisol and testosterone. *European Journal of Applied Physiology & Occupational Physiology*, *60*, 288-292.

Tourville, D.R., Adler, R.H., Bienenstock, J. & Tomasi, T.B. (1969). The human secretory immunoglobulin system: immunohistological localization of gammaA, secretory "piece" and lactoferrin in normal human tissues. *Journal of Experimental Medicine*, *129*, 411.

Ursin, H. (1982). Stressykdom. Aktiveringspatologi. (Stress diseases: Activation pathology.). *Tidsskrift for Norsk Psykologforening*, *19*, Abstract, 5

Vaillant, G.E. (1977). *Empirical studies of ego mechanisms of defence*, Washington, American Psychiatric Press

Vaillant, G.E., Bond, M. & Vaillant, C.O. (1986). An empirically validated hierarchy of defence mechanisms. *Archives of General Psychiatry*, *43*, 786-794.

Vaitl, D. (1992). Autogenes Training. In: Vaitl, D. & Petermann, F. (Hrsg.): Handbuch der Entspannungsverfahren. Weinheim, Beltz, S. 167-206.

van Vlasselaer, P., Punnonen, J. & De Vries, J.E. (1992). Transforming growth factor-beta directs IgA switching in human B cells. *Journal of Immunology*, *148*, 2062-2067.

Wade, L. (1955). A "human relations" approach to sickness absentism and other employee problems. *Archives of Industry and Health*, *12*, 592-608.

Wagner, V. & Wagnerova, M. (1989). Lack of correlations between serum and salivary concentrations levels of immunoglobulin A and lysozyme (muramidase). *Journal of Hygiene, Epidemiology, Microbiology, and Immunology*, *33*, 353-356.

Wagner, V., Wagnerova, M., Kriz, J., Kodl, M. & Wokounova, D. (1988). Relationship of blood protein levels to outdoor air pollutant concentrations in a semicohort of school-age children living in urban areas differing by quality of air. *Journal of Hygiene, Epidemiology, Microbiology, and Immunology*, *32*, 121-136.

Wagnerova, M., Wagner, V., Madlo, Z., Zavazal, V., Wokounova, D., Kriz, J. & Mohyla, O. (1986). Seasonal variations in the level of immunoglobulins and serum proteins of children differing by exposure to air-borne lead. *Journal of Hygiene, Epidemiology, Microbiology, and Immunology*, *30*, 127-138.

Waksman, B.H. (1983). The importance of IgA in nonmucosal immune responses. *Annals of the New York Academy of Sciences*, *409*, 22-24.

Waldman, R.H., Stone, J., Lazzell, V., Bergmann, K.C., Khakoo, R., Jacknowitz, A., Howard, S. & Rose, C. (1983). Oral route as method for immunizing against mucosal pathogens. *Annals of the New York Academy of Sciences*, *409*, 510-516.

Walker, R.F. & Codd, E.E. (1985). Neuroimmunomodulatory interactions of norepinephrine and serotonin. *Journal of Neuroimmunology*, *10*, 41-58.

Walker, W.A. (1986). The principle of handling intestinal antigens. *Frontiers in Gastrointestinal Research*, *13*, 10-33.

Watanabe, S. & Dawes, C. (1988). The Effect of different foods and concentrations of citric acid on the flow rate of saliva in man. *Archives in Oral Biology*, *33*, 1-5.

Weiss, J.M. (1971). Effects of coping behavior with and without a feedback signal on stress pathology in in rats. *Journal of Comparative and Physiological Psychology*, *77*, 22-30.

Weiss, J.M. & Goodman, S.P. (1984I). Neuronal mechanisms underlying stress-induced depression. In: Field, T. M. , McCabe, P.M. & Schneiderman, N. (eds.): *Stress and Coping*. Hillsdale, NJ, Lawrence Erlbaum, pp 93-116.

Wiedenfeld, S.A., O'Leary, A., Bandura, A., Brown, S., Levine, S. & Raska, K. (1990). Impact of perceived self-efficacy in coping with stressors on components of the immune system. *Journal of Personality and Social Psychology*, *59*, 1082-1094.

Williams, R.C. & Gibbons, R.J. (1972). Inhibition of bacterial adherence by secretory immunoglobulin A: A Mechanism of Antigen Disposal. *Science*, *177*, 697.

Wira, C.R., Sullivan, D.A. & Sandoe, C.P. (1983). Estrogen-mediated control of the secretory immune system in the uterus of the rat. *Annals of the New York Academy of Sciences*, *409*, 534-551.

Witkin, H.A. & Goodenough, D.R. (1977). Field dependence and interpersonal behavior. *Psychological Bulletin*, *84*, 661-689.

Woodworth, R.S. (1938). *Experimental Psychology*, New York, Henry Hold and Company

Zachariae, R., Kristensen, J.S., Hokland, P., Ellegaard, J., Metze, E. & Hokland, M. (1990). Effect of psychological intervention in the form of relaxation and guided imagery on cellular immune function in normal healthy subjects. An overview. *Psychotherapy and Psychosomatics*, *54*, 32-39.

Zon, L.I., Archibald, D.W., McLane, M.F., Essex, M., Hepner, M.J. & Groopman, J.E. (1986). IgA deficiency and salivary transmission of human immunodeficiency virus letter. *Lancet*, *8514*, 1039-1040.

Zuckerman, M., Eysenck, S. & Eysenck, H.J. (1978). Sensation Seeking in England and America: Cross cultural, age, and sex comparisons. *Journal of Consulting and Clinical Psychology*, 46, 139-149.

Abkürzungsverzeichnis

ACTH	adrenocorticotropes Hormon
ADCC	Antibody dependent cyctotoxic cells
Ag	Antigen
BALT	bronchius associated lymphoid tissue
CCK	Cholecystokinin
CD	Cluster of differentiation
CD4	T-Helfer/Inducer-Zellen
CD8	T-Suppressor/zytotoxische Zellen
CGRP	calcitonin gene related peptide
ConA	Concanavallin A
CRH	Corticoltropin releasing hormone
CS	conditioned stimulus
da	Dalton (Molekulargewicht)
df	degrees of freedom
E.coli	Echerischia Coli Bakterien
ELISA	Enzyme linked immunosorbant assay
EPI	Eysenck Personality Inventory
FACS	Flourescent absorption cell sorter
FPI	Freiburger Persönlichkeitsinventar
GALT	gut associated lymphoid tissue
ggfs.	gegebenenfalls
GI	Gastrointestinaltrakt
HIV	Human Immune Virus
HPLC	High Pressure liquid chromatography
IEL	intraepitheliale Leukozyten
IgA	Immunglobulin A
IgE	Immunglobulin E

IgG	Immunglobulin G
IgM	Immunglobulin M
LK	Lymphknoten
MALT	Mucosa associated lymphoid tissue
N	Stichprobenumfang
NKCA	natural killer cell activity
PHA	Phytohämaglutinin
PP	Peyersche Plaques
RIA	Radio-Immuno-Assay
RID	Radiale Immundiffusion
S	Sedimentationskonstante
S.mutans	Streptococcus mutans
s.o.	siehe oben
s.u.	siehe unten
SC	secretory component
SD	standard deviation
SEM	standard error of the mean
sIgA	sekretorisches Immunglobulin A
SOM	Somatostatin
SP	Substance P
SRE	Schedule of Recent Experiences
SVF	Streß-Verarbeitungs Fragebogen
TAT	Thematischer Apperzeptionstest
T-Zellen	Thymus-abhängige Lymphozyten
TNFa	Tumor necrosis factors alpha
u.U.	unter Umständen
UCS	unconditioned stimulus
VIP	vasointestinales Peptid
z.B.	Zum Beispiel
ZNS	Zentralnervensystem